NALRC "Let's Speak"
African Language Series

TUSEME KISWAHILI

F.E.M.K. Senkoro

NATIONAL AFRICAN LANGUAGE RESOURCE CENTER

NALRC Press

"Let's Speak" African Language Series
Antonia Folárìn Schleicher, Series General Editor

The development of the NALRC "Let's Speak" African Language Series is made possible through a grant from the U.S. Department of Education and the National Security Education Program.

NALRC Publications Office

Antonia Folárìn Schleicher, Editor

Matt Brown, Copy Editor

Esther Akomolafe-Fatuyi, Assistant Editor

Samit Singhai, Technology Assistant

Michael Bromberg, Assistant Editor

Sookyung Park Cho, Financial Assistant

Nancy B. Rinehart, Cover Design

NALRC "Let's Speak" African Language Series – Tuseme Kiswahili – Elementary Level

Library of Congress Cataloging-in-Publication Data

Senkoro, Fikeni E. M. K., 1951-
  Tuseme Kiswahili : a multidimensional approach to the teaching and learning of Swahili as a foreign language: ngazi ya mwanzo, elementary level / F.E.M.K. Senkoro. p. cm. — (Let's speak African language series)
  Includes bibliographical references and index.
    ISBN 0-9679587-3-3 (hardcover : alk. paper). — ISBN 0-9679587-6-8 (softcover : alk. paper).
    1. Swahili language—Textbooks for foreign speakers—English.
    I. Title. II. Series.
    PL8702.S46 2003
    496'.39282421—dc22

2003062642

Published and Distributed by:
National African Language Resource Center
4231 Humanities Building
455 N. Park St.
Madison, WI 53706
Phone: 608-265-7905
Email: nalrc@mhub.facstaff.wisc.edu
http://african.lss.wisc.edu/nalrc

Printed in Canada

Let's Speak African Language Series

The **Let's Speak An African Language** series is the first series of Communicatively Oriented African language textbooks developed in the United States. The series is based on the model of Je K'A So Yoruba (Let's Speak Yoruba) written by Antonia Folarin Schleicher in 1993. The need for the series arose to fill the gap of providing African language learners with not only up to date materials, but also materials that will prepare them to truly communicate in their respective African languages.

The series is based on the Communicative Approach to language learning in the sense that learners are provided with activities that will help them to perform functions that native speakers of these languages perform in their appropriate cultural contexts. The grammars and the vocabulary in the textbooks are those that will help the learners to perform appropriate functions. The monologues and the dialogues are authentic in the sense that they present real life situations. The activities in the texts are also tailored to assist learners in acquiring the necessary skills such as listening, speaking, reading, and writing.

Tuseme Kiswahili is the first in this series to be modeled after **Je K'A So Yoruba.** There are African language scholars currently working on the same model for Amharic, Lingala, Sesotho, Setswana, and Zulu. If you are interested in using this model to develop materials for the language that you teach, please contact the staff of the National African Language Resource Center (NALRC). Manuscripts are subject to external review and need to follow the theoretical framework established for the series.

A series such as this depends on the vision, goodwill and labor of many. Special appreciation is extended to the National Security Education Program that provided the original grant that supported the author in developing this textbook. We are also indebted to the U.S. Department of Education's IEGPS (International and Education and Graduate Programs Service), the NALRC staff, the four anonymous reviewers, the NALRC Advisory Board, as well as various individuals who support the efforts of the NALRC in promoting African language pedagogy nationally and internationally. Without the support, advice and assistance of all, the Let's Speak African Language Series would not have become a reality.

Antonia Folarin Schleicher
Series General Editor

TUSEME KISWAHILI

A Multidimensional Approach to the Teaching and Learning of

Swahili

As a Foreign Language

NGAZI YA MWANZO
ELEMENTARY LEVEL

F.E.M.K. Senkoro

NALRC Press

Madison, Wisconsin

2003

Dedication

This book is dedicated to the loving memory of the late Mzee Eliesikia Senkoro: my father, my teacher and, above all, a close friend who made a huge difference. I am sorry, Dad, that I did not have the chance to see you in your last moments as I was away writing this book. But I know, wherever you are, you can see this product of our separation and are proud of it. Rest in eternal peace, dear Dad.

"Should I outlive this anguish – and men do -
I shall have only good to say of you."
Fatal Interview XLVII
Edna St. Vincent Millay

YALIYOMO / CONTENTS

PAGE

Preface ... i

Acknowledgements ... v

Biography ... vii

Somo la Awali/Preliminary Lesson:
Social Interaction ... 1
Silabi, Sauti na Matamshi / Syllables, Sounds and Pronunciation ... 2
Swahili names ... 7
Cultural Notes / Maelezo ya Kitamaduni on Consonants and Names ... 10
Mazungumzo/ Dialogue: Adila and Ali Meet and Greet Each Other ... 11
Mazungumzo: Adila meets with Ali and Taji and greets them ... 13
Kukaribisha Mgeni Nyumbani ... 14
Mazungumzo: Juma is visiting Bakari at Bakari's place ... 14
Salamu kwa Nyakati Mbalimbali ... 15
Maelezo ya Kitamaduni: On Greetings ... 17
Kuhesabu kwa Kiswahili / Counting in Swahili: 1-10 ... 18
Siku za Juma / Days of the Week ... 18
Maelezo ya Kitamaduni: On Days of the Week ... 20
Common Classroom Expressions ... 22

Somo la Kwanza: Introducing Oneself ... 29
Monologia: Adila talks about herself ... 29
Dialogia: Juma introduces himself to Debora ... 30
Asking and Telling Names ... 33
Utaifa / Nationalities ... 34
Mazungumzo: Adila, Juma, Bakari and Fatuma meet and converse ... 34
Mazungumzo: Zuhura meets with two guests ... 35
Sarufi / Grammar: wakati Uliopo (Present Tense) ... 37
Mazungumzo: Zuhura and Adila are visiting Juma at his home ... 39
Ngapi? /How Many? ... 42
Mazungumzo: Professor Mochiwa greets a new student ... 45

Somo la Pili: The Family and Its Activities ... 51
Monologia: Huruma talks about her family ... 52
Sarufi (Grammar): Vioneshi (Demonstratives) ... 53

Mazungumzo: Rajabu meets Mahiza and they talk about other people 54

Sarufi: Vivumishi (Adjectives) 56

Maelezo ya Kitamaduni: On the Family 59

Wanyama na Wadudu Wachache (A few animals and insects) 60

Kuhesabu Namba 10 – 1000 60

Sarufi: More Tenses 63

Kukanusha Nyakati (Negative Tenses) 65

Mazungumzo: Waridi and Nahodha converse 66

Ulifanya Nini? / What Did You Do? 67

Somo la Tatu: Activities & Life at Home 73

Monologia: Taji, a university student, talks about her two friends 74

Sarufi (Grammar): Nations and Nationalities 75

Majina ya Lugha / Names of Languages 75

Monologia: On Eiko and Professor Senkoro 80

Sarufi: The Present Tense 85

Monologia: Adila and Adija are giving a presentation in class 86

Sarufi: Present Tense Plural 87

Mazungumzo: Rajani anamtembelea jirani yake mpya, Laila 89

Maelezo ya Kitamaduni: On dating 90

Marudio / Review 91

Somo la Nne: Housing and Accommodation 97

Monologia: Upendo talks about her house 98

Maelezo ya Kitamaduni: Nyumba na Kaya/Miji (Houses and Homesteads) 101

Mazungumzo: Ali's mother asks Ali about the whereabouts of others 103

Sarufi: Ngeli za Mahali (Locatives) 104

Monologia: Mbazi talks about his siblings 109

Kuna Nini? 110

Monologia: Adila talks about her Living/Sitting Room 115

Somo la Tano: People, Nationalities and Age 125

Monologia: Monika anazungumza kuhusu rafiki yake Lulu 126

Sarufi: Personal Pronouns and Nationalities 127

Mazungumzo: Malaika meets Rajani. They talk 128

Sarufi: Kuhesabu: 10 – 1,000,000 130

Mazungumzo: Saida and Furaha are having a conversation 134

Expressing Age 135

Mazungumzo: Shaidi meets Aminata and tries to strike a conversation 138

Somo la Sita: Personalities — 143

Monologia: Bakari anaeleza kuhusu familia yake — 144
Maelezo ya Kitamaduni: On Beauty — 148
Sarufi: Maelezo Zaidi ya Vivumishi (More on Adjectives) — 149
Vivumishi katika Nomino za Wingi / Adjectives with Plural Nouns — 149
Sarufi: Kitenzi cha "Kuwa na" (The Verb "to have") — 154
Sarufi: Kitenzi cha "Kutokuwa na" — 156
Marudio — 159

Somo la Saba: Account for a trip and one's plans — 165

Monologia: Johari anaeleza kuhusu safari yao Zanzibar — 166
Maelezo ya Kitamaduni: Kuhusu Zanzibar — 170
Sarufi: Wakati Uliopita (LI) — 172
Mazungumzo: Naima anakutana na Ouko mjini Nairobi, wanazungumza — 174
Monologia: Jay, mwanafunzi kutoka Marekani, anazungumza mbele ya darasa — 179

Somo la Nane: Means of Transport and Names of Months — 185

Monologia: Samira anaeleza kuhusu safari yao kwa meli — 186
Sarufi: Personal Pronouns and Nationalities — 188
Majina ya Miezi — 188
Sarufi: Tensi za NGE na NGALI — 190
Maelezo ya Kitamaduni: Njia za Usafiri — 195
Mazungumzo: Anjela na Amani wanazungumza — 195
Sarufi: Kuwa katika hali (Being in a state) — 197

Somo la Tisa: Clothing — 205

Monologia: An e-mail message from Zubeida to a penpal — 206
Sarufi: Relative Markers and Pronouns — 209
Sarufi: The Interrogative Adjectives — 211
Mazungumzo: Ian anapiga simu kwa Adila — 213
Sarufi: Rangi Gani? — 214
Maelezo ya Kitamaduni: Clothing and Dresses for Different Occassions — 218
Mazungumzo: Tandi na Mwenye Duka wanazungumza — 219
Marudio — 220

Somo la Kumi: Shopping   **227**

Monologia: Amani is talking to foreign students at the University

of Dar es salaam   227

Maelezo ya Kitamaduni: On shops, markets, buying and selling   231

Mazungumzo: Sofia anaongea na Mama Upendo sokoni   231

Sarufi: Ji-Ma (li-ya) nouns   235

Sarufi: Imperatives   237

Mazungumzo: Hadija talks to an elderly man at the market in Arusha   239

Sarufi: Subjunctives   240

Sarufi: Utafanyaje?   243

Mazungumzo: Two neighbors, Mama Adila and Mama Hadija chat   245

Somo la Kumi na Moja: Different Foods
and More on Shopping   **251**

Monologia: Sofia anamweleza rafiki mipango yake ya sikukuu   251

Vitu vya kununua   252

Mboga, Matunda na Vyakula   255

Vyakula vya jadi vya Waswahili   263

Maelezo ya Kitamaduni: The coconut and its significance among

the Swahili people   266

Sarufi: Ki-Vi Group of Nouns   267

Marudio   271

Somo la Kumi na Mbili: Time   **279**

Monologia: Halima anaeleza kuhusu shughuli zake za kila siku   280

Sarufi: Kueleza saa / Time telling   282

Mazungumzo: Ramadhani anakutana na Hadija asubuhi, wanaongea   284

Sarufi: The Habitual Tense   286

Maelezo ya kitamaduni: Kueleza saa / On time telling   289

Sarufi: Sequence of actions or events   291

Mazungumzo: Jeni na Rajabu wanaongea kuhusu ratiba zao   292

Wimbo   293

Somo la Kumi na Tatu: Professions   **297**

Monologia: Fumo anaongea kuhusu kazi ya baba yake   298

Sarufi: Asking about peoples' professions   300

Mazungumzo: Idi na jay wanazungumza   301

Sarufi: On N-N group of nouns   302

Kuwa and Kwamba   304

Maelezo ya kitamaduni: On work in the rural and urban areas   305

Somo la Kumi na Nne: Ceremonies and Celebrations   **311**

Monologia: Shaabani Rajabu anaandika barua kuwaalika rafiki zake   311

Maelezo ya kitamaduni: Aina mbalimbali za sherehe Afrika Mashariki   315

Common congratulatory expressions   320

Common condolences expressions   321

Sarufi: Asking about ceremonies/parties   321

Sarufi: Causatives   322

Mazungumzo: Maria na Daudi wanaongea kuhusu sherehe ya harusi   324

Sarufi: Passives   325

Wimbo wa harusi kutoka Tanzania   326

Somo la Kumi na Tano: Daily, weekly and Monthly Routine   **331**

Monologia: Mama Malaika anaeleza kuhusu sughuli zake za kila siku   331

Maelezo ya kitamaduni: Mgawanyo wa kazi   334

Sarufi: Time Adveb Marker   335

Sarufi: M-MI (u-i) Group of Nouns   337

Mazungumzo: Profesa Hemedi Ali na Profesa Saburi Yohane wanazungumza   338

Monologia 2: Juma Rajabu anaongea kuhusu kazi yake   340

Somo la Kumi na Sita: Languages and Countries of Africa   **347**

Monologia: Malaika introduces her cousin, Adili   347

Wimbo wa Taifa wa Tanzania   348

Bendera ya Kenya   349

Some useful terms on countries   352

Sarufi: The adjectives -INGI and -ENGI   353

Sarufi: Comparisons   354

Monologia 2: Adila, a visitor to the USA talks about her country   356

Maelezo ya Kitamaduni: On Swahili language and cultural diversities   357

Mazungumzo: Adila answers students' questions after her talk   357

Somo la Kumi na Saba: Kutoa maelekezo / Giving Directions   **365**

Monologia: Aisha anatoa maelekezo ya kwenda nyumbani kwao   366

Important words for giving directions   367

Maelezo ya Kitamaduni: On direction giving in East Africa   369

Sarufi: Locatives   371

Sarufi: More on Imperatives/Subjunctives   383

Mazungumzo: Taji anaongea na mdogo wake kuhusu maisha chuoni   385

**Somo la Kumi na Nane: University Life,
Courses, and Routine**   **391**

Monologia: Mwajuma anamwandikia rafiki yake kuhusu maisha chuoni   391

Useful words regarding university life and education   393

Maelezo ya Kitamaduni: Traditional and Modern Systems of Education   397

Sarufi: Professions   398

Sarufi: The adjectival stem –ine   399

Mazungumzo: Telephone conversation   404

Appendix A: Basic Swahili Adjectives   **409**

**Msamiati wa Kiswahili-Kiingereza /
Swahili-English Glossary**   **413**

**Msamiati wa Kiingereza-Kiswahili /
English/Swahili Glossary**   **425**

Grammatical Index   **437**

Preface

Tuseme Kiswahili is designed to present the fundamentals of Swahili to two and four-year college and university students. The text features a balanced, eclectic approach to Swahili language learning.

Background: The Learner's Expectations

It would be instructive from the very beginning to emphasize what the learner and instructor should **expect** from language courses such as the one provided in this book.

It is definitely unrealistic to expect to learn and become fluent in a completely foreign language by using just textbooks and spending a short time in classrooms, no matter how intensive or extensive a course may be. Nobody can be realistic who insists on speaking a new language **fluently** after having gone through only language teaching books and spending some classroom time. This may force one to ask for the reasons for even bothering with books such as the present one. The answer to this query is contained in the main features of the text, which focus on true communication. This textbook is **functional**, as it prepares the students to function in real life situations by encouraging students to learn the language by doing and not simply by learning to do.

The Instructor's Expectations

Happily and, to some extent, surprisingly, because of the logical construction of Swahili, a learner of this language can get a sufficiently broad base to **begin** learning the language so that she or he can communicate with those who use it in their daily lives. What elements should constitute such a *broad base* is the decision of the author, in conjunction with colleagues and students in various universities and institutions, who, after many years of preparing foreign students in the language, have indicated that the materials contained in this book are among the **most basic** for such level of learners. The instructor should expect from this book that, at his or her level, the learner would gain what has come to be popularly known as the 5 Cs, which follow in order of their emphasis: **communication**, **comparisons**, **culture**, **connections** and something about the **communities** that use the language. This order will change and vary in emphasis as the learner progresses to higher levels so that, for example, in the intermediate level, the emphasis will be more on cultures and in the advanced level it will shift to communities.

The Nature and Features of the Book

One may ask further why this book has been written and how it differs from others before it. While the title and subtitle may tell the story, it suffices here to mention that the book is a result of **real felt needs** of Swahili learners. Over the years of teaching students at this level, a demand

i

has emerged and re-emerged for fresh and up-to-date Swahili material and pictures. The learners have insisted that they needed texts that would give them the challenge of learning the language while enriching them with the cultures of the people who use Swahili in their daily lives. The results of those demands have been this book, which attempts to offer the learners a multidimensional approach that shifts back and forth between **cultural information** and **linguistic elements**. Through this method that entails exposure to **real-life situations** through monologues, dialogues and other types of exercises, the learner should emerge at the end of the tunnel with both linguistic competence and cultural awareness that will make him/her more culturally conscious, respectful and responsive.

The communicative aspects that are used in this book are **functional** in the sense that the real-life situations that are covered will, at the same time, make the student **learn by doing**, so that each grammatical aspect carries with it a **functional idea** and rationale. This is enhanced by the different **tasks** that are assigned to the learner as s/he develops linguistic competence, tasks that get more and more complex as the learner progresses in his/her grasp of the language. These and other tasks are, essentially, **learner-based**. In each of them the learner is given the chance to **listen, speak, read and write** on his/her own life experiences while relating them to those that he or she will discover to be of the people who use Swahili in their daily lives. This book's approach subjects the learner to what the author feels are more meaningful and creative situations that, at the same time, enhance the learner's participation in a more relaxed manner rather than through dry grammatical grilling and drilling.

This is NOT, therefore, a Swahili grammar book as such, for that is not the aim of the present enterprise. Rather it is a communicatively driven book whose grammar is dictated by the various functions that the student will perform. The book is an activity-based document that recycles the grammatical and vocabulary items in a very natural, gradual way. Therefore, the basic ingredients of Swahili grammar such as the noun classes are dealt with not in the conventional way, but rather by emerging according to the usage into which the student puts the language. Thus, the approach is not necessarily based on the way the noun classes are "supposed to be" arranged. It is hoped that the student will make more sense of Swahili grammar after having experienced it communicatively.

A Hands-on Guide

After many years of the author's Swahili language teaching experience, this text has been evolved as fulfilling what he feels is a good basis for the elementary, beginner's level of Swahili language. As yet, there has not been any unanimous agreement amongst instructors and learners from any institution regarding the adequacy of a course book. This course material, therefore, is just a road map and a practical guide for a learner's trip through the early stages of the language, with the hope that the learner will be motivated enough to go on to the intermediate and even advanced levels of the language for which books of a similar inclination and approach have been prepared. It is meant to be a welcome note to Swahili language for learners who may one day travel to, or even stay in, Tanzania, Kenya or any other place where Swahili is spoken and used. Like every language, it is the key that opens for its learners many interesting and beneficial avenues of communication and cultural contact with the people with whom they will meet, research, and probably work. It is hoped that the book will lay open for the learner the cultural contact with the people, which, it is expected and hoped, he or she will find to be a valuable experience in his or her life.

Practical Information on the Format Used

This book is divided into different sections that deal with individual communicative aspects of Kiswahili. Depending on the nature and manner of the texts that are used and the activities that are involved, each section covers roughly the following aspects, which may interchange their order and positions:

- ❑ Monologia
- ❑ Sarufi (Grammar Notes)
- ❑ Mazoezi (Exercises)
- ❑ Mazungumzo/Dialogi (Dialogue)
- ❑ Somo la Utamaduni (Cultural Note)

The Language of the Book

To begin with, the book's rubrics and discussions code-switch as they shift back and forth from Swahili to English. They gradually focus on Swahili with the idea in mind that at the latter stages of the book the learner will have grasped enough Swahili to understand the rubrics and the discussions. It must be noted that an attempt has been made to make the explanations and the rubrics as non-technical as possible since this book also aims at being a tool for learning the language by learners who are not well versed in linguistic terms.

This book is sustained by the wisdom of a 30-year experience of teaching Swahili to foreigners in Africa, Europe and the USA. It is hoped that the linguistic, literary, cultural and other dimensions contained and used in the book will prove to be a useful tool for learning Swahili or teaching it to the beginning learner.

F.E.M.K. Senkoro
Associate Professor of Swahili, **University of Dar es Salaam**, Tanzania,
June 2003.

Acknowledgements

May I acknowledge the generous support of the NALRC at the University of Wisconsin, which enabled me to write this book. I would like to proudly mention my colleagues with whom I had very useful and stirring discussions, intellectual cross-fertilization and sharing of ideas as we were writing our books. These are Thandiwe Xumalo, Sheila Mmusi and Eyamba Bokamba. Thanks to all of you for the hearty laughter and encouragement that made me feel totally at home away from home. I am particularly indebted to Antonia Yetunde Folarin Schleicher, the NALRC Director, for her academic guidance, and for her patience, understanding, encouragement and friendship, without which this book would still be just in my dreams. Thank you *Dada yangu mdogo,* for every good thing that you have done for me.

The process of research, compilation of photos and writing of this book involved input and assistance from numerous other colleagues, friends, students and scholars. These include those from the Training Center for Development Cooperation (TCDC) in Arusha, Tanzania, the Institute of Kiswahili and Foreign Languages in Zanzibar, the London School of Oriental and African Studies (SOAS), and the universities of Bayreuth, Dar es Salaam, Wisconsin-Madison, Harvard, Nairobi, Makerere, Boston, California at Berkeley, and California at Los Angeles. Since these are too many to be individually mentioned within the limited space of an acknowledgement, I hope that by intimating their institutions they will accept my gratitude. That notwithstanding, I still wish to expressly recognize the members of the *Genge* at the University of Dar es Salaam: M.M. Mulokozi, Joshua Madumulla and K.K. Kahigi for the push. Many thanks to Magdalena Hauner, Dan Kunene, Linda Hunter, John Hutchison, Moneera Al Ghadeer, Dean Makuluni, and many others for the inspiration and constant backing.

My heartfelt gratefulness to the Head of Department and to colleagues in the Department of Kiswahili at the University of Dar es Salaam for teaching my classes during my absence when I was writing this book.

Finally, as usual, very special thanks to my loving children, Chichi, Mbazi and Aisha, for their true love. I thank them for constantly showing a good understanding of, and sympathy to, the work that I have been doing.

FEMK Senkoro

Education, Academic and Administrative Positions

B.A., M.A and Ph.D. from the University of Dar es Salaam, and M.A. (Comp. Lit) from the University of Alberta, Canada. I am currently an Associate Professor of Kiswahili and Head of Kiswahili Department, University of Dar es Salaam. Former Associate Dean for Research and Publications, Faculty of Arts and Social Sciences, University of Dar es Salaam. I have also been guest scholar at the Universities of South Africa (UNISA) and Durban-Westville, South Africa, and a Visiting Professor at the Universities of Wisconsin-Madison, Boston and Harvard.

Publications

I have published more than 100 articles on various aspects of African literature, especially on Swahili literature and also on Swahili language. I have also published 9 books, including two novels and a collection of short stories.

Swahili Teaching

Besides teaching Swahili at the University of Dar es Salaam, I have also taught Swahili as a foreign language at the Danish Training Centre for Development Co-operation, Arusha, Tanzania; the University of Wisconsin-Madison and Brown University. I am also the Examiner Responsible for Swahili *Ab initio* for the International Baccalaureate Organisation in Geneva and Cardiff, Wales, United Kingdom.

Awards

I have won several awards including the CODESRIA Award for Social Science Writing, 7-time Visiting Fellow and Professor of Swahili at University of Wisconsin-Madison; year 2001 Recipient of the East African Shaaban Robert Prize for Kiswahili Language and Literature, a prestigious award that has come to be known as Tanzanian Nobel Prize for Literature, and 2000-2001, Senior Fellowship with the W.E.B. Dubois Institute, Harvard University.

SOMO LA AWALI
Preliminary Lesson

MADHUMUNI / OBJECTIVES

Topic: Social Interaction, Swahili Names, Counting, Days of the Week

Function/Aim: Greetings, introducing oneself, thanking people

Grammar: Syllables, Sounds and Pronounciations

Cultural Information: Importance of greetings and the appropriate social interaction that goes with them.

What we have included in this preliminary lesson are aspects of Swahili language and culture that will recur in the course of the learning process and which we think need to appear here at the beginning of the book for easy reference.

Watu wa Tanzania, Kenya na Uganda / *People from Tanzania, Kenya and Uganda*

Silabi, Sauti na Matamshi / *Syllables, Sounds and Pronunciations*

For now, we are giving you the following vocabulary just for your pronunciation practice and not necessarily for using the words in sentences.

Follow the teacher in pronouncing these words:

chacha	go bad, go sour (in Swahili **c** will always go with an **h**)
chachu	bitter taste
dadisi	investigate, observe
dudu	huge insect
-fafanua	explain, elaborate
fifia	fade (away)
-garagara	move about on ground (like a wounded snake)
gogo	a log of wood
hati	writing, script (like Arabic or Roman script)
hohehahe	a really poor person, destitute
irabu	vowel/s
-lalamika	complain
lulu	pearl
-mimina	pour
-nong'ona	whisper
pacha	identical, similar, matching
papa	shark
popo	owl
radi	lightning, thunder
-rarua	tear apart
silabi	syllable/s
-sisitiza	insist, emphasize
tamshi	pronunciation
-tatua	tear apart, solve
-teua	select, appoint
-totoa	hatch
yaya	ayah
zeze	a musical instrument
-zoza	cause trouble

Irabu / Vowels

A E I O U

Irabu huonyesha mwisho wa silabi.
Vowels indicate the end of a syllable.

Matamshi husisitiza silabi ya pili kutoka mwisho.
Kiswahili pronunciation puts the stress at the penultimate syllable of a word, no matter how short or long.

Maneno ya silabi mbili/ 2 syllable words:
nani   na/ni
tuko   tu/ko

Maneno ya silabi tatu/3 syllable words:
barua   ba/ru/a
teua   te/u/a

Maneno ya silabi nne/ 4 syllable words:
anataka   a/na/ta/ka
nimesema   ni/me/se/ma
fikiria   fi/ki/ri/a

Neno lenye silabi 14 (A big one with 14 syllables!)
Wa/ta/ka/o/no/ng'o/ne/za/na/no/ng'o/ne/za/na
= *They who will repeatedly keep on whispering to each other.*

Konsonati / *The Consonants*

b	babu	barabara		**n**	nani	nunua
ch	chacha	chuchu		**p**	popo	papa
d	dudu	dadisi		**r**	radi	rarua
f	fifia	fafanua		**s**	sasa	sisi
g	gogo	garagara		**t**	tatua	totoa
h	hati	hohehahe		**v**	vivi	vuvia
j	jaji	jambo		**w**	wewe	waya
k	kuku	kaka		**y**	yeye	yaya
l	lulu	lalamika		**z**	zeze	zoza
m	mema	mimina				

Zingatia matamshi yafuatayo ambayo yanachanganya konsonanti:
Take note of the following special consonant combinations

-**ch**agua	*select, elect*
choo	*toilet, washroom* (Remember: **c** will always go with an **h**)

Choo/*Toilet*

dhambi	*sin*
dhana	*concept*
dhima	*duty, obligation*
mara**dh**i	*illnesses*
ghali	*expensive*
gharama	*expenses*
gharika	*flood/s*
ki**my**a	*silent*
mbwa	*dog*
ndoo	*bucket*

-**ng'ang'**ania	*stick to, cling to…..*
ng'ombe	*cow, cattle*
se**ng'**enge	*barbed wire*
nje	*outside*
nzima	*whole, full*
thamani	*value*
thela**thi**ni	*thirty*
thumuni	*fifty cents*

Mark the syllables with / and mark the stresses with ^

Example. kiboko   > ki/bo/ko

ZAMU YAKO / *Your turn*

Zoezi la 1

Now mark the syllables and the stresses for these words:

      c h e u a
      k a k a
      m a u a
      w a r i d i
      w a n a t a k a

Do the same for these big ones:

A t a k a y e n i n u n u l i a	*He/she who will buy for me*
Watakaopiganianapiganiana	*They who will repeatedly fight on behalf of each other.*

Sauti za M na N / the M & N Sounds

Sauti hizi mbili za **m** na **n** zenyewe ni SILABI, na huweza kutokea mwanzoni mwa neno iwapo hakuna irabu zinazozifuatia. (*The **m** and **n** sounds can be syllables on their own when there are no vowels following them*).

Sauti za M hutamkwa midomo ikiwa imefungwa. (*The M sounds that come at the beginning of a word are pronounced with your lips closed.*)

6

Mifano/Examples:

Sauti za M

 m t a ro
 m m e a
 m p a n a
 m s o m a j i
 m t u
 m t o
 m t i
 m b u

Sauti za N

 n c h i
 n d i y o
 n g e
 n g u v u
 n n e
 n t a
 n z u r i

Silabi Pacha/Double Syllabic Vowels.

aa ee ii oo uu

These are frequently found at the end of words. In such cases, the ear hears the word as if the stress comes on the final syllable. Technically, they represent two syllables, but are pronounced as a single elongated vowel.

Zoezi la 2

Sema maneno haya

Say these words

aongee	*s/he should talk*
choo	*toilet*
hasikii	*s/he does not hear*
kondoo	*sheep*
kufaa	*to be suitable*
mguu	*leg*
mkuu	*head of…*
sambaa	*spread*
utembee	*you should walk/take a walk*
utii	*obedience*

Vilevile, silabi pacha huweza kupatikana mwanzoni au hata katikati ya maneno.
Double syllables can also be found at the beginning, middle or end of a word.

Mifano/*Examples*
andaaandaa
gaagaa
kaakaa
keekee

Zamu yako
Your turn
Ubatizo / *Baptism*

Haya ni majina ya Kiswahili. Kila mmoja achague jina analolipenda, na alitamke kufuatia mwongozo hapo juu. Kuanzia sasa hilo ni jina lake la Kiswahili.
The following are Swahili names. Let every student pick a name he or she likes and pronounce it to the class following the guidance given above. From now on that will be his/her Swahili name.

Majina ya Wanawake	Female Names
Abula	*wild rose*
Adila	*just, the ideal*
Aisha	
Amina	*trustworthy*
Asumini/Yasmini	*jasmine*
Basma	*smile*
Chausiku	*born at night*
Cheka	*laugh (with joy)*
Dalila	*proof*
Fadhila	*outstanding, abundance*
Farida	*unique*
Fatuma	
Furaha	*happiness*
Habiba	*beloved*
Hala	*glorious*
Hamida	*praise*
Husna	*most beautiful*
Imani	*faith*
Jamila	*the beautiful one*

Jasira	*courageous*
Kamila	*perfect*
Katiba	*writer*
Laila/Leila	
Lubaya	*young lioness*
Lulu	*pearl*
Maahira	*clever*
Mabruka	*blessed*
Malaika	*angel*
Malika/Malikia	*queen*
Mariamu	*Maryam*
Mboni	*the apple of the eye*
Nafisa	*comforter*
Neema	*blessings*
Raisa	*leader*
Rashida	*wise, righteous*
Sauda/Saida	*black lady, Prophet Muhammad's wife*
Sharifa	*leader*
Sheila	*beautiful, wedding veil*
Shida	*difficulties, problems, hardships*
Tabasamu	*smile*
Taji	*crown*
Tatu	*third child, born on Monday*
Tausi	*peacock*
Umi	*my mother*
Wahiba/Waahiba	*gift*
Waridi	*rose*
Yasmini/Yasmina	*jasmine*
Yusra	*ease and comfort*
Zafarani	*saffron*
Zainabu	*Prophet Muhammad's daughter and the name of one of his wives*
Zaituni/Zeituni	*olive*
Zawadi	*gift*
Ziyana/Zeyana	*elegance*
Zuhura	*one of the planets (Venus)*

Majina ya Wanaume	*Male names*
Abdalla	*God's servant*
Abdi/Abdu,	*servant*
Abdulrahimu	*servant of the Compassionate*
Adili,	*just, the ideal*
Akida	*chief*
Alamini	*the trustworthy*
Alhasani	*the good*
Asifu	*intelligent*
Assad/Assa	*lion*
Baraka	*blessing*
Bashiri	*messenger*
Daud/Daudi	*David*
Fahimu	*intelligent*
Faki	*expert*
Faridi	*unique*
Faruku	*judicious*
Fungo	*success*
Furaha	*joy, happiness*
Hamisi	*born on Thursday*
Heri	*goodness*
Iddi/Idi	*festivity*
Issa/Isa	*Jesus*
Jamali	*handsome*
Juma	*week*
Kaimu	*leader*
Karama	*magnanimity, generosity, blessing*
Lodhi	*one who seeks shelter*
Madaraka	*responsibility*
Mashaka	*difficulty, worries, doubts*
Masika	*heavy rains*
Maulana	*our master*
Mbogo	*buffalo, spokesman*
Mfalme/Mfaume	*king*
Mgeni	*guest*
Mtumwa	*messenger, servant, slave*
Mubaraka	*blessed*
Musa	*Moses*

Mwanga	*light*
Nurdini	*light of the faith*
Kusai	*firm*
Rahimu	*compassionate*
Saadi	*happiness*
Safari	*travel, journey*
Salehe	*good*
Sharifu	*leader*
Simba	*lion*
Uki	*impediment*
Usi	*difficulty*
Vuai	*fisherman*
Walidi	*newborn, productive*
Yahya/Yahaya	*he lives*
Yusufu	*Joseph*
Zahiri	*radiant, blossom*
Zuri	*goodlooking*

Maelezo ya Kitamaduni / Cultural Notes

Have you noticed that standard Swahili does not use the consonants **X** and **Q**? However, you may come across some writings, even in modern day Swahili, which will sometimes use Q in the place of K. For example, the *Holy Koran* will be written as *Quran Tukufu*. This notwithstanding, such uses are very rare indeed and that is why we have skipped the consonant Q in our list.

As seen from the list of names given above, most Swahili names have a meaning commonly understood by the Swahili people. Children are given names according to factors such as:

- Circumstances of their birth, including the day of the week as well as where and when the birth takes place
- Events in history (including achievements) of the family, clan or the Swahili people in general.
- One's place in the immediate family, i.e. second born, third born, etc. Thus, **Pili** and **Tatu,** which mean *second* and *third* respectively, will also connote *second* and *third born.*
- There are definite names given to twins. These are **Kulwa/Kurwa** for the elder twin and **Doto** for the younger twin, irrespective of gender. Others used for twins are those similar names that are gender-based such as **Adili** and **Adila, Saidi** and **Saida,** etc. Those students that are twins could choose these names.

Kusalimiana
Greeting Each Other

Adila anakutana na rafiki yake, Aisha. Wanasalimiana / *Adila meets her friend, Aisha. They greet each other*

Adila: Hujambo Aisha?   How are you Aisha?
Aisha: Sijambo, hujambo Adila?   I am fine, how are you Adila?
Adila: Sijambo, asante.   I am fine, thank you.

Aisha and Juma greet each other

Aisha: Habari gani Juma?   How are you Juma?
Juma: Nzuri, asante, na wewe je?   I am fine, thank you, and you?
Aisha: Nzuri pia, asante.   Fine too, thank you.

Msamiati wa Salamu / *Vocabulary for greetings*

asante sana	*thanks a lot*
asante	*thank you*
asanteni	*thank you all*
asubuhi	*the morning*
bwana	*male title*
habari gani?	*what's the news / how are you?*
habari za...	*news of...*
haya!	*fine, ok, well then*
hujambo?	*how are you?*
kazi	*work*
kwaheri	*goodbye (to one person)*
kwaherini	*goodbye you all*
mama	*mother*
mwalimu	*teacher*
mzee	*old man*
na	*and*
nyumbani	*at/to home*
nzuri sana	*very good*
nzuri	*good*
pia	*too, also*
sijambo	*I am fine*
tu	*just, only*

Mazungumzo / *Dialogue*

Adila na Ali wanakutana na wanasalimiana / *Adila and Ali meet and greet each other*

Adila:	Hujambo, Ali?
Ali:	Sijambo sana.
Adila:	Habari gani?
Ali:	Nzuri.
Adila:	Habari za nyumbani?
Ali:	Nzuri sana.
Adila:	Haya bwana, kwa heri.
Ali:	Asante. Kwa heri.

Taji

Adila anakutana na Ali na Taji na anawasalimu / *Adila meets Ali and Taji and greets them*

Adila:	Ali na Taji, hamjambo?	*How are you, Ali and Taji?*
Ali na Taji:	Hatujambo, asante.	*We are fine, thank you.*
Adila:	Baba na mama hawajambo?	*How are father and mother?*
Ali na Taji:	Hawajambo.	*They are fine.*
Adila:	Haya, kwaherini.	*O.K. Bye to you all.*
Ali na Taji:	Asante, kwaheri Adila.	*Thanks. Bye, Adila.*

14

Zamu yako / *Your turn*

Zoezi la 3

Watatuwatatu, fanyeni mazoezi ya salamu ziyo hapo juu kwa: / *In threes, practice all of the above greetings, by:*
* Asking your colleague how he/she is using both *jambo* and *habari* greetings.
* Asking two or more of your colleagues how they are and how their parents are.

Kukaribisha Mgeni Nyumbani / *Welcoming a visitor at home*

Mazungumzo / *Conversation*

Juma is visiting Bakari at Bakari's place. In pairs, play the roles of Juma and Bakari. Take note of the Swahili way of "knocking" on the door.

Juma:	Hodi! & Hodi hodi!	*Knock, knock!*
Bakari:	Karibu!	*Welcome*
Juma:	Asante.	*Thank you*
Bakari:	Karibu ndani.	*Come right inside*
Juma:	Asante sana.	*Thank you very much*
Bakari:	Kaa tafadhali	*Sit, please*
Juma:	Asante sana.	*Thank you very much*
Bakari:	Habari za safari?	*How was the trip?*
Juma:	Nzuri sana.	*Very fine.*
Bakari:	Haya, karibu sana.	*O.K. you are very welcome*
Juma:	Asante sana.	*Thank you very much.*

Msamiati

asante sana	*thank you very much*
haya	*o.k., fine*
hodi! / hodi hodi!	*Similar to "knock knock!"*
kaa	*sit / take a seat*
karibu ndani	*welcome inside, come right in*
nyumbani	*at/to home*
safari	*journey, trip*
tafadhali	*please*

Zoezi la 4

Taji is visiting Rajabu at Rajabu's place. In pairs, play the roles of Taji and Rajabu.

Salamu kwa Nyakati Mbalimbali / *Greetings at different times*

Fatuma na Idi wanasalimiana asubuhi
Fatuma and Idi greet each other in the morning

Fatuma:	Habari gani, Idi?	*How are you, Idi?*
Idi:	Nzuri tu. Habari za asubuhi?	*Just fine. How's the morning?*
Fatuma:	Nzuri sana. Habari za nyumbani?	*Very fine. How's home?*
Idi:	Nzuri, asante.	*Fine, thank you.*

Ali na Halima wanakutana mchana
Ali and Halima meet in the afternoon

Ali:	Hujambo Halima?	*How are you Halima?*
Halima:	Sijambo. Habari za mchana?	*Fine. How's the afternoon?*
Ali:	Nzuri sana, asante.	*Very fine, thank you.*
Halima:	Baba na mama hawajambo?	*How are father and mother?*
Ali:	Hawajambo, asante.	*They are fine, thank you.*
Halima:	Haya, kwaheri.	*O.k. then, bye bye.*
Ali:	Kwaheri.	*Bye.*

Zuhura na Juma wanakutana jioni
Zuhura and Juma meet in the evening

Zuhura:	Juma, habari za jioni?	*Good evening, Juma.*
Juma:	Nzuri sana, Zuhura. Hujambo?	*Good evening Zuhura. How are you?*
Zuhura:	Sijambo, asante.	*I am fine, thank you.*
Juma:	Haya, tutaonana.	*O.K. See you.*
Zuhura:	Asante, kwaheri.	*Thank you and bye.*

Salamu za Heshima / *Greetings that show respect*

In Swahili there are special greetings to elders and to people who are in positions of power such as leaders. Children must always use the following greeting to adults, and grown ups should use the greeting to much older people:

Mazungumzo
Adila meets the father of Juma.

Adila:	**Shikamoo**	*a greeting of respect*
Baba Juma:	**Marahaba**, hujambo?	*respectful answer*
Adila:	Sijambo, asante.	
Baba Juma:	Baba na Mama **hawajambo**.	*how are they?*
Adila:	**hawajambo.**	*they are fine.*
Baba Juma:	Haya, kwaheri.	
Adila:	Kwaheri, Baba Juma.	

Mazungumzo

Mr Chedi, a higher primary school teacher greets his class

Mwalimu:	**Hamjambo** wanafunzi?	*how are you students?*
Wanafunzi:	**Hatujambo**, shikamoo mwalimu.	*we are fine.*
Mwalimu:	Marahaba!	

Maelezo ya Kitamaduni / *Cultural Notes*

- Greetings among the Swahili people are very important social occasions and the ritual may even take an hour or so in some instances. People will normally inquire about each other's health, and about the health and well being of each other's parents, spouses, children, etc. Greeting a completely new person on a street is very common indeed, and it is considered rude to skip this part of the culture of the Swahili people.

- Elders can initiate greetings with young ones depending on the circumstances, for example to welcome or bring them closer and/or in a classroom situation. In addressing children, elders would use endearment terms such as *my child*, *my daughter* and *my son* to show love and acceptance of a young one. Young ones will always address elders as their mothers and fathers, their uncles and aunts, or their grandmothers and grandfathers, depending on the person's age in relation to that of the younger speaker's parents.

- Two friends (whether male or female) may shake hands or greet each other by hugging. It all depends on how close they are. Some people may not shake hands if they are not too close or familiar. Traditionally in some parts of Tanzania, women could neither shake hands with men nor hug them. Yet, in other parts of East Africa, women were required to kneel or mock-kneel when greeting males. In some cases, such kneeling was gender-based, regardless of the age of the male or female person. In short, there generally is no common formulaic body language during greetings. A visitor will simply need to observe and use common sense.

- The moment one gets a child she or he can be addressed as "Mama so and so" or "Baba so and so," meaning the mother or father of so and so; and usually it will be the first born that will be added to her or his parents "names".

Kuhesabu kwa Kiswahili / *Counting in Swahili: 1-10*

As you will discover, counting in Swahili is one of the easiest aspects of the language. Knowing numbers 1 up to 10 is basic, and after that, the counting system is such that you only say ten and one for eleven, and so on up to twenty. Then you begin again with twenty and one. For now let us learn numbers 1-10.

1. moja
2. mbili
3. tatu
4. nne
5. tano
6. sita
7. saba
8. nane
9. tisa
10. kumi

Zoezi la 5

Try to memorize these numbers. We shall use some of these numbers to explain the days of the week in the next section.

Siku za Juma/ *Days of the Week*

□.	**Jumamosi**	1st day	*Saturday*
□.	**Jumapili**	2nd day	*Sunday*
□.	**Jumatatu**	3rd day	*Monday*
□.	**Jumanne**	4th day	*Tuesday*
□.	**Jumatano**	5th day	*Wednesday*
□.	**Alhamisi**		*Thursday*
□.	**Ijumaa**		*Friday*

How to tell the day of the week

Here you have three alternatives that you can use interchangeably to tell what the day of the week is:

Ni Jumamosi/Jumapili/Jumatatu… (**It is** Saturday/Sunday…)
Leo ni Jumamosi/Jumapili/Jumatatu… (**Today is** …)
Leo ni siku ya Jumapili/Jumatatu/Jumanne… (**The day today is**…)

Zamu yako / *It's your turn*

Zoezi la 6

How are the greetings in Swahili different or similar to those in your own culture?

SEPTEMBA						
Jumatatu	Jumanne	Jumatano	Alhamisi	Ijumaa	Jumamosi	Jumapili
				1	2	3
4	5	6	7	8	9	10
11	12	13	14	15	16	17
18	19	20	21	22	23	24
25	26	27	28	29	30	

KALENDA

Maelezo ya Kitamaduni

- The days of the week in Swahili follow the Muslim system in which Friday is the day for prayers. Therefore, Friday also marks the end of the week. It follows then that the day after Friday is referred to as Jumamosi, which literally means the first day, **mosi** being another Swahili word for "one" instead of **moja**, which is used in modern *standard* Swahili as you saw above. Thus, as shown above, the successive days will be referred to as *second day, third day,* etc.

- While it may be easy to conclude that what is referred to in the names of the days of the week as **juma** means week, actually in this case **jum** originates from Arabic and means *day,* and **-a** means *of.* Thus, the combination would imply *the day of one/two/three...*

A common question that your teacher may ask you every day is "Leo ni siku gani?" *(Which day is today?).* In asking or talking about days of the week, the following vocabulary is important:

jana	*yesterday*
juzi	*day before yesterday*
kesho	*tomorrow*
keshokutwa	*day after tomorrow*
leo	*today*

Zoezi la 7

Jibu maswali kwa kufuata mfano / Answer the questions following the example

Mfano:

Mwalimu:	Adila, leo ni siku gani?
Adila:	Leo ni Jumatatu, Mwalimu.
Mwalimu:	Asante sana, Adila.

OR

Mwalimu:	Adila leo ni siku gani?
Adila:	Leo ni siku ya Jumatatu, Mwalimu.
Mwalimu:	Asante sana Adila.

1. Leo ni siku gani?
2. Jana ni siku gani?

3. Kesho ni siku gani?
4. Juzi ni siku gani?
5. Keshokutwa ni siku gani?

Zoezi la 8

In pairs, greet each other in class and ask each other about the days of the week following the examples given above.

Zoezi la 9
Hiki ni nini? / *What is this?*
In the picture below are some of the typical items and articles found in a classroom. Name them as your teacher or fellow student asks what they are.

Mfano:

Adila:	Hiki ni nini?	
Ali:	Ni kalamu.	Picture of a pen
Musa:	Mariamu, hiki ni nini?	
Mariamu:	Hiki ni kitabu.	Picture of a book

Darasani   *In a classroom*

Zoezi la 10

Point at an object or article in the classroom and ask your colleague what it is. Reverse the roles as necessary.

Darasani

Some Common Classroom Expressions

Asante	*Thank you*
Bila asante	*Don't mention it*
Funga kitabu	*Close the book*
Fungeni vitabu	*(You all) Close the books*
Fungua kitabu (chako)	*Open your book (to one person)*
Fungueni vitabu (vyenu)	*Open (your) books (to more than one person)*
Hapana, sielewi	*No, I don't understand*
Hii ina maana gani?	*What does this mean?*
Hongera	*Congratulations*

Je, X humaanisha nini?	*What does X mean?*
Jibu	*Answer*
Karibu	*You are welcome (both an invitation and response to "Thank you")*
Kwa Kiswahili	*In Swahili*
Mmeelewa?	*Have you all understood?*
Mwulize X swali	*Ask X a question.*
Ndio, nimeelewa	*Yes, I have understood.*
Ndio, ninaelewa	*Yes, I understand.*
Nipeni mazoezi yenu	*Give me your exercises*
Samahani	*(I am/We are) sorry; Excuse me/us*
Sawa?	*(Is it) fine/o.k?*
Sema	*Say*
Sielewi	*I don't understand*
Sijui	*I don't know*
Tafadhali rudia	*Please repeat*
Tafadhali sema tena	*Please say (it) again*
Tunasemaje…	*How do we say…*
Tupumzike	*Let us rest*
Uliza	*Ask*
Uliza swali	*Ask a question*
Umeelewa?	*Have you (singular) understood?*
Unasemaje…	*How do you (singular) say…*
X humaanisha…	*X means…*

Zoezi la 11

What would you say in case:

- []. You want your teacher to repeat something?
- []. You do not understand what the teacher has just said?
- []. You want to ask your teacher what something means?
- []. You want to thank your classmate?
- []. Your classmate has just thanked you?
- []. You want to apologize?
- []. You want your colleague to close her book?
- []. You want to know how to say *yesterday* in Swahili?
- []. You want your teacher to say something again?
- []. You want to take a break?

Zoezi la 12

Look at the following pictures that are arranged in a sequence. Give the characters some Swahili names and then write an appropriate caption under each picture.

1

2

3

4

HONGERA/ *Congratulations!*

Topic: Kujitambulisha / *Introducing Oneself*

Function/Aim: More greetings, introducing oneself, thanking people

Grammar: Subject Pronouns, Present Tense, Nationalities

Cultural Information: Importance of greetings and the appropriate social interaction that goes with them.

ADILA

Monologia

It is the first day of class at the university. Students have been asked to introduce themselves. Adila, a young female student, talks briefly about herself

I /am/girl	**Mimi ni** Adila. Ni **msichana** Mtanzania.
I come from/also/ a person/from	**Ninatoka** Pare. Mimi **pia** ni **mtu kutoka** Kilimanjaro.
But/for/now/I stay/the name/of	**Lakini kwa sasa ninakaa** Dar es Salaam. **Jina la** baba
My, mine	**yangu** ni Rami, na mama yangu ni Amani.
I have/brother/one/also/sister	**Nina kaka mmoja.** Jina lake ni Taji. **Pia** nina **dada**
Small, young/name/her	mmoja **mdogo. Jina lake** ni Upendo.

29

*Msamiati/*Vocabulary

jina la	*the name of*
jina lake	*his/her name*
kaka	*brother*
kwa sasa	*for now*
lakini	*but, however*
mimi ni	*I am*
msichana	*a girl*
mtu kutoka	*a person from*
na pia	*and also*
nina	*I have*
ninatoka	*I come from*

Mazungumzo

Juma anakutana na kumsalimia pamoja na kujitambulisha kwa Debora, mwanafunzi mwenza-ke katika kafeteria ya Chuo Kikuu cha Nairobi.

Juma meets, greets and introduces himself to Debora, a fellow student, at the Nairobi University cafeteria

sister	**Juma:**	Habari gani **dada**?
only, just	**Debora:**	Nzuri **tu**. Hujambo
	Juma:	Sijambo.
what are you called?	**Debora:**	<u>Unaitwa nani?</u>
	Juma:	Jina langu ni Juma.
	Debora:	Unakaa wapi?
	Juma:	Kwa sasa ninakaa Nairobi.
	Debora:	Una kaka na dada?
	Juma:	Nina kaka lakini sina dada.
	Debora:	Kaka yako jina lake ni nani?
	Juma:	Jina lake ni Daudi.

Zoezi la 1

Kwa kutumia habari ulizosoma mpaka sasa, watambulishe Adila na Juma darasani.Eleza kila kitu unachojua kuhusu Adila na Juma.

Using the language gained from the monologue given at the beginning of this lesson and other dialogues from the preliminary lesson, introduce Adila and Juma to the class. Tell the class everything you know about them.

Zoezi la 2

Muulize mwanafunzi mwenzako anakaa wapi. Fuata mfano hapo chini.
Ask your colleague where he/she lives. Follow the example below:

Mfano:

Adila: Mwanaidi, unakaa wapi?
Mwanaidi: Ninakaa Kimara, Dar es Salaam.

Thandiwe, Dini na Laila

Wanakaa wapi/ *Where do they stay?*

Thandiwe anakaa **Afrika ya Kusini**   *South Africa*
Dini anakaa Malawi
Laila anakaa Marekani.

Zoezi la 3

Wanafunzi wenzako wakuulize watu hawa wanakaa wapi Afrika ya Mashariki halafu uwajibu. Fuata mfano.

Let your classmates ask you where the following people live in East Africa and answer them. Follow the example.

Juma (*Mbezi Beach*, Dar es Salaam)

Swali/Q: Juma anakaa wapi?

Jibu/A: Juma anakaa **Mbezi Beach**, Dar es Salaam.

Moi & Kimathi (Nairobi)

Swali/Q: Moi na Kimathi wanakaa wapi?

Jibu/A: Moi na Kimathi wanakaa Nairobi.

1.   Adila (Dar es Salaam)
2.   Wanjiru (Nairobi)
3.   Kimweri na Mnkande (Tanga, Tanzania)
4.   Abdalla (Zanzibar)
5.   Nasoro (Mombasa, Kenya)
6.   Okuli (Kampala, Uganda)
7.   Omari na Ali (Lamu, Kenya)
8.   Juma na Zuhura (Pemba, Tanzania)
9.   Swai   (Kilimanjaro, Tanzania)
10. Msuya (Pare, Tanzania)

Zoezi la 4

Kwa kutumia habari na mazoezi tangu somo la awali, jitambulishe darasani. Sema unatoka wapi, unakaa wapi, majina ya baba na mama yako, na kama una kaka na dada. Unaweza kusema mahali pa Waswahili pia unaweza kuchagua jina la Kiswahili kama bado huna.

Using the material from the preliminary lesson, introduce yourself to the class. Include information about where you come from, where you live and your mother and father's name. Then say whether you have an older or younger sibling and his/her name. You can adopt a place in the Swahili speaking area for your home if you do not live there. You also can adopt a Swahili name if you do not have one already.

Asking and Telling Names

Remember how to say:
My name is...
Your name is...
S/he is...

- angu   *my*

- ako   *your*

- ake   *her/his*

The Swahili words -angu / -ako / -ake never change. However, there is always another sound before these forms, depending on the word (noun) with which they are used. For now, we are going to use these sounds with the word for "NAME". The sound BEFORE the three forms above will be "L-".
Learn & practice these words and the sentences that follow:

jina	*name*
langu	*my*
lako	*your*
lake	*her/his*
nani?	*who?*
Jina lako (ni) nani?	*what's your name?*
Jina langu (ni) X.	*my name is X.*
Jina lake (ni) nani?	*what's her/his name?*
Jina lake (ni) X .	*Her/his name is X .*

Do a lot of practice with these forms now and in the following days.

Utaifa / *Nationalities*

The names of the nationalities will always begin with the letter M.

Thus:

Mtanzania	*Tanzanian*
Mkenya	*Kenyan*
Mmarekani	*American*
Mrusi	*Russian*

And also

Mwafrika	*African*
Mzungu	*a European/white person*

Mazungumzo / Dialogue

Adila, Juma, Bakari, and Fatuma meet for the first time. Try to make sense out of the following conversation in which each introduces himself/herself to others.

Adila:	Hamjambo?
Juma, Bakari na Fatuma:	Hatujambo. Na wewe hujambo?
Adila:	Sijambo.
Juma (to Adila):	Samahani, wewe ni nani?
Adila:	Mimi ni Adila. Na ninyi ni nani?
Juma:	Jina langu ni Juma.
Bakari:	Jina langu ni Bakari.
Adila (to Bakari pointing at Fatuma):	Na yeye ni nani?
Bakari:	Yeye ni Fatuma.
Adila:	Haya, asanteni na kwaherini.

Mazungumzo

Zuhura anakutana na wageni wawili na anaanza mazungumzo nao.
Zuhura meets two visitors and starts a conversation with them:

Zuhura:	Hujambo (bwana)?
Jay:	Sijambo sana (mama)
Zuhura:	Habari gani?
Ruth:	Nzuri sana
Zuhura (kwa Ruth):	Wewe ni mgeni?
Ruth:	Ndiyo, mimi ni mgeni.
Zuhura (kwa Jay):	Wewe ni Mmarekani?
Jay:	Hapana. Mimi si Mmarekani, mimi ni Mkanada.
Zuhura:	Karibuni Tanzania.
Ruth na Jay:	Asante sana.

Zoezi la 5

Wewe ni Zuhura/Bakari na unakutana na Madu, Juma na Mtumwa. Mwamkie Madu na mwulize majina ya hao wengine wawili. Uliza wanatoka wapi na kwa sasa wanakaa wapi. Wanafunzi wenzako waigize nafasi za Madu, Juma na Mtumwa.

You are Zuhura/Bakari and you meet Madu, Juma and Mtumwa. Greet Madu and inquire about the names of the other two people. Ask where they come from and where they live right now. Let your classmates play the role of Madu, Juma and Mtumwa.

Msamiati / *Vocabulary*

Alaa!	*Similar to "Is that so?" or "Really?"*
dada	*sister*
hawa	*these (people or animals)*
huyu	*this (person or animal)*
jina	*name*
kaeni	*telling more than one person to sit*
kaka	*brother*
karibuni	*inviting more than one person*
kutoka	*from*
kwa sasa	*for now*
la	*of (possessive for jina)*
lakini	*however, but*
mdogo	*small, younger (person)*
mmoja	*one (person)*
msichana	*girl*
mtu	*person*
nina	*I have*
nini	*what*
ninakaa	*I stay/live*
pia	*also, too*
tafadhali	*please*
wapi?	where?

Madu na Mtumwa

Sarufi
Wakati uliopo / *Present Tense*

From the above conversations, you will have noticed some features regarding Kiswahili verb formation in the **present tense form.**

Ordinary (or regular) Kiswahili verbs have THREE basic parts.

1. **WHO/WHAT**	person/thing doing something: a **subject** prefix.
2. **WHEN**	time the action takes place: a **tense** marker.
3. **WHAT**	the action itself: actual **verb stem** with the meaning.

So far we have been using verbs having a "WHO" (person) doing the action. Let us revisit some examples from the preceding conversations.

WHO	WHEN	WHAT	
ni	na	toka	Ninatoka
u	na	kaa	Unakaa
a	na	toka	Anatoka

Mimi **ninatoka** Tanzania   I come/am coming from Tanzania
Wewe **unakaa** Nairobi   You are staying in Nairobi.
Yeye **anatoka** Dar.   S/he is coming from Dar es Salaam.

From the above dialogue and conversations you may have noticed how the Kiswahili personal pronouns are. Just as a reminder:

Mimi   *I / me*
Wewe   *you (singular)*
Yeye   *he/she*
Sisi   *we/Us*
Ninyi   *you (plural)*
Wao   *they / them*

Let us try the plural subject pronouns using a few more verbs

We	Tu	na	taka want	Tunataka
You	M	na	penda love/like	Mnapenda
They	Wa	na	soma read/study	Wanasoma

Tunataka chai.   We want tea
Mnapenda soda?   Do you like soda?
Wanasoma Kiswahili.   They are studying Kiswahili

Note that "**na**" works both as a present tense marker and also for actions that take place everyday. Thus, a sentence like the third one above could also mean "They study Kiswahili."

Madu na Mosha wanasoma Kiswahili

Mazungumzo / *Dialogue*

Zuhura and Adila are visiting Juma at his home.

Zuhura na Adila:	Hodi! Hodi!
Juma:	**Karibuni.**
Zuhura na Adila:	Asante.
Juma:	**Kaeni** tafadhali.
Zuhura na Adila:	Asante.
Juma (to Adila)	Huyu ni nani?
Adila:	Yeye ni Zuhura.
Juma:	Alaa! Karibu sana Zuhura. Wewe unatoka wapi?
Zuhura:	Mimi ninatoka Dodoma.
Juma:	Kwa sasa unakaa wapi?

Zuhura:	Ninakaa hapa Dar es Salaam.
Juma:	Vizuri. Mnapenda soda **au** chai?
Adila:	Mimi ninapenda chai.
Zuhura:	Mimi ninapenda soda, **tafadhali**.

Zoezi la 6

Una sherehe ya kuzaliwa nyumbani kwako. Watambulishe watu watatu unaowafahamu, sema wanakaa wapi. Waulize baadhi ya wageni wako wapi wenzao wanakaa. Pia waulize wageni kama wanataka nini. Fuata mfano.

You are hosting a birthday party at your place. Introduce three people whom you know, saying where they live. Ask some of your guests where their partners/friends live. Also, ask your guests what they like. Follow the example.

(i)   Huyu ni Adila. Yeye anakaa Masaki, Dar es Salaam.

(II)   Huyu ni nani? Anakaa wapi?

(iii)   Unataka nini? / Unapenda nini?

Zoezi la 7

Profesa wako, Dkt. Mutembei, amewasili katika tafrija yako ya kuzaliwa. Msalimie na mkaribishe. Mwanafunzi mwenzako aigize nafasi ya profesa wako.

Your professor, Dr. Mutembei, has arrived at your birthday party. Greet him accordingly and invite him in. Let your colleague play the part of your professor.

Zoezi la 8

Unakutana na rafiki yako wa zamani barabarani. Msalimie na mwulize anakaa wapi kwa sasa. Mwanafunzi mwenzako ataigiza nafasi ya rafiki yako. Mnaweza kubadilishana nafasi.

You meet your old friend on the street. Greet him and ask him where he lives now. Your colleague will play the role of your old friend, and you can exchange the roles.

Zoezi la 9

Rafiki yako wa zamani anapenda kujua unakaa wapi, kama una ndugu, wazazi wako wanakaa wapi, kama unasoma Kiswahili, na kadhalika (n.k.). Mweleze. Mwanafunzi mwenzako aigize nafasi ya rafiki yako.

Your old friend would like to know all about you (where you live, whether you have siblings, where your parents live, whether you are studying Kiswahili, etc.). Oblige. Let your colleague play the part of your old friend.

Zoezi la 10

Let us revisit *Zoezi la 6.* Using the subject pronouns that you have learned so far, say where the following people live without using their names. Follow the example.

Mfano:

Ruth na Dora (Washington)   **Wao** wanatoka Washington.

Now do the following:

1.   Adila na Laila (Dar es Salaam)

2.   Wanjiru (Nairobi)

3.   Kimweri na Mkande na wewe (Tanga, Tanzania)

4.   Abdalla (Zanzibar)

5.   Nasoro, Ali (Mombasa, Kenya)

6.   Okuli (Kampala, Uganda)

7.   Omari, Saidi na Ali (Lamu, Kenya)

8.   Juma na Zuhura (Pemba, Tanzania)

9.   Swai   (Kilimanjaro, Tanzania)

10.   Msuya (Pare, Tanzania)

Zoezi la 11

Match the words in column one with those in column two. Follow example:

1	2
Baba	**hajambo**
Mimi	hujambo
Yeye	hamjambo
Wewe	hajambo
Ninyi	hawajambo
Wao	sijambo
Adila	tunataka chai
Sisi	anapenda soda
Ali na Zuhura	mnapenda Kiswahili
Ninyi	wanatoka Dar.

How many?/ *Ngapi?*

Kusema idadi

Telling the number (of people/things)

Revisit the dialogues and conversations in **Somo la Awali** and the current **Somo** regarding numbers. Remember what Adila said?

Nina kaka mmoja.	*I have one brother.*
Pia nina **dada** mmoja **mdogo**.	*Also I have one younger sister.*

You will notice however, that the cardinal numbers, similar to adjectives (such as **dada mdogo**) are placed after the persons (nouns) that they qualify. Numbers 1-5 and 8 actually carry the subject marker before the counting stem, and numbers 6-7 and 9-10 do not.

1. **m**moja   one (person)

2. **wa**wili   two (people)

3. **wa**tatu   three (people)

4. **wa**nne

5. **wa**tano

6. sita

7. saba

8. **wa**nane

9. tisa

10. kumi

11. kumi na **m**moja	eleven
12. kumi na **wa**wili	twelve
13. kumi na **wa**tatu	thirteen
14. kumi na **wa**nne	fourteen
15. kumi na **wa**tano	fifteen
16. kumi na sita	sixteen

*Mifan*moja **mzuri**	one beautiful auntie
shangazi watano wazuri	five beautiful aunties

Watoto wadogo watano

Zoezi la 12

Katika picha hapo juu, unaweza kuona wasichana wangapi na wavulana wangapi?

Kuna watoto wangapi katika picha?

Zoezi la 13

(i) Wanawake wangapi?   *How many women?*

Hesabu wanawake/wasichana wote darasani kwako halafu sema wako wangapi.

Count all the women/girls in your class and say how many they are.

(ii) **Wanaume wangapi?**   *How many men?*

Hesabu wanaume/wavulana wote darasani kwako halafu sema wako wangapi.

Maelezo ya Sarufi / *Grammar Notes*

The question word used for how many is **__ngapi?** The prefix that is used is the subject marker for people and animals. Thus: wanawake **wa**ngapi? / wanaume **wa**ngapi?

Mazungumzo / *Dialogue*

The instructor, Professor Mochiwa, greets a new student, Ms. Mboni, who has just joined the class for the first time.

	Profesa:	Habari gani?
	Mboni:	Nzuri tu Profesa. Shikamoo.
	Profesa:	Marahaba. Jina lako ni nani?
	Mboni:	Jina langu ni Mboni.
	Profesa:	Unatoka wapi?
	Mboni:	Ninatoka Tanga, Tanzania
	Profesa:	Kwa sasa unakaa wapi?
	Mboni:	Kwa sasa ninakaa hapa Dar es Salaam.
relative/s	**Profesa:**	Una **ndugu**?
	Mboni:	Ndio. Nina kaka wawili na dada mmoja.
	Profesa:	Karibu sana Chuoni.
	Mboni:	Asante sana Profesa.

Zoezi la 14

Jibu maswali

1. Mboni ni nani?
2. Mboni anatoka wapi?
3. Mboni ana ndugu?
4. Ana kaka wangapi?
5. Ana dada wangapi?
6. Kwa sasa Mboni anakaa wapi?

Wageni wanatoka Dar es Salaam

Msamiati

Alaa!	*similar to "Is that so?" or "Really?"*
asanteni	*thank you all*
chai	*tea*
chuoni	*at/to/from the college/university*
dada	*sister*
hamjambo?	*how are you all?*
hapana	*no*
hatujambo	*we are fine*
hawa	*these (people or animals)*
haya	*o.k., fine, well then…*
Hodi! Hodi!	*Knock! Knock!*
huyu	*this (person or animal)*
jina la	*the name of…*
jina lake	*his/her name*
jina	*name*
kaeni	*telling more than one person to sit*
kaka	*brother*
karibuni	*welcome you all*
kutoka	*from*
kwa sasa	*for now, currently*
kwaherini	*bye you all*
la	*of (possessive for **jina**)*
lakini	*however / but*
majina ya kike	*female names*
majina ya kiume	*male names*
mdogo	*small, younger (person)*
mgeni	*visitor, guest*
mimi ni	*I am*
mimi	*me / I*
mjomba	*uncle*
Mkenya	*a Kenyan*
Mmarekani	*an American*
mmoja	*one (person)*
Mrusi	*a Russian*
msichana	*a girl*

Mtanzania	*a Tanzanian*
mtu	*person*
mtu kutoka	*a person from*
Mwafrika	*an African*
Mzungu	*a European/white person*
na	*also*
ndiyo / ndio	*yes*
ndugu	*relative/s, sibling/s*
ngapi?	*how many?*
nina	*I have*
ninakaa	*I stay/live*
ninatoka	*I come from*
nini	*what?*
ninyi	*you (all)*
penda	*like, love*
pia	*also, too*
samahani	*excuse me/us*
shangazi	*aunt/aunts*
sijambo	*I am fine*
sisi	*we / us*
soda	*soda, soft drink*
soma	*read, study, go to school*
tafadhali	*please*
taka	*want*
toka	*come from*
utaifa	*nationality / nationalities*
wajomba	*uncles*
wanakaa	*they stay*
wanaume	*men*
wanawake	*women*
wao	*them*
wapi?	*where?*
wewe	*you (singular)*
yangu	*my/mine*
yeye	*him/her/he/she*

MADHUMUNI

Topic: The family and some activities done by family members

Function/Aim: Talking about one's family and its members

Grammar: Demonstratives, Adjectives, Swahili Tenses, Counting in Swahili

Cultural Information: More information on the family

Shangazi / *Aunt*

Jina lake ni Huruma

Monologia

my name/my mother	<u>Jina langu</u> ni Huruma. <u>**Mama yangu**</u> ni Ruti na
my father/four siblings	**baba yangu** ni Mustafa. Nina <u>**ndugu wanne**</u>: Dora,
	Maria, Kulwa na Doto. Dora na Maria ni dada
elder,big/twins	**wakubwa.** Kulwa na Doto ni wadogo. Wao ni **pacha.**
grandma/grandpa	**Bibi** yangu jina lake ni Beti. **Babu** yangu jina lake ni Issa.
all/here/this	**Wote** wanakaa **hapa** Arusha. **Huyu** ni Dada Dora,
that/they like	na **yule** ni Dada Maria. Wote **wanapenda** sana soda.
those/they/milk	**Wale** ni Kulwa na Doto. **Wao** wanapenda sana **maziwa.**
I don't like/water	Mimi **sipendi** maziwa wala **maji.** Ninapenda soda tu.

Zoezi la 1

Maswali (Questions)
Jibu maswali yafuatayo kuhusu habari hiyo hapo juu
Answer the following questions based on the narration above.

1. Huruma **ana** dada **wangapi**?   *s/he has/ how many*
2. Huruma ana kaka wangapi?
3. Jina la baba **yake** Huruma ni nani?   *her*

Na jina la mama yake, **je**?	*what about...?*
Nani **wanapenda** soda?	*they like...*
Nani wanapenda **maziwa**?	*milk*
Nani **hapendi** maziwa?	*s/he does not like...*
Nani hapendi soda?	*"who" in a question.*
Nani anapenda **maji tu**?	*water/only*
Wewe unapenda **kinywaji gani**?	*a drink /which (type)?*

Zoezi la 2

Fanya mazoezi kutumia Msamiati huu katika sentensi fupifupi. Practice using the following vocabulary in short sentences.

maziwa	*milk*
maji	*water*
soda	*soda*

Sarufi
Vionyeshi / *Demonstratives*

HUYU	this person/living creature
HAWA	these people/living creatures
YULE	that person/living creature
WALE	those people/living creatures

As you saw in the monologue above, **HUYU** and **YULE** may begin a sentence when the next word is **ni** so that you get the following examples:

Mifano:

Huyu ni Dada Dora.	This is (my) sister Dora.
Yule ni Dada Maria.	That is (my) sister Maria.

These can be negated by replacing the **ni** with **si** as follows:

Huyu si Dada Dora.	This is not (my) sister Dora.
Yule si Dada Maria.	That is not (my) sister Maria.

The same rule applies to **HAWA** and **WALE** demonstratives. When you use all these demonstratives in a manner that emphasizes a close connection with a noun, they usually follow the noun.

Mifano

Mzee huyu ni mwalimu.	This old man is a teacher
Mwanamke yule ni mkulima.	That woman is a farmer.

Mazungumzo

Rajabu meets Mahiza and they talk about people who are standing not far away from them.

	Rajabu:	Hujambo Mahiza?
	Mahiza:	Sijambo. Habari gani Rajabu?
	Rajabu:	Nzuri. Mtu yule ni nani?
	Mahiza:	Jina lake ni Huruma. Yeye ni mwanafunzi.
Is it so?	Rajabu:	**Alaa!** Na wale ni nani?
	Mahiza:	Wale ni Kulwa na Doto.
	Rajabu:	Ni watoto wa nani?
younger sisters	Mahiza:	Wao ni **dada wadogo** wa Huruma. Wote ni watoto wa Mustafa na Ruti.
how come?/they look alike	Rajabu:	**Mbona wanafanana** sana?
twins	Mahiza:	Wale ni **pacha**.
	Rajabu:	Wote wanatoka wapi?
	Mahiza:	Wao wote ni watu kutoka hapa karibu.
	Rajabu:	Wote ni Watanzania?
all (for people)	Mahiza:	Ndio, **wote** ni Watanzania.
	Rajabu:	Alaa. Asante sana.
goodbye	Mahiza:	Asante na **kwaheri**.

Zoezi la 3

Jibu maswali maswali. Answer the questions

1. Mahiza anasema Huruma ni nani?
2. Nani ni watoto wa Mustafa na Ruti?
3. Je, Mustafa na Ruti na watoto wao ni Wakenya?
4. Huruma ni **daktari?**   *doctor*
5. Kulwa na Doto ni nani?

Zoezi la 4

Describe the following people from the conversation above, each in two different ways:

Huruma
Mustafa
Ruti
Kulwa
Doto

Zoezi la 5

Fanya mazoezi kutumia msamiati huu katika sentensi fupi. *Practice using the following vocabulary in short sentences.*

fanana	*look alike*
hapa karibu	*near here, nearby*
kwaheri	*goodbye*
mbona	*a strong "Why?"; "Why on earth?"*
pacha	*twin/s*
wadogo	*younger*
wanafanana	*they look alike*
wote	*all (for people)*

Zoezi la 6

Ulizaneni maswali

Ask each other questions

Zungumza na mwanafunzi mwenzako. Mwulize kuhusu wanafunzi wengine darasani kwa kuonyesha vidole na kutumia mifano hiyo hapo juu. Mnaweza kubadilishana ili mwenzako naye akuulize maswali kuhusu wanafunzi wengine darasani.

Talk to your classmate. Ask him or her about the other members of class by pointing at them and using the examples above. You can exchange the roles so that your classmate asks you questions too regarding the other members of class.

Zoezi la 7

Sema kuhusu familia yako

Draw your family tree as far back as possible and make a presentation in class based on that tree.

Zoezi la 8

In-groups, talk about each other's family tree. Choose what you think is the best and most exciting family tree and do a group presentation of that tree.

Zoezi la 9

Una kaka?   *Do you have a brother?*

Muulize mwenzako kama ana kaka au dada. Kama ana kaka au dada muulize majina yao. Fuata mfano.

Ask your colleague if he or she has a brother or a sister. If s/he does, ask for their names. Follow the example.

Mfano

Maria:	Juma, una kaka au dada?
Juma:	Nina kaka tu.
Maria:	Jina lake ni nani?
Juma:	Jina lake ni Ali.

Sarufi / *Grammar*

Vivumishi
Adjectives

-baya	*bad*
-dogo	*little / small*
-kubwa	*big / large / important*
-zuri	*good / nice / beautiful /handsome*

Unlike in English, where an adjective does not change form regardless of the noun or pronoun it modifies, most Swahili adjectives change according to the nouns they qualify. To show these adjectives are related to people / animals, we put an **m** or **wa** before them, as follows.

Mtoto **m**zuri   *a good (beautiful) child*
Watoto **wa**zuri   *beautiful children.*

Mdudu **m**baya   *a bad insect*
Wadudu **wa**baya   *bad insects*

Paka **m**dogo   *a small cat*
Paka **wa**dogo   *small cats*

Mbwa **m**kubwa   *a big dog*
Mbwa **wa**kubwa   *big dogs*

Mbwa **m**kubwa

Mama na mtoto mmoja mzuri
Mother and one beautiful child

Maelezo ya Kitamaduni

The family is a very important unit among Swahili societies, and most activities revolve around that unit. As the saying goes among parents regarding their children, "Mtoto si wako peke yako", which means a child does not belong only to the parents. Child raising is the duty of all society so that, for example, a complete stranger will admonish any child whom he or she sees doing something wrong. That is why all children will refer to any elder man or woman as **baba mkubwa** or **mama mkubwa** respectively, meaning *elder father* or *elder mother*. The same applies to younger men and women who will be referred to as **baba mdogo** and **mama mdogo** respectively.

Respect to elders is also very important. Even in greetings, a child is supposed to initiate a greeting by using the "shikamoo" way of greeting. It is considered disrespectful to let an elder person initiate the greeting process.

In some East African societies, greetings will always go with some body language such as bowing, kissing each other's palm, etc. There is, however, no common body language that goes with the greetings across East African cultures, although probably handshaking is the most common and popular.

You must have noticed the way Huruma in the preceding conversation referred to his sisters as **Dada Dora** and **Dada Maria**. That also is a sign of respect to one's elder siblings. If Huruma had an elder brother, she would also refer to him as Kaka so and so.

Note that, unlike in other cultures, in most East African cultures one cannot on any occasion call their parents or any other elder people by their names, be they first or last names. The addresses "Baba" and "Mama" are used instead.

Polygamy is practiced and acceptable in many societies in East Africa. Certainly, along the coast and in most Muslim communities, this is a normal practice. A man with more than one wife will then refer to the elder (first) one as **mke mkubwa** and the younger one/s as **mke mdogo** or **wake wadogo**, meaning elder and younger wife/wives, respectively.

Wanyama na wadudu wachache

A few animals and insects

kipepeo	*butterfly*
mbu	*mosquito/es*
nyuki	*bee/s*
nzi	*housefly/flies*
paka	*cat/s*
panzi	*grasshopper/s*
samaki	*fish*
siafu	*biting ant/s*
simba	*lion/s*
sisimizi	*ant/s*
tembo	*elephant/s*

You will observe that since animals and insects belong to the same group of nouns as people, the demonstratives used for them are the same as the ones mentioned above. Thus, you get sentences like the following:

1. **Yule** ni nyuki.
2. **Huyu** ni paka na **yule** ni mbwa.
3. **Hawa** ni siafu.
4. **Wale** ni sisimizi.
5. **Huyu** ni panzi, **yule** ni **tembo,** na **wale** ni simba.

Kuhesabu: Namba 10 – 1000

Counting: Numbers 10-1000

As we mentioned earlier on while learning how to count up to 10, counting in Kiswahili can be very easy. You only need to know the numbers 1-9 and then learn how to say 10, 20, 30, 40, etc., since actually what will be between these numbers will just mean "ten and one," "ten and two," etc. Look at the examples below:

10	**Kumi**
11	kumi na moja
12	kumi na mbili
13	kumi na tatu
14	kumi na nne
15	kumi na tano
16	kumi na sita
17	kumi na saba
18	kumi na nane
19	kumi na tisa

20	Ishirini
21	ishirini na moja…..
30	*Thelathini*
31	thelathini na moja…
40	*Arobaini*
50	Hamsini
60	Sitini
70	Sabini
80	Themanini
90	Tisini
100	MIA MOJA.
101	Mia moja na moja
110	Mia moja na kumi
111	Mia moja na kumi na moja…
200	MIA MBILI
300	MIA TATU…
900	MIA TISA
1000	ELFU MOJA

In the pictures below you will find some of the East African currencies that are in SHILLINGS. A shilling is made up of 100 cents, and currently (2003) about 1000 Tanzania Shillings are equivalent to 1 US $, and about 100 Kenya Shillings are equivalent to 1 US $.

Zoezi la 10

Msamiati wa zoezi

na	*and;* same as *plus*
jumlisha	*add, plus*
toa	*minus, subtract*
gawanya kwa	*divide by*
ni	*is*
ni sawa na	*is equal to*

In pairs: solve the following addition problems by stating them in words. Use the vocabulary given above.

Mfano:

2+2   = 4   Mbili jumlisha mbili ni nne.

1.   5+7   =
2.   6+10   =
3.   20+30   =
4.   55+42   =
5.   18+60   =
6.   26+75   =
7.   11+27   =
8.   111+111   =
9.   99+105   =
10. 945+55   =

Watu hawa wanakaa Dar es Salaam

Sarufi
Grammar

Nyakati zaidi/ More Tenses

So far we have been using only the present tense that has a marker **NA**. Now we need to talk about yesterday, recently and even tomorrow. You will notice that Swahili tenses are probably the most comfortable part of the language since it is just a matter of replacing one tense marker with another.

Let us take examples of the sentences that we have used so far:

1. Wote wa**na**kaa hapa Arusha.
2. Dada Dora na Maria wa**na**penda sana soda.
3. Kulwa na Doto wa**na**penda sana maziwa.

4. Mimi ni**na**penda maji tu.
5. Kulwa na Doto wa**na**fanana sana?
6. Wote wa**na**toka Dar es Salaami?
7. Mahiza a**na**sema Huruma ni nani?
8. Ni**na**taka sukari, soda na sabuni.

By replacing the **na** in the sentences above, the tense changes to either past, recent past (present perfect) or future.

Wakati Uliopita
Past Tense: **LI**

The marker for the past tense is **li**, so the above sentences in the past tense would be:

Wote wa**li**kaa hapa Arusha.
Dada Dora na Mara wa**li**penda sana soda.
Kulwa na Doto wa**li**penda sana maziwa.
Mimi ni**li**penda maji tu.
Kulwa na Doto wa**li**fanana sana?
Wote wa**li**toka Dar es Salaami?
Mahiza a**li**sema Huruma ni nani?
Ni**li**taka sukari, soda na sabuni.

Some vocabulary for the past tense

jana	yesterday
juzi	*day before yesterday*
juzijuzi	*recently*
mwaka jana	*last year*
mwezi jana	*last month*
wiki jana	*last week*

Zoezi la 11

Ulifanya nini? *Answer the following questions in the affirmative:*

(i)	Jana uli**la**la?	*sleep*
(ii)	Jana uli**nunua** nini?	*buy*
(iii)	Juzi uli**soma** Kiswahili?	*read*
(iv)	Mwaka jana uli**kaa** wapi?	*stay*
(v)	Mwezi jana uli**taka** nini?	*want*

Zoezi la 12

Ulifanya nini? List all the verbs that you know so far. Using such verbs and the vocabulary given above, make five sentences about your colleagues and what they did in the past.

Kukanusha Nyakati / Negative Tenses

Negative tenses are formed first with beginnings similar to those of jambo greetings that go with personal pronouns:

Remember:

Sijambo
Hujambo
Hajambo
Hatujambo
Hamjambo
Hawajambo.

By adding the negative tense markers after the above beginnings, one gets the following results that will become clearer as you use them over and over again in the coming lessons:

Wakati uliopita (Past): KU

Ni**li**soma Kiswahili   Si**ku**soma Kiswahili

Wakati timilifu (Present Perfect/ Recent Past): JA

Ni**me**soma Kiswahili   Si**ja**soma Kiswahili

Wakati uliopo (Present): -i

Ni**na**soma Kiswahili   Sisom**i** Kiswahili

Wakati ujao (Future): TA

Ni**ta**soma Kiswahili   Si**ta**soma Kiswahili.

Past Conditional: SINGALI

Ni**ngali**soma Kiswahili   Ni**si**ngalisoma Kiswahili

General Conditional: SINGE

Ni**nge**soma Kiswahili Ni**si**ngesoma Kiswahili.

Mazungumzo

Waridi, a woman, meets her workmate, Nahodha, a man. They chat as they walk along the street.

Nahodha na Waridi

Waridi:	Habari gani Nahodha?
Nahodha:	Nzuri Waridi, hujambo?
Waridi:	Sijambo.
Nahodha:	Habari za nyumbani?
Waridi:	Nzuri tu, na wewe je?
Nahodha:	Nzuri sana.

Waridi:	Jana ulienda kazini?	
Nahodha:	Hapana, jana ni Jumapili.	
	Sikuenda kazini. Na wewe je?	
Waridi:	Mimi pia sikuenda kazini. Wewe	
	ulifanya nini jana?	
Nahodha:	Nililala tu nyumbani.	
Waridi:	Na watoto wako walikaa	
	nyumbani vilevile?	
Nahodha:	Hapana, hawakukaa nyumbani,	
	walienda kwa rafiki.	
Waridi:	Alaa! Haya, kwaheri Nahodha.	
Nahodha:	Asante sana, kwaheri Waridi.	

Maswali:

Jana Nahodha alifanya nini?

Je, jana Nahodha alienda kazini?

Kwanini Nahodha hakuenda kazini?

Waridi alienda kazini jana?

Watoto wa Nahodha walikaa nyumbani jana?

Jana wewe ulifanya nini?

Zoezi la 13

Ulifanya Nini? Using the vocabulary, especially the verbs that you know, ask your classmates what they did and what they did not do yesterday, last week, etc. Exchange roles and tell your classmates what you did or did not do.

Remember:

KU	Nili**li**lala	Si**ku**lala	I did not sleep
JA	Nime**l**ala	Si**ja**lala	I have not slept
i	Nina**l**ala	Sila**li**	I do not sleep
TA	Ni**ta**lala	Si**ta**lala	I will not sleep
SINGE	Ni**nge**lala	Ni**singe**lala	I would not sleep
SINGALI	Ni**ngali**lala	Ni**singali**lala	I would not have slept

Zoezi la 14

Let us revisit an exercise we did earlier on and see how we can change it to past tense negative.

Ulifanya nini? Answer the following questions in the negative:

(i) Jana ulilala?

(ii) Jana ulinunua kitu?

(iii) Juzi ulisoma Kiswahili?

(iv) Mwaka jana ulikaa Nairobi?

(v) Mwezi jana ulitaka bia?

Watu wanatembea mjini Arusha / *People are walking in Arusha town, Tanzania*

Msamiati

acha bwana/mama!	*stop it, don't be ridiculous!*
arobaini	*forty*
bei gani?	*what price?*
bei ghali!	*the price is too high!*
bei rahisi sana!	*very cheap price! (hardly used)*
bia	*beer*
elfu (moja)	*one thousand*
fanana	*look alike / resemble*
gawanya kwa	*divide by*
ghali sana!	*too expensive!*
haiwezekani!	*utterly impossible*
hamsini	*fifty*
hapa karibu	*near here, nearby*
hapana! punguza tafadhali!	*no! reduce (the price) please!*
hawa	*these (people or living creatures)*
huyu	*this (person or living creature)*
ishirini	*twenty*
jamani!	*oh my god! oh my!*
jana	yesterday
jumlisha	*add, plus*
juzi	*day before yesterday*
juzijuzi	*recently*
karanga	*peanuts/groundnuts*
karoti	*carrot/s*
kilo	*a kilo(gram)*
kipepeo	*butterfly*
kitu hiki	*this thing*
kitunguu/vitunguu	*onion/s*
kumi	*ten*
kwa	*for*
kwaheri	*goodbye*
limau	*lemon/s*
-lipa	*pay*
maharage	*beans*
maji	*water*
maziwa	*milk*
mbona	*a strong "why?"; "why on earth?"*
mbu	*mosquito/es*
mbwa	*dog/s*
mia	*a hundred*
mkate / mikate	*bread/loaves of bread*
mwaka jana	*last year*
mwanafunzi	*student*
mwanamke	*woman*
mwezi jana	*last month*

mzee	old person
na	and; same as plus
ndizi	banana/s
ni	is/are
ni sawa na	is equal to
-nunua	buy
nyanya	tomato/es
nyuki	bee/s
nzi	housefly/flies
ongeza kidogo	add a little more
pacha	twin/s
paka	cat/s
panzi	grasshopper
papai	papaya
pilipili	pepper
punguza kidogo	reduce a little
rahisi	cheap
sabini	seventy
sabuni	soap
shilingi ngapi?	how many shillings? how much
siafu	biting ant/s
siagi	margarine/butter
simba	lion/s
sisimizi	ant/s
sitini	sixty
soda	soda
sukari	sugar
tembo	elephant/s
thelathini	thirty
themanini	eighty
tisini	ninety
toa	minus, subtract
unauzaje?	how much are you selling for?
-uza	sell
wadudu	insects
wale	those (people or living creatures)
wanafanana	they look alike
wanyama	animals
wiki jana	last week
wote	all (people and living creatures)
yule	that (person or living creature)

MADHUMUNI / OBJECTIVES

Topic: Activities and Life at Home and Personal Information on Likes and Dislikes

Function/Aim: More greetings, introducing oneself

Grammar: Further on Tenses, Adjectives, Possessives, Numbers, Negation of Tenses

Cultural Information: On dating

74

Monologia

Taji ni mwanafunzi Chuo Kikuu cha Nairobi. Anaongea kuhusu yeye mwenyewe pamoja na rafiki zake wawili. *Taji is a student at the University of Nairobi, Kenya. She talks about herself and her two friends*

I speak	Mimi ni mwanafunzi Chuo Kikuu cha Nairobi. **Ninasema**
here/at the university	Kiswahili na Kiluo. **Hapa chuoni**
I study/learn	**ninajifunza** Historia na Kiingereza. Ninapenda kusoma Historia, na ninapenda
very, very much	<u>**sana sana**</u> kujifunza Kiingereza.
these are my two friends	<u>**Hawa ni rafiki zangu**</u> wawili.
he studies at	Huyu ni Tomasi. Yeye **anasoma** Chuo Kikuu cha Moi, na huyu ni Dua, anasoma Chuo Kikuu cha Zanzibar. Tomasi
to dance	anapenda sana <u>**kucheza dansi**</u>; lakini Dua anapenda
to listen to/music/only	<u>**kusikiliza muziki tu**</u>. Mimi ninapenda kusikiliza muziki, kucheza dansi, na kusoma.

Zoezi la 1

Kweli au wongo ?/ True or false?

Check the following statements against the monologue above and say whether they are true or false.

Mifano / Examples

A.   Taji ni mwanafunzi wa Chuo Kikuu cha Dar es Salaam

Hapana, si kweli, Taji si mwanafunzi wa Chuo Kikuu cha Dar es Salaam

No, it is not true, Taji is not a student at the University of Dar es Salaam.

B.   Dua ni mwanafunzi wa Chuo Kikuu cha Zanzibar.

Ndio, ni kweli Dua ni mwanafunzi wa Chuo Kikuu cha Zanzibar

Yes, it is true that Dua is a student at the University of Zanzibar.

1. Taji anasema Kiswahili na Kipare.
2. Chuoni Taji anajifunza muziki.
3. Taji anapenda sana sana kujifunza Kiingereza.
4. Tomasi anasoma Chuo Kikuu cha Zanzibar.
5. Dua anapenda kusikiliza na kucheza muziki.
6. Tomasi anapenda kusoma tu.
7. Taji anapenda kusikiliza muziki, kucheza dansi na kusoma.

Sarufi

Nations and different languages may vary in the way they are expressed so that you have, for example:

Amerika / Marekani	America
Urusi	Russia
India	India
Misri	Egypt
Tanzania	Tanzania
Kenya	Kenya
Uganda	Uganda
Ureno	Portugal
Somalia / Usomali	Somalia

Majina ya Lugha

Names of Languages

The names of languages will always begin with a prefix Ki__; for example:

Kifaransa	*French*
Kihausa	*Hausa*
Kihindi	*Hindi*
Kiingereza	*English*
Kipare	*Pare (from North-eastern Tanzania)*
Kireno	*Portuguese*
Kirusi	*Russian*

Kispaniola		*Spanish*
Kiswahili		*Swahili*
Kiyoruba		*Yoruba*
Kizulu		*Zulu*

You will have noticed that words such as **mtu** have plurals that begin with **wa**. These are referred to as nouns that belong to the **A-Wa noun classes**. Most **living things** such as **people** and **animals** belong to this group. The following are some other similar words that you already know:

mgeni	wageni	*guest/s*
Mmarekani	Wamarekani	*American/s*
msichana	wasichana	*girl/s*
Mtanzania	Watanzania	*Tanzanian/s*
mtoto	watoto	*child/ren*
mwanafunzi	wanafunzi	*student/s*
mwanamke	wanawake	*woman/women*
mwanaume	wanaume	*man/men*
jirani	majirani	*neighbor/s*
shangazi	shangazi	*aunt/aunties*
mjomba	wajomba	*uncle/s*
ndugu	ndugu	*relative/s, sibling/s*

The **demonstratives** for these nouns are **huyu/yule** in singular form and **hawa/wale** in plural form, so that, as you saw in the above monologue, you get sentences such as the following:

Huyu ni Dada Dora.	This is (my) sister Dora.
Yule ni Dada Maria.	That is (my) sister Maria.

The –a of association **that go with these nouns are** wa **in singular and plural so that, as you have seen, you have such phrases as:**

- **Huruma ni** mtoto wa **Mustafa na Ruti.**
- **Wa**toto **wa** Mustafa na Ruti ni Huruma, Kulwa na Doto

Watu hawa ni Wakenya   *These people are Kenyans*

As you have seen already even in the above sentences, the possessives for these nouns will also take the **w-** in singular and in plural forms. You have seen also that the subject prefixes and object pronouns for these nouns are **a** and **wa,** while the adjectives take the agreement **m** with the singular nouns and **wa** with the plural forms. Thus, you have a sentence like the following:

Huruma ni **m**toto **m**zuri **wa** kwanza **wa** Mustafa na Ruti.

You will learn more about some other agreements that go with this group of nouns as you practice and cover more lessons in this and subsequent courses.

Huyu ni Aliko. Yeye ni Mkongo na ni Profesa.

Wanawake hawa ni Watanzania

Zoezi la 2

Anafanya nini?

What is he/she doing?

By referring to the monologue given earlier on, but trying as much as possible to just use your memory, say who does or likes to do which activity by filling in the gaps.

1. Taji _____ Kiswahili na Kipare.

2. Chuoni, Taji _____ Historia na Kiingereza.

3. Taji _____ Kiingereza.

4. Dua _____ Chuo Kikuu cha Zanzibar.

5. Tomasi _____ dansi

6. Dua _____ muziki.

7. Taji _____ muziki _____ dansi,
    na_____

8. Dua _____ muziki tu.

Zoezi la 3

Sasa eleza darasa kuhusu wewe. Tumia habari kutoka masomo ya nyuma. Sema wewe ni wa taifa gani, unasema lugha gani, na unapenda kufanya nini.

Now, tell the class about yourself. Include as much information as possible from the previous lessons. Tell also what nationality you are, what languages you speak and what you like to do.

Monologia 2

these/guest	**Hawa** ni Eiko na Profesa Senkoro. Eiko ni **mgeni** wa
Japanese	mwalimu Senkoro. Yeye ni **Mjapani.** Kwa sasa
	anasoma Kiswahili Chuo Kikuu cha Dar es Salaam.
speak	Ana**sema** anapenda muziki wa Tanzania Pia anapenda
the food/of/to know	**chakula cha** Tanzania Anapenda sana **kujua**
the culture/of	**utamaduni wa** Tanzania

Zoezi la 4

Jibu maswali

Eiko ni **nani**?   who

Kwa sasa Eiko anasoma **wapi**?   where

Eiko anapenda **nini**?   what

Eiko anapenda muziki **gani**?   what type?

Eiko anasema anapenda kujua nini?

Mwalimu Senkoro ni mgeni wa Eiko?

Eiko anasoma nini Chuo Kikuu cha Dar?

Zoezi la 5

Here are some pictures and names of people and their towns/countries. Say where they live, which nationalities they are, what languages they speak, and what they like to do.

Mfano

Zawadi anakaa Boston.

Yeye ni **Mmarekani.**

Anasema **Kiingereza.**

Anapenda kusoma Kiswahili.

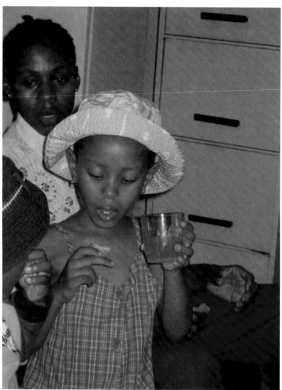

Monika/Kilimanjaro, Tanzania/**kunywa** soda   *to drink*

Waalimu/Nairobi/ku**pigwa picha**   *be photographed*

Sheila/Afrika ya Kusini/**kucheka** *to laugh*

Jakisoni na Haikaeli/Chicago/ku**tabasamu** *smiling*

84

Joshua na Mosha/ Tanzania/kusoma Kiswahili

Wageni/ Afrika Kusini, Malawi, na Marekani/ **kupigwa picha**   *to be photographed*

Aisha Mukama/Kampala/**kuuza vitu dukani**   *selling things in the shop*

Zoezi la 6

Here are a few more people. Using the provided data, say who they are, where they live, the languages they speak, and what they like to do

1.	Laila/Zanzibar/Kiswahili/**kuimba**	*to sing*
2.	Onyango/Kenya/**kusikiliza** redio	*to listen to*
3.	Christine & John/ Marekani/**kula**	*to eat*
4.	Olabode/Nigeria/**kufundisha**	*to teach*
5.	Iman / Somalia/ **kucheza dansi**	*to dance*

Sarufi

You probably have noticed by now that there is no distinction between the simple present tense and the present continuous tense in Kiswahili. Thus, a phrase like **"ninacheza dansi"** could mean **I am dancing** or **I dance**, depending on the context.

The present tense marker **—na—** is constant in affirmative sentences.

Zoezi la 7

In pairs: choose any of the languages listed below and ask if your colleague speaks them. Answer all questions in the affirmative.

(i)   Kizulu

(ii)   Kijerumani

(iii)   Kifulani

(iv)   Kihindi

(v)   Kispaniola

(vi)   Kijapani

Monologia 3
Sipendi / Hatupendi
I do not like/ we do not like

Two students, Adila and Adija, are giving a presentation in class regarding who they are, where they come from, what they are studying, what they like, and what they do not like.

we	**Sisi** ni Adila na Adija. Sisi ni wasichana kutoka Zanzibar, Tanzania. Kwa sasa tunasoma Chuo Kikuu
the studies/ of	cha Wisconsin, Madison. Tunasoma **masomo ya**
televison/I do not like	**televisheni**. Mimi ni Adila, na **sipendi** chakula cha
African/of	Marekani; ninapenda chakula <u>**cha Kiafrika**</u> na pia cha
Chinese/she does not like	**Kichina**. Adija **hapendi** sana kusoma. Anapenda
watch/we don't like/cold weather	ku**angalia** televisheni. Wote **hatupendi baridi**.
they don't like/hot weather	Wamarekani wanapenda baridi, **hawapendi joto**
we are happy	sana. **Tunafurahi** kusoma hapa chuoni.

Zoezi la 8

Jibu maswali

Nani anapenda chakula cha Kimarekani?
Nani anapenda chakula cha Kiafrika?
Nani hapendi kusoma?
Adija na Adila wanapenda nini **pamoja**?   *together*
Wamarekani hawapendi nini?
Wewe unapenda nini?

Sarufi_____

There is a little more regarding the present tense PLURAL and also the negation of the present tense that you might have noticed in the above presentation.

WHO	+	WHEN	+	WHAT		
Tu we	+	*na*	+	jua (know)	=	Tunajua
M you all	+	*na*	+	jua	=	Mnajua
Wa they/them	+	*na*	+	jua	=	Wanajua.

Do not/Does not

A.   The set of NEGATIVE PREFIXES (for persons) used here will also be used with other negative tenses.

B.   In present negative tense, the verbs that end in "- a" **change** the "- a" to "-i". The verbs that don't end in "-a" don't change.

Negative Prefixes

Si	*I not*	**Sitaki**	*I don't want*
Hu	*You not*	**Hutaki**	*You don't want*
Ha	*She/He not*	**Hataki**	*She/he doesn't want*
Hatu	*We not*	**Hatutaki**	*We don't want*
Ham	*You not*	**Hamtaki**	*You don't want*
Hawa	*They not*	**Hawataki**	*They don't want*

88

The verbs that don't end in "-a" keep the last vowel.

Mfano

-jibu   **answer**
Ninajibu   I answer
Sijibu   I do not answer.

Zoezi la 9

Rajabu hapendi/hafanyi/hataki: Rajabu **does not like**, is **not doing** and **does not want**. Follow the example below to tell what Rajabu does not like, is not doing and does not want.

Mfano: Rajabu/lala/imba/soma
                  Rajabu hapendi kulala, haimbi, na hataki kusoma.
                  Rajabu doesn't like to sleep, is not singing and he doesn't like to study.

1.   Rajabu /redio/cheza/soma
2.   Rajabu /televisheni / soma / imba
3.   Rajabu /Kiswahili / sema / lala
4.   Rajabu /fundisha/ baridi/soda
5.   Rajabu /Kichina / lala / bia

Zoezi la 10

Tell your friend what you like doing and what you do not like doing. Change roles and let your colleague tell you what he/she likes doing and what he/she does not like doing.

Zoezi la 11

Unataka kufanya nini? *What do you want to do?*

Sema mambo matatu unataka kufanya.

Talk about three things that you want to do.

Mfano: Ninataka kusoma Kichina.

Ninataka kuimba.

Ninataka kukimbia.

Zoezi la 12

Hutaki kufanya nini?   *What don't you want to do?*

Sema mambo matatu hutaki kufanya

Talk about three things that you do not want to do.

Mfano: Sitaki kusoma Kijapani.

Sitaki kulala.

Sitaki kuimba.

Note the way the infinitive ku- is used. This can also be used to create a noun similar to English so that *kukimbia* can either mean "to run" or just "running."

Mazungumzo

Rajani anamtembelea jirani yake mpya, Laila.

Rajani visits his new neighbor, Laila.

	Rajani:	Hodi! Hodi!
	Laila:	Nani?
	Rajani:	Mimi Rajani.
welcome/inside	**Laila:**	Karibu! **Karibu ndani.**
	Rajani:	Asante. Asante sana.

90

residence hall, dormitory	**Laila:**	Karibu. Habari za **bweni**ni?
I am just passing by	**Rajani:**	Nzuri. **Ninapita tu.**
you are not sitting	**Laila:**	Kwa nini <u>hukai?</u>
hurry/a little	**Rajani:**	Nina **haraka kidogo.**
o.k./ then/ see you	**Laila:**	**Haya basi, tutaonana.**
Later	**Rajani:**	Asante, **tutaonana baadaye.**

Zoezi la 13

Jibu maswali yafuatayo kutoka katika mazungumzo hapo juu.
Answer the following questions based on the above dialogue.

Mfano:
Rajabu anafanya nini?
Rajani anatembelea bweni la Laila.

(i)	Laila anasema nini **kwa** Rajani?	*to*
(ii)	Rajani anasema habari za bwenini ni nzuri **au mbaya**?	*or /bad*
(iii)	Rajani ana nini?	
(iv)	Kwa nini Rajani hakai?	
(v)	Rajani na Laila **wataonana lini**?	*they will see each other /when*

Maelezo ya Kitamaduni

As seen from the above dialogue between Laila and Rajani, girls and boys or men and women in towns do freely interact, and quite often date each other – very much unlike in the traditional Swahili setting prior to the arrival of western culture whereby direct dating was unheard of.

Marudio

Review

Zoezi la 01

You are walking on campus on graduation day and you meet the following people. Greet them accordingly and strike up some conversation where appropriate.

1. Profesa Mochiwa
2. Bwana Maiko   (your friend's dad)
3. Sara /Salim   (your prospective fiancée)
4. Dakta Remi   (a family doctor)
5. Laila na Fatina   (class mates)
6. Rajani   (your buddy)
7. Lulu   (A catholic nun)
8. Aisha   (your younger sister)
9. Mama Remi   (your neighbor's mother)
10. Shabani   (someone you do not know)

Zoezi la 02

Tell the class about yourself, your family, friends, where they live, what they are doing now, and what each one of them likes or dislikes.

Zoezi la 03

In pairs, provide the questions that prompted these answers
1. Sijambo.
2. Ninakaa hapa karibu.
3. Tunataka kunywa chai.
4. Watoto hawataki kulala.
5. Wazee wanapenda kuimba.

Zoezi la 04

What do you think is missing in the following blanks?

Kumi na moja, _____, kumi na tatu, kumi na nne,
_____, kumi na sita, kumi na saba,
_____, kumi na tisa,
_____.

Mbili, nne, sita, _____, kumi, _____, kumi na nne, kumi na sita, _____, ishirini.

Zoezi la 05

Look at the following picture and write any ten sentences regarding what you see. Use as many constructions as possible covered in Somo la Awali, Somo la 1, Somo la 2, and Somo la 3.

Msamiati

Amerika / Marekani	*America*
anafanya nini?	*what is s/he doing?*
anapenda	*s/he likes*
anasema	*s/he is saying / says*
anasoma	*s/he is studying/reading*
au	*or*
babu	*grandpa*
baridi	*cold*
bia	*beer*
chakula cha	*the food of / from*
cheza	*play, dance*
Chuo Kikuu	*University*
chuo	*college*
chuoni	*at the college/university*
duka	*a shop/store*
dukani	*at the shop*
fanya	*do (always followed by a noun)*
fundisha	*teach*
gani?	*of what type?*
hapa	*here*
hapana	*no*
hapendi	*s/he does not like*
hatupendi	*we do not like*
hawa	*these*
hawapendi	*they do not like*
historia	*history*
huyu	*this (person/animal/insect)*
imba	*sing*
India	*India*
jibu	*answer (as a noun and verb)*
joto	*warmth, hotness*
jua	*sun, also as a verb –to know*
Kenya	*Kenya*
Kiafrika	*African (type)*
Kifaransa	*French*

Kifulani	*Fulani language*
Kihausa	*Hausa language*
Kihindi	*Hindi*
Kiingereza	*English language*
Kijapani	*Japanese language*
Kijerumani	*German language*
Kipare	*Pare (from North-eastern Tanzania)*
Kireno	*Portuguese*
Kirusi	*Russian*
Kispaniola	*Spanish*
Kiswahili	*Swahili*
Kiyoruba	*Yoruba*
Kizulu	*Zulu*
kuangalia	*to watch*
kucheza dansi	*to dance*
kufundisha	*to teach*
kuimba	*to sing*
kujifunza	*to learn*
kujua	*to know*
kula	*to eat*
kunywa	*to drink*
kupigwa picha	*to be photographed*
kusikiliza	*to listen*
kweli	*truth, truly*
lala	*sleep*
masomo ya televisheni	*television studies*
maswali	*questions*
mgeni	*visitor / guest*
Misri	*Egypt*
Mjapani	*Japanese (person)*
muziki	*music*
nani?	*who (in a question)*
ninajifunza	*I study/learn*
ninasema	*I say / am saying*
nini?	*what*
Profesa	*Professor*
redio	*radio*

sana sana	*a lot / very much*
sema	*say / speak*
si	*is/are not*
sipendi	*I do not like*
sisi	*we /us*
Somalia / Usomali	*Somalia*
taka	*want / need*
Tanzania	*Tanzania*
televisheni	*television*
tu	*only / just*
tunafurahi	*we are happy*
Uganda	*Uganda*
Ureno	*Portugal*
Urusi	*Russia*
utamaduni	*culture*
uza	*sell*
vitu	*things /articles /items*
wapi?	*where?*
wongo (also uongo)	*lie, false*
yeye	*he/she/him/her*

MADHUMUNI

Topic: Housing and Accommodation

Function/Aim: Describing one's apartment/house and other types of accommodation

Grammar: Locatives: KO/PO/MO, **-i-zi** Nouns; Being in a State/Condition

Cultural Notes: On Houses and Homesteads

Monologia

storey	Mimi ni Upendo. Ninakaa katika nyumba ya **orofa** moja.
rooms/living room	Nyumba ina **vyumba** vinne vya kulala, **baraza** moja
big/kitchen	**kubwa**, chumba cha kula chakula, **jiko** moja kubwa na
bathroom/toilets/alone	**bafu** au **vyoo** vitatu. Ninalala **mwenyewe** chumbani,
my younger sibling/have	na <u>wadogo wangu</u> **wana** chumba chao. Baba na mama
there are many things	yangu wana chumba chao kikubwa. Barazani <u>**kuna vitu**</u>
like/sofas/phone/cupboard	<u>**vingi**</u> **kama** vile **makochi,** televisheni, **simu, kabati,** meza
beds	na viti. Ndani ya vyumba kuna vitu vingi kama vile **vitanda**;
plates/bowls	na jikoni kuna vitu vingi pia kama vile **sahani, bakuli,**
spoons/knives/forks/at	**vijiko, visu** na **uma**. Maisha nyumbani **kwetu** ni mazuri
ours	sana.

Zoezi la 1

Jibu maswali haya kuhusu habari uliyoisoma hapo juu.

1. Upendo anakaa katika nyumba **gani**?   *which/what kind?*

2. Nyumba ya Upendo ina vyumba **vingapi** vya kulala?   *how many?*

3. Upendo ana wadogo wake **wangapi**?   *how many?*

4. Barazani kuna vitu **vingi au vichache**?   *many or few?*

5. Maisha nyumbani kwa Upendo ni **mazuri** au **mabaya**?   *good /bad?*

Upendo

Zoezi la 2

Kweli au Uongo?   *True or False?*

Sahihisha pale ambapo sentensi si za kweli.
Make corrections where statements are not correct.

1.   Nyumba ya Upendo ina vyumba vitatu tu.

2.   Upendo analala na wadogo wake katika chumba kimoja.

3.   Barazani kwa Upendo kuna vitu vichache.

4.   Jikoni hakuna vitu vingi.

5.   Maisha nyumbani kwa Upendo ni mazuri.

Zoezi la 3

Chumbani kuna nini? / What is in the room?

Wawiliwawili, elezaneni kuna nini katika vyumba vyenu. Mwulize mwenzako kuna nini chumbani mwake.

In pairs, tell each other what is in your rooms. Ask your colleague what is in his/her room.

Zoezi la 4

Look at the picture below and describe the room. What is in this room? Is the room beautiful or bad looking? etc.

Chumbani mwangu   *In my room*

Maelezo ya Kitamaduni

Nyumba na Kaya/Miji *(Houses and Homesteads)*

Traditionally, there are many types of houses in Tanzania. Most houses will be round-shaped with variations here and there. These are called "msonge". However, among many Tanzanians that live in villages and also among the Swahili people, traditional housing units were composed of compounds known as *kaya* or *mji*, meaning "homestead." In each language group in Tanzania and Kenya, for example, the *kaya* or *mji* would have definite features and arrangements so that there would be demarcations that defined the homesteads from the rest of an area that one owned. These would most of the time either be round or rectangular with open courtyards. Such homesteads would usually be occupied by so-called "extended" families.

Apart from these types of houses, there are also "modern" ones, like the ones given in the pictures above, in the form of bungalows and storey buildings that combine different architectural designs and tastes including African, Asian and European. There are, thus, duplexes, quadruplexes, etc. Cities such as Dar es Salaam, Nairobi and Kampala are dotted with skyscrapers.

Unlike in Europe or America, many family housing units in East Africa do not have basements, and what is referred to as a two-storey building in America is called a one storey building in East Africa. In other words, the first floor is not considered a "storey".

The coastal areas of East Africa, notably Zanzibar, Mombasa and Lamu, have had a lot of Arab influence so that most of their "traditional" houses have a marked Arabo-Indo-African architectural design and arrangements that include narrow streets between the buildings.

The two pictures of the Nkrumah Conference Hall and a Hotel in Dar es Salaam, Tanzania shown below indicate how some of the buildings in Tanzania have combined different architectural designs and artistic sensibilities.

Zoezi la 5

Describe your house to your colleague, then exchange roles and let your colleague describe his/her house to you.

Jumba la Mikutano la Nkrumah, Chuo Kikuu cha Dar es Salaam, Tanzania
Nkrumah Conference Hall, University of Dar es Salaam, Tanzania

Zoezi la 6

In your own words, describe the Nkrumah Conference Hall whose photograph is given above. Is it big or small? Is it nice or bad looking? Etc. Use your imagination.

Zoezi la 7

How are the types of houses and the homestead arrangements described above similar or different from the houses and/or homesteads where you come from?

Nyumba mpya, Zanzibar, *A new building, Zanzibar*

Mazungumzo /Dialogue

Mama wa Ali anamwuliza Ali, mtoto wake mtundu, watu wengine wanaotakiwa kuwapo nyumbani wako wapi.

The mother of Ali is asking Ali, her naughty son, where the other people who are supposed to be in the house are.

where are you?	Mama Ali:	Ali, **uko wapi**?
I am in my room	Ali:	**Nimo chumbani,** mama.
where is he?	Mama Ali:	Na baba **yuko wapi**?
in or at the office	Ali:	Yuko **ofisini**.
and what about your siblings?	Mama Ali:	**Na wadogo zako, je?**
they are outside playing	Ali:	**Wako nje wanacheza.**

	Mama Ali:	Na wewe sasa unafanya nini?
read or study	Ali:	Niko chumbani nina**soma.**
but/how come?/hear/noises	Mama Ali:	**Lakini, mbona** nina**sikia kelele**?
	Ali:	Ni redio, mama.
	Mama Ali:	Hapana, si redio! Ni televisheni!
excuse me	Ali:	**Samahani** mama.

Sarufi
Ngeli za Mahali
Locatives

1. To be at a place is expressed by using the verb forms KO/PO/MO that express the sense of *be + there/here*

Unlike in English where IS and ARE are used to express both the state of being and that of being at a place, in Kiswahili we do NOT use "NI" (is/are) to express "IS/ARE" when the idea is to "BE" at a place. The sounds above are used:

-KO means a general place **here** or **there**, and the idea is wide enough to also mean **hereabouts**.

-PO is limited to a definite place **here**, and so it expresses the idea of "just here/right here."

-MO specifically means to **be in/inside.**

However, in daily use of the language, most speakers of Kiswahili will interchange **KO** and **PO** so often that right now the two are not really differentiated. **MO** has survived its specificity, although **KO** and **PO** are also used constantly to express the idea of being **in** a place.

The idea of "BE" is included in -KO/-PO and -MO: is/are (+place)

2. Affirmative use of KO/PO/MO

-KO (here/there)

Ni + ko	= niko	>	*I'm here*
U + ko	= uko	>	*you're here/there*
Yu + ko	= yuko	>	*s/he is here/there*

Tu + ko	= tuko	>	*we're here*
M + ko	= mko	>	*you're here/there*
Wa + ko	= wako	>	*they're here/there*

-PO (right here)

Ni + po	= nipo	>	*I'm here*
U + po	= upo	>	*you're here*
Yu + po	= yupo	>	*s/he is here*
Tu + po	= tupo	>	*we're here*
M + po	= mpo	>	*you're here*
Wa + po	= wapo	>	*they're here*

-MO

Ni + mo	= nimo	>	*I'm inside*
U + mo	= umo	>	*you're inside*
Yu + mo	= yumo	>	*s/he is inside*
Tu + mo	= tumo	>	*we're inside*
M + mo	= mmo	>	*you're inside*
Wa + mo	= wamo	>	*they're inside*

Msamiati

njia	*the way*
mkutano	*meeting*
nje	*outside*
ofisi	*in the office*
mpishi	*a cook*
jiko	*kitchen*

3. You will have noticed that when **ni** is added at the end of a place noun it connotes the sense of being at/in.

Mifano

Baba yuko ofisi**ni**	> dad is *at the* office
Wageni wako njia**ni**	> the guests/visitors are *on the way*
Mpishi yumo jiko**ni**	> the cook is *in the kitchen*

The use of **ni** is, however, restricted to places or events that are not *proper* nouns. If one wishes to say that one is in America or in Tanzania, the -**ni** is not used. Thus, instead of "Mwalimu yuko Tanzaniani." we just say "Mwalimu yuko Tanzania."

4. You will have noticed that words such as **nyumba** do not differentiate between plurals and singulars. These are referred to as nouns that belong to the **i-zi noun classes.** The following are some other similar words that you already know or will get to know in this lesson:

bafu	*bathroom/s, washroom/s*
bakuli	*bowl/s*
baraza	*sitting/living room/s*
chai	*tea*
feni	*fan/s*
kabati	*cupboard/s*
kalamu	*pen/s*
kaya	*homestead/s*
meza	*table/s*
njia	*the way/s*
nyumba	*house/s*
ofisi	*office/s*
orofa	*story/ies, floor/s*
sahani	*plate/s*
simu	*phone/s*

5. The **demonstratives** for these nouns are **hii** in singular form and **hizi** in plural form:

Nyumba hii.	*this house*
Nyumba hizi.	*these houses*

6. The –a of association that goes with these nouns are **ya** and **za** so that, as you have seen, you have such phrases as;

Nyumba hii **ya** mwalimu	*this house of the teacher*
Nyumba hizi **za** mwalimu	*These houses of the teacher*

7. Similarly, the **possessives** will also take the **y_** in singular form and the **z_** in plural form:

bafu **y**etu   *our bathroom*

bafu **z**etu   *our bathrooms*

8. Subject prefixes for these nouns will be **i** and **zi**:

Nyumba hii **i**meanguka   *this fruit has fallen*

Kalamu hizi **zi**mevunjika   *these pens are broken*

9. The **adjectives** are quite varied with this group of nouns, although most will take the **n/ny** agreement with the singular and plural noun forms:

chai nzuri   *nice tea*

nyumba nzuri   *nice house/s*

Some adjectives do not take agreement with the **i-zi** nouns. Thse include:

chache	nyumba chache	*a few houses*
chafu	bafu chafu	*dirty bathroom/s*
fupi	kalamu fupi	*short pen/s*
kubwa	meza kubwa	*big table*
pana	njia pana	*wide way/path*

As you practice with more nouns you will also get to learn more agreements with this group of nouns in the coming lessons.

Zoezi la 8

Yuko/Wako wapi: Where is he/she & where are they?

Ask your colleague where several people related to her are. Exchange roles and let your colleague ask you the same.

Zoezi la 9

Remember you once talked about your siblings and your parents; what they are doing and not doing; and what they like and dislike? Now write and give a short presentation to the class, telling who you are, where you live right now, what you like, etc. Similarly, tell about your siblings and your parents and friends, describing them first and then finally telling where they are.

Kaka yumo jikoni / *Brother is in the kitchen*

Monologia

brother	Jina langu ni Mbazi. Mimi ni **kaka** wa Chichi na Aisha.
to watch	Ninapenda kusoma na **kuangalia** televisheni.
there is/are	Chumbani kwangu **kuna** televisheni, kabati, kitanda
fan	kiti, meza na vitabu. Pia kuna **feni**
hotness, warmth	kwa sababu Dar es Salaam kuna **joto** sana. Kwa
boil	sasa nimo jikoni nina**chemsha**
tea	***chai.*** *Mimi ninapenda sana chai na soda ya* Coca Cola.

Maswali

1. Mbazi ni nani?
2. Mbazi anapenda nini?
3. Chumbani kwa Mbazi kuna nini?
4. Kwa nini chumbani kuna feni?
5. Kwa sasa Mbazi yuko wapi?

110

Sarufi

Note that –KO and -PO are not only used to express BE + PLACE, but ALSO, BE+CONDITION or STATE.

Some common words relating to CONDITION or STATE are:

HAI	*alive*
SALAMA	*safe/well*
TAABANI	*in bad need/distress*
TAYARI	*ready*

Zoezi la 10

Ask your colleague several questions about where they are and in what condition they are. The latter will have to be answered in the affirmative, for now.

Kuna nini? *What is there?* _____

KUNA	*there is /there are*
PANA	*here is /here are*
MNA	*(in there) there is/there are*

The uses of **KUNA** are almost endless. Here are some very commonly used expressions that go with KUNA and that you are very likely to hear among the Swahili people:

Hali ngumu	*hard living conditions*
Hali ya hewa	*weather*
Joto kali sana	*very hot weather*
Jua kali sana	*very hot sun*
Maradhi mengi	*many illnesses*
Mavuno mazuri	*a good harvest*
Mvua kali	*heavy rain*
Shida nyingi	*lots of problems*

The Negative Form is expressed by the prefix HA so that we get the following:

HAKUNA	*there isn't/there aren't*
HAPANA	*here isn't/here aren't*
HAMNA	*(in there) there isn't/there aren't*

Some common expressions:

Hamna shida	There is no problem
Hamna wasiwasi	There's nothing to worry about
Hamna neno	It's nothing/don't worry/never mind/no problem.

Zoezi la 11

Nyumbani kuna nini? *What is in the house?*

Ask your colleague what is in their house and let him/her ask you the same.

Zoezi la 12

Look at the following picture and say what there is and what there isn't in the room.

Chumba cha kulala   *Bedroom*

kiko wapi?   *where is it?*

Note in the following conversation that the KO/PO/MO sounds, which are used for people as seen above, are also used to connote "a thing/things being at a place."

This time, Ali's mother is asking Ali, her naughty son, where some items and things are in the house.

where are you	Mama Ali:	Ali, <u>uko wapi</u>?
in the room	Ali:	Nimo **chumbani,** mama.
book	Mama Ali:	Na **kitabu** kiko wapi?
	Ali:	Kitabu kiko chumbani.
knives/spoons	Mama Ali:	**Visu** na **vijiko** viko wapi?
	Ali:	Visu na vijiko viko jikoni.
television	Mama Ali:	Na **televisheni** je?
	Ali:	Iko barazani.
why/I hear/noise	Mama Ali:	Lakini, **mbona ninasikia kelele**?

Ali: Ni redio, mama.

Mama Ali: Hapana, si redio! Ni televisheni!

Ali: Samahani mama.

Zoezi la 13

Following the example in the above dialogue, ask your colleague for the location of the following objects. Then change the roles so that he or she asks you similar questions.

kalamu	*pen*
kifutio	*board duster*
meza	*table/s*
penseli	*pencil*
ubao	*black/white board*
viti	*chairs*

Zoezi la 14

Look at the following picture and the vocabulary below it, and then ask your colleague what there are and where specific items are. Switch roles as necessary.

Msamiati zaidi

chumba cha kulala	*bedroom*
godoro	*mattress*
kitanda	*bed*
mto / mito	*pillow/pillows*
shuka	*bedsheet/s*
swichi ya feni	*switch for the (ceiling) fan*
swichi ya taa	*switch (for the lights)*
ukuta	*wall*

Wasichana wako barazani

Monologia

we are/here	Mimi ni Adila. Sasa **tuko** barazani **hapa** nyumbani.
there are/carpet	Barazani **kuna** vitu vingi. Kuna viti, taa, **zulia** na
bottle/of/flowers (flower vase)	pia **chupa ya maua**. Ninapenda kukaa barazani
nice, fresh air/I am able	kwa sababu kuna **hewa nzuri**. Pia **ninaweza** kusoma
to rest	kitabu na **kupumzika** vizuri. Watu wote karibuni
our place or *our house*	barazani nyumbani **kwetu**.

Zoezi la 15

Jibu maswali haya / *Answer these questions*

1. Adila yuko wapi sasa?.
2. Barazani kuna nini?
3. Kwa nini Adila anapenda kukaa barazani?
4. Barazani Adila anaweza kufanya nini?
5. Wewe unapenda kukaa barazani?

Zoezi la 16

Following the captions under the pictures below, say what the buildings are for. Follow the example that is given regarding the picture below.

Mfano

Hii ni nyumba ya kanisa la kijijini *This is the house for a church in a village*

Kanisa la kijijini / *A church in a village*

Jumba la ofisi, Arusha, Tanzania   *A house for offices, Arusha, Tanzania*

Hoteli ya kisasa, Bagamoyo, Tanzania

Maktaba Kuu ya Chuo Kikuu cha Dar es Salaam
The Main Library of the University of Dar es Salaam

Jumba la Mihadhara, Chuo Kikuu cha Dar es Salaam
Lecture Hall, University of Dar es Salaam

Nyumba kijijini   *A house in a village*

Zoezi la 17

Kuna nini?

What is there?

Say what you think are in the above buildings. Follow the example.

Mfano

Katika jumba la mikutano la Nkrumah kuna meza na viti.

In the Nkrumah Conference Hall there are tables and chairs.

Msamiati

bafu	*bathroom, washroom*
bakuli	*bowl*
baraza	*sitting/living room*
chai	*tea*
chakula	*food*
chemsha	*boil*
chumba cha kulala	*bedroom*
chumba cha kulia	*dining room*
chupa ya maua	*flower vase (lit. bottle for flowers)*
feni	*fan (such as ceiling fan)*
godoro	*mattress*
hai	*alive*
hali ngumu	*hard living conditions*
hali ya hewa	*weather (lit. condition of the air)*
hapa	*here*
hewa nzuri	*fresh air*
jiko	*kitchen*
joto	*warmth, hotness*
joto kali sana	*very hot weather*
jua kali sana	*very hot sun*
kabati	*cupboard*
kaka	*brother*
kalamu	*pen*
kaya	*homestead*
kelele	*noise*
kitanda	*bed*
kuangalia	*to watch*
kuna	*there is/are*
kuna	*there is/there are*
kwa sababu	*because*
kwetu	*our place*
lakini	*however, but, even then*
makochi	*sofa*
maradhi mengi	*many illnesses*
mavuno mazuri	*a good harvest*
mbona	*why?/how come?/how on earth?*

meza	table/s
mji	town, homestead
mkutano	meeting
mpishi	a cook
mto / mito	pillow/pillows
mvua kali	heavy rain
niko	I am at a place
nje	outside
njia	the way
nyumba	house
ofisi	office
orofa	storey, floor (like 4th floor)
penseli	pencil
pumzika	rest
sahani	plate
salama	safe/well
samahani	excuse me/us
shida nyingi	lots of problems
shuka	bed sheet/s
sikia	hear
simu	phone
swichi ya feni	switch for the (ceiling) fan
swichi ya taa	switch (for the lights)
taabani	in bad need/distress
tayari	ready
televisheni	television
ubao	black/white board
ukuta	wall
uma	fork
vijiko	knives
vitanda	beds
viti	chairs
vitu	things, items, articles
vyoo	toilets/bathrooms
vyumba	rooms
vyumba vya kulala	bedrooms
weza	be able
zulia	carpet

MADHUMUNI

Topic: People, Nationalities and Age

Function/Aim: Talking about people: their nationalities and their ages

Grammar: Aspects of a-/wa group, Personal Pronouns, Counting

Cultural Notes: On age and birth dates/days

Lulu

Monologia
Monika anazungumza kuhusu rafiki yake, Lulu.

my/mine	Rafiki **yangu** Lulu ni Mtanzania. Yeye anatoka
near	Arusha **karibu na** Serengeti na Kilimanjaro. Ni mtu
gentle/kind	**mpole** sana na anapenda marafiki. Mimi ni Mkenya,
I live or I stay	lakini kwa sasa **ninaishi** Tanzania, nyumbani kwa
	Lulu. Lulu ni msichana mzuri sana, na anapenda
school	**shule**. Baba yake ni Mtanzania na mama yake ni
a Somali person	**Msomali**. Wote ni watu wazuri sana na wanapenda
be happy/family	wageni. Nina**furahi** kukaa na **familia** ya Lulu.
date (on a calendar)/birthday	Jumatano **tarehe** 18 Julai ni <u>siku ya kuzaliwa</u> ya
we shall buy/presents/various	Lulu. **Tutanunua zawadi mbalimbali** na Lulu
she will be happy	**atafurahi** sana.

Zoezi la 1

Jibu maswali. Fuata mfano.

Mfano
Lulu ni rafiki yake Monika?
Ndio, Lulu ni rafiki yake Monika.

1. Rafiki **yake** Monika ni Mkenya?   *her*
2. Lulu anatoka karibu na Serengeti?
3. Monika ni Mtanzania?
4. Kwa sasa Lulu anaishi Kenya?
5. Lulu ni mtu mpole?
6. Lulu hapendi marafiki?
7. Baba yake Lulu ni Msomali?
8. Mama yake Lulu ni Mtanzania?
9. Lulu anapenda nini?
10. Nani anafurahi kukaa na familia ya Lulu?

Zoezi la 2

Zamu yako

Kwa kutumia mifano iliyotolewa kutoka monologia hiyo hapo juu na pia kutokana na maarifa uliyopata kutoka Somo la Awali hadi sasa, eleza kuhusu rafiki yako na familia ya huyo rafiki yako. Chagua rafiki wa taifa tofauti na lako.

Using the examples given from the above monologue and also from your knowledge gained from the Preliminary Lesson up to now, tell about your friend and your friend's family. If possible, choose a friend of a different nationality from yours.

Sarufi

Personal Pronouns and Nationalities

1. So far, you have been using mostly the singular personal pronouns of MIMI, WEWE and YEYE. The plural forms are:

Sisi	We/us
Ninyi	You (all)
Wao	They/Them

2. As you saw above, nationalities are expressed by adding an **M** or **Mw** before the name of a nation/country, and for those countries whose names begin with a U, the U is dropped so that we get:

Afrika	Mwafrika	>	*an African*
Amerika	Mwamerika	>	*an American*
Marekani	Mmarekani	>	*an American*
Norwei	Mnorwei	>	*a Norwegian*
Tanzania	Mtanzania	>	*a Tanzanian*
Ugiriki	Mgiriki	>	*a Greek person*
Ulaya	Mzungu	>	*a European/white person (NOT Mlaya!)*
Urusi	Mrusi	>	*a Russian*

128

3.   Note

(i)   The Mw- will be used when the name of a nation/continent begins with a vowel.

(ii)   While Europe is called **Ulaya**, a European person is **not** Mlaya but **Mzungu**, which can also mean a white person or a westerner.

Mazungumzo   Dialogue

Malaika, a Tanzanian girl, meets Rajani, an Indian boy. Play the roles interchangeably:

Malaika

Malaika	:	Hujambo bwana.
Rajani	:	Sijambo sana dada.
Malaika	:	Habari gani?
Rajani	:	Nzuri sana
Malaika	:	Wewe ni mgeni?
Rajani	:	Ndiyo, mimi ni mgeni.

Malaika	:	Wewe ni Mrusi?	
Rajani	:	Hapana. Mimi si Mrusi, mimi ni **Mhindi**.	*An Indian*
Malaika	:	Haya bwana. Karibu sana Tanzania	
Rajani	:	Asante sana dada.	

Zoezi la 3

Sentensi zote hapo chini ni maswali. Uliza swali halafu mwenzako atoe majibu, halafu badilishaneni.

All the sentences given below are questions. You ask a question and let your colleague give the answers, and then change roles.

Rajani ni Mwafrika?

Malaika ni Mhindi?

Rajani ni Mzungu?

Nani ni mgeni?   *who?*

Mwalimu **wako** ni Mwafrika?   *your*

Zoezi la 4

Kweli au Uongo? *True or False?*

Sema kama sentensi zifuatazo ni za kweli au uongo.

Say if the following sentences are true or false.

1. Rajani ni Mgeni.
2. Malaika si Mtanzania
3. Rajani ni Mrusi
4. Malaika ni Mgiriki

Zoezi la 5

Go around the class and ask five of your colleagues what nationalities they are. Choose those whom you think are of different nationalities. Tell your colleague next to you about your findings and let him/her do the same.

Sarufi
Grammar

Kuhesabu   *Counting*

Remember what you learned in **Somo la Awali**? You learned how to count up to ten as follows:

1	2	3	4	5
moja	mbili	tatu	nne	tano

6	7	8	9	10
sita	saba	nane	tisa	kumi

The Kiswahili numbering system combines Bantu and Arabic so that numbers 1-5, 8 and 10 are Bantu while 6, 7, and 9 are borrowed from Arabic. Remember what we said regarding Jumamosi in **Somo la Awali**? We said that instead of "Juma**moja**" we use "Juma**mosi**," and that ***mosi*** is actually borrowed from other dialects of Swahili. The same applies to number nine, which is known as *kenda* in quite a few Bantu languages.

Note that numbers can be used as adjectives. This being the case, a prefix marker that matches the noun is required. As a result of some of the influences explained above, there are differences in the manner in which numbers are used as adjectives. Numbers 1-5 and 8 will take a noun agreement, so that you have: mtoto **m**moja

watoto **wa**wili
watoto **wa**tatu
watoto **wa**nne
watoto **wa**tano
watoto **wa**nane

The numbers that do not take agreements will be as follows:

watoto sita
watoto saba
watoto tisa
watoto kumi

Wazee watatu / *Three old men*

Kuhesabu namba kumi mpaka milioni moja / *Counting from number 10 to one million*

Counting in Kiswahili is not difficult at all. All you need to know are numbers 1 to 10, and then memorize the cardinal numbers; after which you just mention each number and one, two, etc.

Zoezi la 6

Memorize the following cardinal numbers. Practice with your colleague.

10	kumi
11	kumi na moja
12	kumi na mbili
13	kumi na tatu
20	ishirini
21	ishirini na moja
22	ishirini na mbili…
30	thelathini
31	thelathini na moja
32	thelathini na mbili…
40	arobaini
50	hamsini
60	sitini
70	sabini
80	themanini
90	tisini

100 mia (moja)
200 mia mbili
300 mia tatu … etc
567 mia tano na sitini na saba

1000	elfu (moja)
2000	elfu mbili
2002	elfu mbili na mbili
3000	elfu tatu
90,000	elfu tisini
100,000	laki (moja)
100,001	laki moja na moja

200,000	laki mbili, etc…
999,999	laki tisa, elfu tisini na tisa, mia tisa na tisini na tisa
1,000,000	milioni moja
2,000,000	milioni mbili

+	jumlisha	*add*
-	toa	*subtract*
x	zidisha	*multiply*
x	mara	*times*

Zoezi la 7

Ni ngapi?
It's how many/much?

Fanya hesabu zifuatazo
Do the following problems

kumi mara sita ni _____

kumi na nane toa sita ni _____

mia moja toa tisa ni _____

nane jumlisha moja ni _____

nane toa nne ni _____

nne jumlisha nne ni _____

nne mara nne ni _____

saba mara saba ni _____

tatu jumlisha saba ni _____

	gawanya / gawa	*divide*
-:-	**gawanya / gawa kwa**	*divide by*
16	-:-	4	= ?
100	-:-	5	= ?
90	-:-	9	= ?
120	-:-	4	= ?

Zoezi la 8

You are at an auction. Outbid the previous offer by 1000 shillings.

Mazungumzo   *Conversation*

Saida

Furaha

Saida and Furaha are having a conversation after chancing to meet each other on the corridors of the University of Dar es Salaam.

Saida:	Aisee! Hujambo Furaha.
Furaha:	Sijambo, Saida. Na wewe je?
Saida:	Sijambo sana.
Furaha:	Habari za masomo?
Saida:	Nzuri tu, na wewe je?
Furaha:	Nzuri sana. Unakaa wapi, Saida?
Saida:	Ninakaa Bweni la Tatu hapa chuoni.
Furaha:	Alaa! Mimi ninakaa Bweni la Saba.
Saida:	Aisee, ni mbali na bweni la tatu.
Furaha:	Una simu?
Saida:	Ndio.
Furaha:	Namba ngapi?

Saida:	Namba 0744 60 85 85. Na wewe je?
Furaha:	Yangu ni 0741 41 88 20.
Saida:	Asante sana. Tutaongea.
Furaha:	Kwaheri rafiki yangu.

Zoezi la 9

Using examples from the above dialogue, pretend that you are meeting your colleague for the first time after vacation. Inquire about her health, etc. Since s/he has a new phone number, ask for the number. Then exchange roles.

Expressing Age

Una miaka mingapi   *How many years do you have (How old are you?)*

To ask how old someone is, use the following sentences:

Q: **Una miaka mingapi?**   How old are you?
A: Nina miaka ishirini.   I am twenty years old.

Q: **Upendo ana miaka mingapi?**   How old is Upendo?
A: Upendo ana miaka kumi na miwili.   Upendo is twelve years old.

Zoezi la 10

Wana miaka mingapi? _____ *How old are they?*

Mwanafunzi mwenzako anakuuliza watu hawa wana miaka mingapi. Mweleze wana miaka mingapi. Fuata mifano iliyotolewa hapo juu.

Your classmate asks you how old the following people are. Tell him or her how old they are. Follow the examples given above.

1.   Mama Upendo (45)
2.   Ali (38)
3.   Profesa Mazrui (60)
4.   Britney Spears (24)
5.   Bill Cosby (68)
6.   Nelson Mandela (80)

7.   Papa John Paul (82)
8.   Zawadi (35)
9.   Baba Chichi (52)
10.   Your classmate (?)

Zoezi la 11

Una miaka mingapi? Mwulize mwanafunzi mwenzako ana umri gani. halafu toa taarifa darasani. Kama hataki kusema kweli kuhusu umri wake anaweza kusema wongo tu. *Ask the student next to you how old s/he is. Then report to the class. Whoever is not at ease telling his/her age is free to tell a lie about it.*

Saida

Zoezi la 12

Unafikiri Saida ana miaka mingapi? Anakaa wapi? Ana dada wangapi? Ana kaka?

Maelezo ya Kitamaduni

While old age is considered to be graceful and is given a lot of respect since it is equated with wisdom and experience, it is not polite for a younger person to inquire about the age of an older person unless the situation allows so. These days, however, the question of age is generally not very important when it comes to day to day relations among the people. In traditional societies, it was not the actual age that mattered, but the age group to which one belonged.

If, for example, one was supposed to meet some people s/he did not know and inquired about their "age," one was always given such information like: "Ni mtu mzima" (*S/he is an adult person*); "Ni mtu wa makamo" (*S/he is a middle aged person*); "Bado ni mtoto" (*S/he is still a child*); "Ni msichana mkubwa" (*"She is a big girl"*); "Ni kijana ambaye tayari ana ndevu" (*He is a young man who already has a beard*); etc.

Birthdays were not celebrated in traditional societies and they were, indeed, not of any importance in one's life. These are a very recent phenomenon, and they have come as one of the packages of western influence. Until recently, birth dates were not celebrated as important events in a person's life. What mattered was the actual day of birth, which was celebrated there and then. In many of the cultures where Swahili is spoken, people usually have more than one name, and the traditional name would be a celebration of a major occurrence or event that took place when the person was born. Thus, for example, a person born at night would be Chausiku, meaning "one that was born at night." Such names would be constant reminders to the person himself or herself regarding the event or occurrence. Birth dates and their accompanying celebrations are a very recent phenomenon indeed. This has been prompted by the importance nowadays of documenting one's life for the sake of official records. Predictably, the educated elites, especially in cities and big towns, have been influenced by western values, and they now celebrate the birthdays of their family members.

Zoezi la 13

Andika insha fupi kuhusu rafiki yako yenye habari zifuatazo:

Write a short essay about your friend that includes the following information:
(i)   Jina
(ii)   Utaifa
(iii)   Anakaa wapi?
(iv)   Umri
(v)   Anapenda nini?
(vi)   Hapendi nini?
Present your essay orally the following day.

Mazungumzo

Shaidi meets Aminata and tries to strike a conversation.

	Shaidi:	Habari?
	Aminata:	Nzuri.
	Shaidi:	Jina lako ni nani?
why?	Aminata:	**Kwa nini**?
I am just asking	Shaidi:	**Ninauliza tu**.
	Aminata:	Ninaitwa Aminata.
	Shaidi:	Ah! Hujambo Aminata.
	Aminata:	Sijambo.
activities/things/matters	Shaidi:	Habari za **shughuli**?
	Aminata:	Nzuri tu.
	Shaidi:	Wewe unatoka wapi?
	Aminata:	Kwa nini?
	Shaidi:	Ninauliza tu.
	Aminata:	Ninatoka nyumbani.
	Shaidi:	Nyumbani ni wapi?
	Aminata;	Kwa nini?
	Shaidi:	Ninauliza tu.
	Aminata:	Kwa nini?
	Shaidi:	Kwaheri.
	Aminata:	Tutaonana.

Zoezi la 14

Following the above dialogue, try to strike a conversation with someone you do not know well in your class. Let him/her play "the impossible person to know" so that you struggle hard to know him/her.

Msamiati

arobaini	*forty*
asante	*thank you*
elfu	*one thousand*
familia	*family*
-furahi	*be happy*
hamsini	*fifty*
ishirini	*twenty*
karibu na	*near*
kumi	*ten*
kwa	*to, for, by, with*
laki	*one hundred thousand*
mbalimbali	*various*
Mgiriki	*a Greek person*
Mhindi	*an Indian*
mia	*one hundred*
miaka	*years*
Mmarekani	*an American*
Mnorwei	*a Norwegian*
mpole	*kind, gentle*
Mrusi	*a Russian*
Mtanzania	*a Tanzanian*
Mwafrika	*an African*
Mwamerika	*an American*
mwanangu	*my child*
mzungu	*a European/white person*
nani?	*who?*
ngapi	*how many*
ninyi	*you (all)*
sabini	*seventy*
sisi	*we/us*
sitini	*sixty*
tarehe	*date (on a calendar)*
thelathini	*thirty*
themanini	*eighty*
tisini	*ninety*
Ugiriki	Greece
Ulaya	*Europe*
Urusi	*Russia*
vitu	*things*
wao	*they/them*
zawadi	*a present / presents*

MADHUMUNI

Topic: Personalities

Function: Describing people's personalities and professions

Grammar: Adjectives, The verb **to have/have not**, Possessives

Cultural Notes: Aesthetics / What is Beauty?

144

Bakari

Bakari anaeleza kuhusu familia yake *(Bakari describes his family members)*

wife/children	Mimi ni Bakari. **Mke** wangu jina lake ni Upendo, na **watoto**
our or ours/tall	**wetu** ni Adamu, Rehema na Aisha. Mke wangu ni **mrefu**
slightly/plumpy/nurse	**kiasi, mnene**, na **mzuri**. Yeye ni **Muuguzi** hospitalini.
she works very hard/first	**Anafanya kazi sana**. Mtoto wetu **wa kwanza** ni Adamu.
	Yeye ni mwanafunzi Chuo Kikuu cha Dar es Salaam.
a law degree/more than	Anasoma **shahada ya sheria**. Adamu ni mrefu **kuliko**
thin/slim/slender	mama yake, na ni **mwembamba** kuliko mama yake pia.
second/short/than all	Rehema ni mtoto wetu **wa pili.** Yeye ni **mfupi kuliko wote**
like/similar to	hapa nyumbani, pia ni mnene **kama** mama yake. Kwa sasa
want	Rema anasoma shule ya sekondari mjini Arusha. Ana**taka**
to be/doctor/tall	**kuwa daktari**. Aisha bado ni mdogo. Yeye ni **mrefu** na
	mwembamba kuliko wote hapa nyumbani. Kwa sasa Aisha
primary school/here	anasoma **shule ya msingi hapa** Dar es Salaam. Anasema
	anapenda kuwa Muuguzi kama mama yake.

Zoezi la 1

Yukoje? _____ *How is s/he?*

Jibu maswali yafuatayo / *Answer the following questions*
1. Mke wa Bakari ni nani?
2. Mume wa Upendo ni nani?

3.   Adamu yukoje?
4.   Adamu yukoje?
5.   Rehema yukoje?
6.   Aisha yukoje?

Zoezi la 2

Kweli au Uongo?
True or False?

Mfano: Bakari ni mke wa Upendo.
             Uongo, Bakari si mke wa Upendo.

Jina la mke wa Bakari ni Upendo.
Watoto wa Bakari na Upendo ni watatu.
Mke wa bakari ni mwembamba.
Adamu ni mtoto wa pili.
Rehema ni mtoto wa tatu.
Rema anasoma shule ya msingi.
Aisha ni mtoto **wa mwisho**.   *last*
Aisha ni mrefu kuliko wote.
Aisha anasoma shule ya msingi.
Rehema anapenda kuwa Muuguzi kama mama.

Mtoto huyu jina lake ni Daudi

Zoezi la 3

Mtu huyo hapo juu yukoje?

How is the above person (in other words, how would you describe the above person?)

Mfano

(i)	Mtu huyu si mfupi	*This person is not short*
(ii)	Mtu huyu ni mrefu	*This person is tall*

Zoezi la 4

Watu hao katika picha hapo juu wakoje?

How would you describe the men in the picture above?

Zoezi la 5

Msichana katika picha hapo chini yukoje?

How would you describe the girl in the picture below?

Maelezo ya Kitamaduni

Traditionally, in most East African societies, a fat woman with prominent features was considered to be good looking and beautiful. It would be a shame, for example, for the wife of a chief to be thin and slim as if she is not well fed. In most traditional societies, a man would look for a fat and round woman for marriage rather than a thin and bonny one. It was unheard of for one to try to loose weight so as to look slimmer. Being slim was, indeed, looked at as being unhealthy and sick.

However, the situation today has changed, especially among the educated elite and town or city dwellers, who have been influenced by foreign, western values principally through the media and so-called beauty magazines. Girls, therefore, strive to be slimmer so as to look "younger" and "more beautiful."

Most beauty contests prefer slimmer to plump girls, although the controversy over this aesthetic sensibility in Tanzania has prompted the institution of a *Miss Bantu Contest* that requires the contestants to be round and plump with prominent features.

Men, on the other hand, do not seem to be affected by these standards, and they are free to be as slim or as fat as they wish.

Msichana mwembamba

Zoezi la 6

Jibu

What is considered to be beautiful in your cultures?
How does society in general react to being fat or thin in your culture?
What is your ideal woman/man for marriage?

Sarufi
Maelezo zaidi ya Vivumishi
More on Adjectives

1. As we saw earlier on, in Kiswahili the adjectives agree with the noun they qualify. This means all adjectives come AFTER the nouns that they qualify.

2. You might have noticed in the above monologue that, in order to show that these adjectives are related to people / animals, there is an "M" before them, as follows:

    1. Mke wangu ni **m**refu kiasi, **m**nene, na **m**zuri.
    2. Yeye ni **M**uuguzi hospitalini.
    3. Adamu ni **m**refu kuliko mama yake.
    4. Rehema ni …**m**fupi.
    5. Aisha bado ni **m**dogo.
    6. Yeye ni **m**refu na **mw**embamba.

3. **VIVUMISHI katika nomino za wingi**
    ADJECTIVES with plural nouns.

With plural nouns referring to people and animals, we use the "wa" sound.

Singular	Plural
mtoto mzuri	watoto wazuri
mtoto mbaya	watoto wabaya
mtu mrefu	watu warefu
msichana mfupi	wasichana wafupi
mvulana mwembamba	wavulana wembamba

4. You must have noted that the adjectives that begin with a vowel (a, e, i, o, u) have the following forms when they refer to people & animals:

150

Singular	Plural
Mweusi	Weusi
Mweupe	Weupe
Mwembamba	Wembamba

5.   Adjectives that refer to numbers will always use the prefix **_a** as seen in the monologue above when Bakari says:

•   Mtoto wetu w**a** kwanza ni Adamu.

•   Rehema ni mtoto wetu w**a** pili.

In which case, Aisha is Bakari and Upendo's third child and so : Aisha ni mtoto w**a** tatu.

Wimbo
A Song

Melody: (copyright) Frere Jacques (Brother John)

Mi.mi   ni.i mi.mi ni.i

M.zu.ri   m.zu.ri

Mi.mi   si   m.ba.ya

We.we   si   m.ba.ya

Ye.ye   tu   ye.ye tu   *only*

Si.si   si.i si.si si.i

Wa.ba.ya   wa.ba.ya

Ni.nyi ni   wa.ba.ya

Wa.o   si   wa.zu.ri

Si.si   tu   **ha.ki.ka**   *for sure*

Wa.o   ni.i wa.o ni.i

Wa.re.fu   wa.re.fu

Ni.nyi ni   **wa.do.go**   *small*

Si.si   ni   **we.u.si**   *black*

Kwe.li tu   hakika.   *truly*

Zoezi la 7

Nani ni...? _____ *Who is...?*

Look at the pictures below, give each person a Swahili name and then and
give your colleague the following information:

Una**fikiri** nani ni mrefu kuliko wote?   *think*

Unafikiri nani ni mfupi kuliko wote?

Nani ni mwembamba kuliko wote?

Nani ni mnene kuliko wote?

Nani ni mdogo kuliko wote?

Nani ni mzuri kuliko wote?

Nani ni mzee kuliko wote?

Zoezi la 8

Wanafanana _____ *They look alike*

The following people look alike (or at least they have similar personality traits). Tell this to your col-
league. Follow the model:

Babu = baba   *grandpa, dad*

Babu <u>anafanana na</u> baba   *Grandpa <u>looks like</u> Dad*

1.	dada	>	mama		
2.	kaka	>	baba		
3.	mama	>	**bibi**		*grandma*
4.	babu	>	baba		
5.	mimi	>	mama		

Zoezi la 9

Mtu wa aina gani?
what kind of a person?

Use the following adjectives to describe the following famous people. You can add your own adjectives where you deem necessary.

-aminifu	*trustworthy*
-changamfu	*charming*
-cheshi	*humorous, charming*
-erevu	*clever, bright*
-jinga	*dumb, foolish, ignorant*
-karimu	*generous, hospitable*
-pole	*kind, gentle*
-safi	*clean*
-zuri	*beautiful, nice, handsome, good*

1. Julius Nyerere
2. Bill Clinton
3. Nelson Mandela
4. Eddie Murphy
5. Bill Cosby
6. Miriam Makeba
7. Britney Spears
8. Michael Jackson
9. Hillary Clinton
10. Tiger Woods

Zoezi la 10

Wawiliwawili

Using as many adjectives as possible, describe yourself to your colleague and let him/her describe you to the class.

Zoezi la 11

Bunia

Make a guess

Write a description of one member of your class. Do not disclose the identity. Let the rest of the class guess who you have described. You should include as much information as possible, and you are not necessarily limited to adjectives.

Zoezi la 12

Wawiliwawili

Tell your colleague the personality traits of those people you do not like. Your colleague will present to the class what you tell him/her.

Zoezi la 13

Aweje?

How should s/he be?

Choosing one of the people mentioned below, tell your class what you think their personal traits should be.

1.   Daktari
2.   Mwalimu
3.   Profesa
4.   Muuguzi
5.   Baba
6.   Mama
7.   Kaka
8.   Dada
9.   Bibi
10.   Babu

Babu

Sarufi

Kitenzi cha <u>Kuwa na</u> ...
The verb word " To HAVE"

The forms of HAVE are special. The **present tense** is expressed as follows:

Ni + na	=	**Nina**	*I have*
U + na	=	**Una**	*You have*
A + na	=	**Ana**	*She/He has*
Tu + na	=	**Tuna**	*We have*
M + na	=	**Mna**	*You have*
Wa + na	=	**Wana**	*They have*

These are some of the words used with HAVE:

haraka	*hurry/haste*
homa kali	*high fever*
homa	*fever*
kazi nyingi	*lots of work*
kiu	*thirst*
mkutano	*a meeting*
na weweje?	*what about you?*
njaa	*hunger*
shughuli nyingi	*many things to attend to, pressing business*
ugonjwa	*an illness*
watoto	*children*

The above implies that, in Kiswahili when one is hungry, angry, thirsty, etc., we use the word "to have;" so that "I am hungry" would be "Nina njaa," which literally means "I have hunger."

Zoezi la 14

Tunga sentensi kwa kutumia "wana" au 'ana' kwa watu wafuatao. Fuata mfano.
Make sentences using "have" or "has" with regard to the following. Follow the example:

Mfano:

Mgonjwa	Mgonjwa ana kiu	*The patient is thirsty.*
Daktari		
Sisi		
Wanafunzi wengi		
Mwalimu		
Bakari		
Adila		
Upendo		
Muuguzi		
Mtoto		
Mkulima	*farmer*	

Sarufi
Kitenzi cha Kutokuwa na
The verb have/has NOT

1. The set of negative prefixes (for persons) used here with 'have' will be used with other negative tenses also.

Si	+	na	=	**Sina**	*I do not have*
Hu	+	na	=	**Huna**	*You do not have*
Ha	+	na	=	**Hana**	*s/he does not have*
Hatu	+	na	=	**Hatuna**	*we do not have*
Ham	+	na	=	**Hamna**	*you all do not have*
Hawa	+	na	=	**Hawana**	*they do not have*

2. The article **–na** is used in various ways. It can mean with, by, and, also, as well, etc.

Mifano
Examples

Mwalimu ana kitabu na **kalamu**.   *pen*
The teacher has a book and a pen

Ninataka chai na **sukari**.   *sugar*
I need tea with sugar

Anapenda **kahawa**, sukari na **keki**; na   *coffee, cake*
anapenda chai pia.
He likes coffee, sugar and cake; as well as tea.

Bakari **yuko** na mke wake na watoto wake.   *he is (with)*
Bakari is (together) with his wife and his children.

Ninaenda **mjini** na **gari**.   *to town, car*
I am going to town by car.

Baba yuko na watoto wake wawili
Father is with his two children

Zoezi la 15

Describe the people you see in the above picture. Are they men, women, boys, girls, etc? Give them Kiswahili names.

Zoezi la 16

Using the following vocabulary, and using the people listed in the box below, say who has what and who does not have what:

haraka
homa kali
homa
kazi nyingi

kiu
mkutano
njaa
shughuli nyingi
ugonjwa
watoto watatu

nyimbo	*songs*
vitabu	*books*

daktari	mwalimu	profesa	**mgonjwa**	*a patient/sick person*
mwanafunzi	mkulima	mama	Bakari	Britney Spears

Zoezi la 17

Using at least four of the following adjectives, give a description of someone you know. Include as much information gained from the previous lessons as possible. Tell where s/he is from, what s/he likes and dislikes, etc.

-eupe	*white*
-eusi	*black*
-tundu	*naughty*
-jinga	*foolish, ignorant*
-kubwa	*big*
-dogo	*small*

Zoezi la 18

Look at the picture below and describe the children in it, giving each of them a Kiswahili name. What do you think they are called? What are each one's character traits? Who are their parents? Be creative. You can include the following in your description:

_a kwanza **kulia**	*right side*
-a pili **kushoto**	*left side*
-a **katikati**	*centre*
cheka	*laugh*
tabasamu (v)	*smile*

Review
Marudio

This review section, in the form of exercises, covers mostly what you have learned in lessons 4-6. Practice as much as possible.

1. In no less than a page and a half, write and give a short presentation to the class, telling who you are, where you live right now, what you like, etc. Similarly, tell about your siblings and your parents and friends, describing them first and then finally telling where they are.
2. Tell the class what is in your room.
3. Let your colleague describe his/her house to you, then give the description to the class.

4. Describe to the class the building that you like most.

5. Tell your colleague where several people related to you are. Exchange roles and let your colleague tell you the same.

6. Tell your colleague what is in your house and let him/her tell you the same.

7. Tell about your friend and your friend's family. Choose a friend of a different nationality from yours.

8. Tell your colleague all the things you like and those you dislike for your birthday. Let them tell you the same.

9. Describe as many people in your family as possible. Use the family tree that you drew in the initial lessons, and tell the class where each one of them is, what they are doing, what they are, whether they have children, etc.

10. Ask as many colleagues as possible what each of them would like for his/her birthday.

Msamiati

-a katikati	*centre*
-a kwanza	*first*
-a mwisho	*last*
-a pili	*second*
-aminifu	*trustworthy*
anafanya	*s/he does*
anataka	*s/he wants*
babu	*grandpa*
bibi	*grandma*
-changamfu	*charming*
cheka	*laugh*
-cheshi	*humorous, charming*
dada	*sister*
daktari	*doctor*
-dogo	*small*
eleza	*explain*
-embamba	*slim, thin*
-erevu	*clever, bright*
-eupe	*white*
-eusi	*black*
familia	*family*
fanana	*look alike*
-fupi	*short*
gari	*car*
-gonjwa	*sick*
haraka	*hurry/haste*
homa kali	*high fever*
homa	*fever*
jibu	*answer*
-jinga	*dumb, foolish, ignorant*
-jinga	*foolish, ignorant*
kahawa	*coffee*
kaka	*brother*
kalamu	*pen*
kama	*as, like, similar to*

-karimu	*generous, hospitable*
kazi	*work*
kazi nyingi	*lots of work*
keki	*cake*
kiasi	*some amount, slightly, a bit*
kiu	*thirst*
-kubwa	*big*
kuhusu	*about*
kulia	*right hand side*
kuliko	*more than*
kuliko wote	*more than all = most*
kushoto	*left hand side*
kuwa	*to be*
mjini	*in town*
mke	*wife*
mkulima	*farmer*
mkutano	*a meeting*
muuguzi	*nurse*
-nene	*fat, plump, thick*
njaa	*hunger*
nyimbo	*songs*
-pole	*kind, gentle*
-refu	*tall, long*
-safi	*clean*
shahada ya sheria	*law degree*
shughuli nyingi	*pressing business, many things to attend to*
shule ya msingi	*primary school*
shule ya sekondari	*secondary school*
sukari	*sugar*
tabasamu	*smile*
-tundu	*naughty*
ugonjwa	*an illness*
vitabu	*books*
wangu	*mine*
watoto	*children*

Mlima Kilimanjaro, wanyama, ndege na maua
Mount Kilimanjaro, animals, birds and flowers

MADHUMUNI

Topic: Account for a trip and one's plans

Function/Aim: Recounting a trip and activities during a trip; Talking about the future

Grammar: The Past Tense, the Short Verbs, the Infinitive KU, the Future Tense

Cultural Notes: On Zanzibar, the Spice Islands

Sehemu ya Mji wa Zanzibar
Part of Zanzibar Town

166

Kuvua samaki Zanzibar   *Fishing in Zanzibar*

that they have

Johari na rafiki yake, Taji, *Visiting* wanatembelea Zanzibar. Johari anatueleza kuhusu safari yao na *trip* *plans* mipango waliyonayo kuhusu safari hiyo.

(Johari and her friend, Taji, are visiting Zanzibar. She tells us about the trip and the plans they have for their stay.)

we departed from	Mimi na rafiki yangu Taji **tulitoka** Dar es *we arrived*
arrive	Salaam asubuhi. Tuli**wasili** Zanzibar mchana leo,
already/we are	na **tayari tuko** hotelini. Hapa Zanzibar ni
place/nice/the place has	**mahali pazuri** sana. **Pana** watu wengi, na pia *market*
narrow/there is	barabara nyingi ny**embamba**. **Kuna** soko kubwa
that has, with/fruits	**lenye matunda** mengi, vyakula mbalimbali na *differents*
vegetables	**mboga** za aina nyingi pia.

different

rest/and then/later on	Leo mchana tuta**pumzika** tu, **halafu baadaye**
to take a walk/beach	jioni tutakwenda **kutembea pwani**.
I would like/swim/to fish	**Ningependa** ku**ogelea** na **kuvua samaki**. Taji
nor	hapendi kuogelea **wala** kuvua samaki. Ni
coward	**mwoga**. Jioni tutaenda *Hoteli ya Bwawani* kula
	chakula cha jioni na kucheza disko. Kesho ni
wake up	Jumamosi. Tutalala **mpaka** saa tano halafu tuta**amka**.
museum	Tutaenda kutembelea **Jumba la Makumbusho**, kanisa
slaves	la Anglikan ambako kuna historia ya **watumwa**, na
street/neighborhood	baadaye baadaye mchana tutatembelea **Mtaa** wa
	Darajani **kununua** vitu **madukani**. Jioni tutaenda
	kuwatembelea rafiki zetu wa hapa Zanzibar. **Wao** ni
right here	Hadija na Athumani. **Wanakaa hapa hapa**, na wana
	watoto wawili wazuri sana. Jumapili tutarudi Dar es
	Salaam.

Zoezi la 1

Jibu maswali yafuatayo

Johari na Taji wanatembelea wapi?

Johari anapenda nini?

Taji hapendi nini?

Sokoni Zanzibar kuna nini?

Ijumaa jioni Johari na Taji watafanya nini?

Asubuhi Jumamosi Taji na Johari watafanya nini?

Johari na Taji watatembelea Jumba la Makumbusho lini?

Katika Mtaa wa Darajani kuna nini?

Hadija na Athumani ni nani?

Johari na Taji watarudi Dar es Salaam lini?

Zoezi la 2

Kweli au Uongo?

Je, sentensi hizi ni za kweli au uongo? Sahihisha za uongo.
Are the following sentences true or false? Correct the false ones.

Taji na Johari wanakaa Zanzibar.

Johari hapendi kuogelea.

Taji anapenda kuogelea na kuvua samaki.

Taji na Johari watakaa Zanzibar kwa siku moja tu.

Jumamosi asubuhi Taji na Johari watalala tu.

Sokoni Zanzibar

Zoezi la 3

Utaenda Wapi Kesho?

Where will you go tomorrow?

Mweleze mwenzako utaenda wapi kesho na utafanya nini. Yeye pia akueleze ataenda wapi na atafanya nini.

Tell your colleague where you will go tomorrow and what you will do. Let him/her tell you the same.

Zoezi la 4

Wataenda wapi kesho?

Where will they go tomorrow?

Mweleze mwenzako watu hawa watafanya nini kesho.

Mfano:

> Mwalimu / darasani
> Mwalimu ataenda darasani kesho.

Taji na Johari / Zanzibar
Profesa / hotelini
Padre / kanisani
Mpishi / **jikoni**   *to the kitchen*
Mwanafunzi / darasani
Mtoto / **kitandani**   *in bed*
Rafiki yako / nyumbani
Baba na mama yako / Kilimanjaro

Maelezo ya Kitamaduni

Zanzibar united with Tanganyika to form the United Republic of Tanzania on April 26th, 1964. Fondly known collectively with Pemba Island as the Spice Islands, Zanzibar has a history whose proportions baffle the imagination. It has a history that over-brims and over-spills her size in both the realities of the successive empire builders who owned or influenced its history, from as far as Egypt to Persia, Portugal, and Britain; and the exotic accounts of early travelers. It's an island that at one point in history owned the whole of Southern Africa, so to speak. Zanzibar is an island whose romantic history as a center of a huge trading empire has ironic twists. The romance is juxtaposed with the inhuman trade in slaves that leaves a lasting scar in the memories of the African people from the hinterlands. The mysterious air combining sultans, ivory, spice, traders, navigators, explorers and slaves gives one the idea of Zanzibar as the final opening of the womb that vomited the miseries of slavery and exploitation, making the island a prized jewel by various kingdom builders. The marks of these miseries still remain today in many areas of Zanzibar. These include such historical sites as the Anglican Church of Zanzibar, whose altar was the actual place where slaves were weighed and auctioned. Included here also are the *Mahurubi* ruins where the sultan spent his luxurious life with his 99 wives, the *Beit el Ajaib* (Arabic for **House of Wonders)** that is now the Zanzibar National Museum, which was built by the blood and sweat of slaves, etc. Today, Zanzibar is a modern island that attracts so many tourists, investors and visitors all year round with its combination of Afro-Arabo-Indo-European architecture, its hospitable population and its never-ending warm, tropical weather.

It is from the Zanzibar dialect, out of more than 25 dialects of Kiswahili, that the standard Kiswahili used today originates.

Zoezi la 5

Kuna nini?
What is there?

What is the most interesting historical site in your country? In the fashion of the notes about Zanzibar given above, tell the class about that historical site.

Sehemu ya Jumba la Maajabu / *Part of Beit el Ajaib*, Zanzibar

Zoezi la 6

Utaenda wapi? _____ *Where will you go?*

Utafanya nini? _____ *What will you do?*

Waeleze wenzako utaenda wapi na utafanya nini huko. Fuata mfano. Unaweza kutumia vitenzi vifuatavyo:

Tell your colleague where you will go and what you will do there. Follow the example. You may wish to use some of the following verbs:

-nunua	*buy*
-soma	*read, study*
-sali	*pray*
-talii	*make a tour*
-angalia	*watch, observe*

Mfano

Nitaenda darasani kusoma.

I will go to class to read/study.

1. sokoni
2. dukani
3. shuleni
4. **kanisa**ni   *church*
5. Zanzibar
6. **maktaba**ni   *library*
7. **hoteli**ni   *hotel, restaurant*
8. nyumbani
9. chumbani
10. barazani

SARUFI

1.   Wakati uliopita   The affirmative past tense LI

The affirmative past tense is formed with the marker **–li–** and, as you must have noted, its position, similar to that of the present tense, is between the subject prefix and the verb stem. Note the following examples from the monologue at the beginning of this lesson:

...tu**li**toka Dar es Salaam asubuhi.	*We came from Dar es Salaam this morning.*
Tu**li**wasili Zanzíbar mchana leo.	*We arrived in Zanzibar this afternoon.*

2.   Kiswahili Short Verbs

There are several verbs in Swahili that are known as short verbs because most of them are monosyllabic words. These include:

-fa	*die*
-ja	*come*
-la	*eat*
-nya (vulgar)	*defecate, shit*
-nywa	*drink*
-wa	*be (become)*

The only exception of a verb that is not monosyllabic but behaves as one is **enda**, which means *go*. See notes below.

3. The infinitive KU used with verbs

As seen earlier on, the sense of **"to"** is expressed by using the infinitive marker **ku-** attached to the verb.

Mifano

Verb	*Infinitive KU*	
-endelea	kuendelea	*to progress/develop/ continue*
-fanya	kufanya	*to do/to make*
-jua	kujua	*to know/know how*
-penda	kupenda	*to like/love*
-taka	kutaka	*to want, to need*
-weza	kuweza	*be able/can*

Since it is not appropriate to put the usual stress on a penultimate syllable formed by a tense marker when expressing the short verbs, an extra syllable is required for the stress, and the language has chosen to add "ku," which is also used for the infinitive, as follows:

-fa	kufa	*to die*
-ja	kuja	*to come*
-la	kula	*to eat*
-nya (vulgar)	kunya	*to defecate*
-nywa	kunywa	*to drink*
-wa	kuwa	*to be/become*

- The above being the case, one will not say "Ninala" for "I am eating"; but rather "Ninakula" and "Wanakuja", "Anakunywa" etc.

- Note that you have the option to consider the verb **–enda** (go) as either a "short verb" or not. Some speakers do not use "ku" (shortened to kwenda), and others do. It is possible, therefore, to hear some people say: "Ninakwenda" or "Ninaenda" for "I am going."

4.   *Negation*

When negating the present tense, the "short verbs" do not keep the "ku" marker. So, instead of "sikuli" you get "sili," etc.

-enda	haendi/hatuendi/siendi/huendi.
-fa	hafi/sifi/hawafi/hamfi
-ja	siji/haji/hawaji/huji.
-la	huli/hali/hawali/hamli.
-nywa	hunywi/sinywi/hawanywi.

5.   The affirmative future tense

The affirmative future tense is formed with the marker **–ta-** and, as you must have noted, its position, similar to that of the present and past tenses, is between the subject prefix and the verb stem. Note the following examples in the dialogue below:

Mazungumzo

Naima kutoka Zanzibar anakutana na Ouko mjini Nairobi na wanaongea.
Naima, from Zanzibar, meets Ouko in Nairobi city, and they converse.

	Naima:	Habari gani?
	Ouko:	Nzuri, hujambo?
	Naima:	Sijambo.
excuse (me)	**Ouko:**	**Samahani**, ulikuja lini Nairobi?
just recently	**Naima:**	Nilikuja **juzijuzi tu**. Mimi ni mgeni hapa.
	Ouko:	Karibu sana. Utapenda kunywa nini?

	Naima:	Nitapenda kunywa chai na maziwa na sukari.
Then or *and then/later*	Ouko:	**Halafu baadaye** utataka kula nini?
I do not want/a thing	Naima:	**Sitaki** kula **kitu**.
	Ouko:	Kwa nini?
I am not hungry	Naima:	<u>**Sina njaa**</u>.
	Ouko:	Wewe unapenda kunywa bia pia?
nor/wine	Naima:	Hapana, mimi sinywi bia **wala mvinyo**.
	Ouko:	Kwa nini?
	Naima:	Kwa sababu mimi ni Mwislamu.
pork	Ouko:	Kwa hiyo huli <u>**nyama ya nguruwe**</u>
not even once	Naima:	Sili <u>**hata mara moja.**</u>

Zoezi la 7

Jibu maswali

1.   Nani ni mgeni mjini Nairobi?
2.   Mgeni huyo alikuja lini Nairobi?
3.   Naima hanywi nini?
4.   Kwa nini Naima hali nyama ya nguruwe?
5.   Kwa nini Naima hataki kula kitu?
6.   Wewe unapenda nyama **gani**?   *which/what type*

Barabarani Nairobi

Zoezi la 8

Utafanya nini wapi? *Where will you do this* ?

Mweleze mwenzako utakwenda wapi kufanya nini.

Tell your partner where you will go in order to do these things:

Mfano:

ogelea (swim)

Nitaenda **baharini** kuogelea.   *I will go* **to the sea** *to swim*

1.   nunua mboga
2.   fundisha
3.   soma
4.   lala
5.   imba   (sing)
6.   sema Kiswidi
7.   cheza dansi
8.   angalia filamu
9.   sikiliza muziki
10.   **azima vitabu**   *(borrow/books)*

Zoezi la 9

Wawiliwawili/ *In pairs*

Mweleze mwenzio watu wanafanya nini katika sehemu hizi.

Tell your partner what people do in the following places

Mfano:

Hoteli

Watu wanalala hotelini.

1. maktaba
2. soko
3. shule
4. hospitali
5. stadium
6. senema
7. darasa
8. chumba
9. bafu
10. jiko

Zoezi la 10

Sema kuwa watu hawa hawatafanya mambo yafuatayo.

Say that the following people will not do the activities below

Mfano

| Kaka | lala | |
| Kaka hatalala | brother will not sleep. | |

Mwalimu	lia	
Mtoto	sema Kiswidi	
Mimi	soma kitabu	
Shehe	enda kanisani	*sheikh*
Baba	imba	
Dada	ja	
Kaka	la	
Adila	rudi	
Wasichana	**tabasamu**	*smile*
Padre	lala hotelini	

Zoezi la 11

Wawiliwawili:

Muulize mwenzako maswali haya. Kwa zamu, mwenzako naye akuulize maswali haya.
In pairs: Ask your friend the following questions. Take turns in answering the questions

1. Utaenda wapi kesho?
2. Unasoma nini sasa shuleni?
3. Baba yako yuko wapi sasa?
4. Unapenda kuangalia televisheni?
5. Hupendi kula nini?
6. <u>Sasa hivi</u> unasoma kitabu gani?   *right now*
7. Unapenda somo gani?
8. Kwa sasa unakaa wapi?
9. .Rafiki yako ni nani?
10. Unataka nini sasa?

Zoezi la 12

Kalenda ya Laila: *Laila's calendar.*
Laila has plans for the whole week. Read the entries from her diary and tell your partner what she will be doing.

Mfano
Jumatatu   Kusoma Kiswahili
Jumatatu Laila atasoma Kiswahili

1. Jumapili	kulala na kuangalia televisheni
2. Jumatatu	kwenda shuleni
3. Jumanne	shuleni asubuhi, maktaba jioni
4. Jumatano	shuleni asubuhi, michezo mchana
5. Alhamisi	shuleni asubuhi, mkutano mchana, michezo jioni
6. Ijumaa	shuleni asubuhi, kulala mchana, disko usiku
7. Jumamosi	kupumzika mpaka mchana, kusafisha nyumba, senema jioni

Useful Expressions for Talking about the Future

kesho	*tomorrow*
keshokutwa	*day after tomorrow*

leo	today
mwaka ujao	next year
mwezi ujao	next month
wiki ijayo	next week
wikendi/mwisho wa wiki	weekend

Zoezi la 13

Wawiliwawili/Mwenzako anakueleza kuwa atafanya mambo yafuatayo. Mweleze kuwa hutafanya mambo hayo.

In pairs: Your classmate tells you that she/he will do the following activities. Tell her/him that you will not do the activities.

Mfano

Nitalala sana kesho
Mimi sitalala sana kesho.

Nitaenda mjini kununua vitu.
Nitaenda sokoni.
Nitaenda senema Jumamosi.
Mimi na rafiki zangu tutasoma vitabu maktabani.
Nitaimba **nyimbo** za Kiafrika.   *songs*
Nitasoma Kijerumani.
Nitaenda safari Kenya.
Nitaangalia televisheni Jumapili asubuhi.

Monologia 2

Jay ni mwanafunzi kutoka Marekani. Anazungumza mbele ya darasa.
Jay is a student from America. He is giving a class presentation.

	Mimi ni Jay, na ni mwanafunzi kutoka
my colleagues	Marekani. Hawa ni wanafunzi **wenzangu**. Sasa
all of us	<u>sisi sote</u> tunaweza kusema Kiswahili kidogo.
this language	Tunapenda sana kujifunza <u>lugha hii</u>. Tunataka
because	kuweza kusema na Watanzania <u>kwa sababu</u>
to progress	Kiswahili ni lugha ya Tanzania. Tuna**endelea**
nicely, well	**vizuri** darasani. Kila siku tunakuja darasani,
we are learning/slowly	tunafanya kazi sana, **tunajifunza polepole**,
	tunasoma kidogo, na mwalimu anapenda

often kusema na sisi, na sisi pia tunapenda kusema na mwalimu. **Mara kwa mara** baada ya masomo tunatembea mjini na tunapenda kunywa soda na bia za Tanzania. Jioni tunapenda kula

Tanzanian food/ugali/spinach **chakula cha Kitanzania**, hasa **ugali** na **mchicha**. Tunapenda sana kukaa Tanzania.

Zoezi la 14

Jaza nafasi zilizo wazi/ *Fill in the gaps*

1. Jay ni _____ wa _____
2. Wanafunzi wanataka _____ kwa sababu _____
3. Jay na wenzake _____ polepole.
4. Baada ya masomo, Jay na wenzake _____
5. Jioni, Jay na wenzake _____

Zoezi la 15

Uliza / *Ask*:

Soma mazungumzo haya halafu mwulize mwenzako maswali kuhusu haya mazungumzo.
Read the following dialogue and ask your colleague questions about the conversation.

Mzee Juma: Unatoka wapi kijana?
James: Ninatoka Kanada.
Mzee Juma: Umefika Tanzania lini?
James: Nimefika juzijuzi tu.
Mzee Juma: Lakini umefika Tanzania tangu lini?
James: Tangu mwezi jana.
Mzee Juma: Umependa Tanzania?
James: Ndiyo, nimependa sana kukaa Tanzania.
Mzee Juma: Umependa nini hapa Tanzania?
James: Nimependa sana Watanzania.
Mzee Juma: Umeona mambo gani?
James: Nimeona wanyama kama tembo, simba, twiga, vifaru, viboko na swala.
Mzee Juma: Hongera sana. Unaongea Kiswahili vizuri.
James: Asante sana.

Mzee Juma: Kwa sasa unafanya kazi gani?

James: Ninajifunza habari za Afrika.

Mzee Juma: Asante sana. Kwaheri. Tutaonana.

James: Kwaheri Mzee.

Msamiati

-angalia	*watch, observe*
-amka	*wake up*
-azima	*borrow*
baadaye	*later on*
bahari	*sea / ocean*
barazani	*in the living room*
-embamba	*slim, thin*
enda	*go*
-endelea	*progress/develop/ continue*
-enye	*that has/have*
-fa	*die*
-fanya	*do/make*
gani	*which/what type?*
halafu	*and then, later*
hapahapa	*right here*
hata mara moja	*not once, never, not at all*
hoteli	*hotel, restaurant*
-ja	*come*
-jifunza	*learn*
jikoni	*in the kitchen*
-jua	*know/know how*
jumba la makumbusho	*museum*
juzijuzi	*recently*
kanisa	*church*
kesho	*tomorrow*
keshokutwa	*day after tomorrow*
kitanda	*bed*
kwa sababu	*because*
-la	*eat*
leo	*today*
lugha	*language*
maktaba	*library*
mara kwa mara	*often*
mchicha	*spinach*
mji	*town*
mlima	*mountain*
mtaa	*street, neighborhood*
mvinyo	*wine*

mwaka ujao	*next year*
mwezi ujao	*next month*
mwoga	*coward*
nya (vulgar)	*defecate, shit*
nyama ya nguruwe	*pork*
nyimbo	*songs*
-nunua	*buy*
-nywa	*drink*
-ogelea	*swim*
pana	*wide*
-penda	*like/love*
polepole	*slowly*
-pumzika	*rest*
pwani	*coast*
-sali	*pray*
samahani	*excuse me/us*
sasa hivi	*right now*
-sema	*say, speak*
senema	*cinema, film*
shehe	*sheikh*
sisi sote	*all of us*
-soma	*read, study*
-tabasamu	*smile (both verb and noun.)*
-taka	*want, need*
-talii	*make a tour*
tayari	*ready*
toka	*come from, go out*
ugali	*stiff mealie meal*
vizuri	*well, nicely*
-vua samaki	*do fishing*
wa	*be (become)*
wala	*nor*
wapi	*where?*
wasili	arrive
watumwa	*slaves*
wenzangu	*my colleagues*
-weza	*be able/can*
wiki ijayo	*next week*
wikendi	*weekend*

MADHUMUNI

Topic: Means of Transport and Names of Months

Function/Aim: Expressing different means of transport, talking about one's trip and personal daily activities

Grammar: Conditional Tenses NGE and NGALI, Past Tense Negative, Place words/Locative Suffixes KO-PO-MO, Present Perfect Tense

Cultural Notes: Means of Transport in East Africa

Meli ya kwenda Zanzibar

185

MONOLOGIA
Safari yetu kwa meli
Our journey by ship

Samira anaeleza kuhusu sfari yake kwenda Zanzibar na rafiki zake.

others/travel	Mimi na wanafunzi **wengine** tuli**safiri** kutoka Dar es Salaam *fellow students* kwenda Zanzibar. <u>**Wanafunzi wenzangu**</u> walisafiri kutoka Nairobi na wengine kutoka Arusha kuja Dar es Salaam
before/ all/after	<u>**kabla ya**</u> sisi **wote** kwenda Zanzibar. <u>**Baada ya**</u> kupumzika
climb or board/ship	kwa siku moja Dar es Salaam, wote tuli**panda meli** ya *Sea*
time/that is	*Express.* Meli ilitumia muda mfupi tu, **yaani**
a total of/up to	**jumla** ya saa moja na nusu **hadi** Zanzibar.
on the way/things	**Njiani** hatukuona **mambo** mengi kwa sababu ni
sea or ocean	maji tu ya **bahari.** Hata hivyo tuliona meli nyingine
once in a while/fishermen	na pia **mara mojamoja** tuliona **wavuvi** na
boats/sailings	**mashua** au **ngalawa** zao. Tulipofika Zanzibar
be received/hosts	tuli**pokelewa** na **wenyeji** wetu, na tulienda
straight/up to	<u>**moja kwa moja**</u> **mpaka** hotelini kwetu. Tulikaa
and then	katika Hoteli ya Bwawani kwa siku nne, **halafu** siku ya tano tuli-panda tena meli kurudi Dar es
memories	Salaam. Nina **kumbukumbu** nyingi sana za Zanzibar.
I would like/island	**Ningependa** tena kwenda kwa sababu ni **kisiwa**
if I had been asked	kizuri sana. **Ningaliulizwa** kama ninataka
more/I would've replied	kukaa **zaidi** pale **ningelijibu** , "NDIO!"

Zozezi la 1

Jibu maswali yafuatayo

1. Samira na wenzake walisafiri kutoka wapi kwenda wapi?
2. Kabla ya kusafiri kutoka Dar es Salaam, wanafunzi wengine walitoka wapi?
3. Meli ilitumia muda gani kutoka Dar es Salaam kwenda Zanzibar?
4. Baharini Samira na wenzake waliona nini?
5. Samira na wenzake walikaa Zanzibar kwa siku ngapi?
6. Kwa nini Samira angependa kwenda tena Zanzibar?

Barabara ya Maduka, Darajani, Zanzibar

Zozezi la 2

Kweli au uongo?
Sema kama sentensi zifuatazo ni za kweli au uongo. Sahihisha zile ambazo ni za uongo.
True or False? Say if the following sentences are true or false. Correct the false ones.

1.	Samira alisafiri **mwenyewe** kwenda Zanzibar.	*alone, on her own*
2.	Samira na wenzake walisafiri kwa **ndege**.	*airplane*
3.	Njiani, Samira na **wenzake** hawakuona kitu.	*her colleagues*
4.	Samira na wenzake walikaa katika *Hoteli ya Bwawani.*	
5.	Kutoka Dar es Salaam mpaka Zanzibar ni **mbali** sana.	*far*
6.	Siku ya nne Samira na wenzake walisafiri kurudi Dar es Salaam.	
7.	Samira hana kumbukumbu nyingi kuhusu Zanzibar.	
8.	Samira angependa kurudi tena Zanzibar.	

Majina ya miezi
Kiswahili names of months

Januari	or	Mwezi wa kwanza	*January*
Februari	or	Mwezi wa pili	*February*
Machi	or	Mwezi wa tatu	*March*
Aprili	or	Mwezi wa nne	*April*
Mei	or	Mwezi wa tano	*May*
Juni	or	Mwezi wa sita	*June*
Julai	or	Mwezi wa saba	*July*
Agosti	or	Mwezi wa nane	*August*
Septemba	or	Mwezi wa tisa	*September*
Oktoba	or	Mwezi wa kumi	*October*
Novemba	or	Mwezi wa kumi na moja	*November*
Desemba	or	Mwezi wa kumi na mbili	*December*

Kuzungumza kuhusu siku tofauti kabla na baada ya leo

Talking about different days before and after today

juzi	*the day before yesterday*
juzijuzi also **majuzi**	*recently*
jana	*yesterday*
leo	*today*
kesho	*tomorrow*
keshokutwa	*the day after tomorrow*
mtondo	*the day after the day after tomorrow*
mtondogoo	*the day after the day after the day after tomorrow*
mwaka jana	*last year*
mwaka juzi	*the year before last*
mwezi jana OR **mwezi uliopita**	*last month*
wiki jana/wiki iliyopita	*last week*

Zoezi la 3

Siku ya kuzaliwa / Birthday

Sema siku ya kuzaliwa ya kila mmoja wa watu wafuatao

Give the birthdate of each of the following people

1. Baba (06/11)
2. Mama (14/4)
3. Chichi (18/7)
4. Mbazi (10/3)
5. Aisha (25/9)
6. Janet (01/11)
7. Nelson Mandela (18/7)

Zoezi la 4

Ulizaliwa lini / When were you born?

Sema kwa mwanafunzi mwenzako siku yako ya kuzaliwa halafu waulize wenzako walizaliwa lini. Toa taarifa darasani.

Give your birthdate to your colleague and ask your colleagues when they were born. Give a report of your findings to the class.

Sarufi

Tensi ya NGE na NGALI
On the Conditional Tense: NGE and NGALI

1.   The CONDITIONAL tense that is expressed by **–NGE-** and **–NGALI-** looks, in a hypothetical way, at the present or the past. Although in day to day conversation even the Kiswahili speakers will always use -NGE and -NGALI interchangeably, grammatically speaking, it is supposed to be more correct to talk of the present tense by inserting -NGE before the stem of the verb; and the past by inserting -NGALI before the stem of the verb. It is best that we caution you here that you can come across some speakers who use -NGE and -NGALI, and others, who happen to be in the majority, who use -NGE only. Look at the following examples, some of which are taken from the above monologue:

Mifano ya -NGE :

1.   Ni**nge**penda tena kwenda Zanzibar.
I would love to go to Zanzibar again.

2.   Ningaliulizwa kama ninataka ....ningejibu , "NDIO!"
Had I been asked if I want...I would reply, "YES!"

3. Ni**nge**kaa pwani ni**nge**kula samaki sana.
    If I were to stay on the coast, I would eat a lot of fish.

Tu**nge**jua Kiswahili vizuri, tu**nge**weza kusema na Watanzania.
    If we would know Kiswahili well, we would be able to talk with Tanzanians.

Akina mama wa**nge**wapa watoto wao maziwa kila siku, watoto   wa**nge**kua vizuri.
    Were mothers to give their children milk everyday, the children would grow
    up well.

Zoezi la 5

Mwulize mwenzako kama watu hawa walienda sehemu zilizoonyeshwa. Lazima aseme
walienda. Baadaye mwanafunzi mwenzako naye akuulize maswali hayohayo. *Ask your col-
league where the following people went. Let him/her answer in the affirmative. Exchange roles
at the end of the exercise.*

Mfano:

Taji	Dar es Salaam

Taji alienda wapi?
Taji alienda Dar es Salaam.

Mwalimu	Nairobi
Juma	mjini kununua vitu
Mama	shuleni kufundisha
Naima	Zanzibar
Hasani	Mombasa
Adila	disko
Wanjiru	Eldoret, huko Kenya
Aisha	Marekani kusoma
Tatu	Kilimanjaro
Okello	Kampala, Uganda

Sarufi

1. Remember the negation of the past tense? The -**li** marker changes to **ku** and the usual forms that go with nouns remain the same. Thus:
    Taji alienda Dar es Salaam would change to Taji **haku**enda Dar es Salaam.

2. **For the rest of the pronouns, the negation would be as follows:**

Sikuenda	I did not go
Hukuenda	You did not go
Hatukuenda	We did not go
Hamkuenda	You (all) did not go
Hawakuenda	They did not go

Uliendaje? _____ *How did you go?*

3. The suffix **–je** at the end of a verb in a question implies questions such as "how" "by what means" or "in what way." Thus, a person may greet another person by saying:

Umelalaje?	*How have you slept?(how was the night?/goodmorning)*
Umeamkaje?	*How have you woken up?/ goodmorning*
Umeshindaje?	*How have you been during the day? (How was your day?)*

4. **The same suffix can be used with other verbs, and you may hear expressions such as the following:**

Uliendaje mjini?   *How did you go to town?*
Unaonaje?   *How do you see? (Mostly used to mean "what do you think?)*

Zoezi la 6

Walienda wapi *Where did they go?*

Mwulize mwenzako kama watu katika Zoezi la 5 walienda sehemu zilizoonyeshwa. Lazima aseme hawakuenda. Baadaye mwanafunzi mwenzako naye akuulize maswali hayohayo.

*Ask your colleague whether the people in the table in **Zoezi la 5** went to the specified places. Let him/her say they did not go. Exchange roles at the end of the exercise.*

Zoezi la 7

Uliendaje? *How did you go?*

Mwulize mwenzako kama watu hawa walienda sehemu zilizoonyeshwa kwa njia gani. Baadaye mwanafunzi mwenzako naye akuulize maswali hayohayo. *Ask your colleague how the people in the table below went to the specified places. Exchange roles at the end of the exercise. Follow the example.*

Taji	Dar es Salaam	basi

Taji aliendaje Dar es Salaam?

Taji alienda Dar es Salaam **kwa basi.**   *By bus*

Mwalimu	Nairobi	ndege
Juma	mjini kununua vitu	basi
Mama	shuleni kufundisha	baisikeli
Naima	Zanzibar	meli
Hasani	Mombasa	meli
Adila	disco	teksi
Wanjiru	Eldoret, huko Kenya	ndege
Aisha	Marekani kusoma	ndege
Tatu	Kilimanjaro	treni
Okello	Kampala, Uganda	ndege na basi

Mabasi mjini Dar es Salaam

Maelezo ya Kitamaduni
Njia za Usafiri
Means of Transport

Many people use public and privately owned means of transport to move from one locale to another in East Africa. In most cities and major towns in Tanzania and Kenya, there are privately owned mini buses popularly known as *Daladala* in Dar es Salaam and *Matatu* in Nairobi. These are usually very crowded and they speed a lot. Trains and buses are used mostly for long distance travel such as moving from Nairobi to Mombasa or Dar es Salaam to places like Arusha, Mwanza or Mbeya in Tanzania. Some of these buses are very modern indeed, with all amenities such as toilets, video shows, snacks, etc. Ships are used for transport in routes like Dar es Salaam-Zanzibar or Mwanza-Bukoba in Tanzania. Air transport is also getting to be quite common, especially among the elites who can afford the otherwise quite unaffordable fares. There are public-owned corporations and, nowadays, mostly privately owned airlines such as Air Tanzania and PrecisionAir in Tanzania and Kenya Airways in Kenya. Taxis are also readily available in towns and cities, and their fares will vary according to the routes and even the appearance of the passenger. If you look rich you may be charged double or even triple the usual fare.

Mazungumzo

Anjela:	Hodi! Hodi!
Amani:	Karibu. Karibu ndani.
Anjela:	Asante. Hamjambo?
Amani:	Hatujambo. Kaa tafadhali.
Anjela:	Asante. Habari za hapa nyumbani?
Amani:	Nzuri lakini **nina homa**. Habari za safari?
Anjela:	Nzuri tu. Watoto wako wako wapi?
Amani:	Adila yuko shuleni.
Anjela:	Na Taji je?
Amani:	Taji yuko nje, anacheza.
Anjela:	Na mume wako hajambo?
Amani:	Hajambo. Yuko kazini hospitalini.
Anjela:	Vizuri.
Amani:	Na wewe je, hapa mjini unafanya nini?
Anjela:	Ninafanya kazi **Msalaba Mwekundu**
Amani:	Alaa! **Vizuri sana**. Karibu chai na mkate.
Anjela:	Asante sana. Wewe je, hufanyi kazi?

I have / a fever

Red Cross
very well

196

	Amani:	Ninafanya kazi. Mimi ni Mwalimu.
nevertheless		**Hata hivyo** mimi ni mgonjwa.
I am tired/my sympathies	Anjela:	Mimi pia **nimechoka**. <u>Pole sana</u>.
	Amani:	Asante sana.
	Anjela:	Haya, asante sana kwa chai na mazungumzo.
Don't mention it	Amani:	**Bila asante**.
	Anjela:	Kwaheri rafiki yangu.
	Amani:	Kwaheri ya kuonana.

Zoezi la 8

Jibu maswali haya

1. Nani ni mgeni wa Amani?
2. Anjela anafanya kazi gani?
3. Amani ni nani?
4. Amani ana watoto wangapi?
5. Kwa nini Amani hayuko kazini?

Usafiri Zanzibar

Sarufi
Kuwa katika hali
Being in a State

Kiswahili has a number of expressions that refer to being in a state. Remember what we listed earlier using KO/PO/MO? We said that one could say, for example, "Niko tayari" meaning "I am ready," and "Nina haraka" meaning I am in a hurry. Here we are going to add a few expressions that connote being in different states. We shall use the infinitive **ku** for illustration.

kuchafuka	*to get dirty*
kuchoka	*to be tired*
kukasirika	*to be angry*
kunenepa	*to be fat*
kuoa	*to marry (man)*
kuolewa	*to be married (woman)*
kuoza	*to be rotten*
kushangaa	*to be surprised*
kuugua	*to fall sick*
kuumwa	*to be sick*
kuzeeka	*to get old*

Wakati timilifu
Present Perfect Tense

Remember the –**ME**- marker for the present perfect or recent past tense? Quite a number of expressions that indicate being in a state use this tense marker, so that you get expressions like "Nimechoka," as used in the above dialogue, for "I am tired" rather than "Ninachoka," which would mean "I am getting tired."

pendana   *love each other*

furahi

NALRC STORE
National African Language Resource Center
Hamilton Lugar School of Global and International Studies

NALRC STORE packing slip for order #256

355 N. Eagleson Ave, Rm 3075
Bloomington, IN 47405

Billing Details

Jayson Raines
459 Lagunita Drive
Stanford , California 94305
United States

Shipping Details

Jayson Raines
5 Dartmouth Road
West Orange, New Jersey 07052
United States
Phone: 973187889

Order: #256

Order Date: 7th Apr 2023

Shipping Method: USPS (Priority Mail)

Shipped Items

Qty	Code/SKU	Product Name	Bin Picking No.
1	N/A	Let's Speak Swahili (Tuseme KiSwahili)	N/A

Zoezi la 9

Describe the people in the pictures above by using the verbs in the present perfect tense as given under each one of them.

Zoezi la 10

Umekasirika?   *Are you angry?*   *wawiliwawili*
Ask your colleague if the following people are experiencing the following conditions. S/he must say they are.
Mfano:
Mimi/kasirika   Mimi nimekasirika

1.   Baba/kasirika
2.   Dada/olewa
3.   Kaka/oa
4.   Mwalimu/furahi
5.   Mtoto/ugua
6.   sisi/furahi
7.   Adila/choka
8.   Juma/sikitika
9.   wanaume/lewa
10.   wanawake/?

Msamiati

Agosti/Mwezi wa nane	*August*
Aprili/Mwezi wa nne	*April*
baada ya	*after*
bado	*not yet*
bahari	*sea*
bweni	*dormitory*
dakika	*minutes*
Desemba/Mwezi wa 12	*December*
Februari/Mwezi wa pili	*February*
hadi	*until, up to*
halafu	*and then, after which*
jana	*yesterday*
Januari/Mwezi wa kwanza	*January*
jua	*sun*
Julai/Mwezi wa saba	*July*
jumla	*total*
Juni/Mwezi wa sita	*June*
juzi	*the day before yesterday*
juzijuzi also **majuzi**	*recently*
kabla ya	*before*
kama	*about, like, such as*
kasoro	*less*
kesho	*tomorrow*
keshokutwa	*the day after tomorrow*
kisiwa	*an island*
kua	*grow up*
kumbukumbu	*memories*
kusali	*to pray*
leo	*today*
Machi/Mwezi wa tatu	*March*
mambo	*things, issues*
mapema	*early*
mara	*suddenly, then*
mashua	*boat*
maziwa	*milk*
mbali	*far*
Mei/Mwezi wa tano	*May*
meli	*ship*
moja kwa moja	*straight forward*
mara mojamoja	*once in a while*
mpaka	*until*
msikiti	*mosque*

mtondo	*the day after the day after tomorrow*
mtondogoo	*the day after the day after the day after*
mwaka jana	*last year*
mwaka juzi	*the year before last*
mwenyewe	*him/herself*
mwezi jana OR mwezi uliopita	*last month*
ndege	*airplane, bird*
ngalawa	*boat*
ngapi?	*how many?*
ni saa ngapi?	*what time is it?*
njiani	*on the way*
Novemba/Mwezi wa 11	*November*
nusu	*half*
Oktoba/Mwezi wa kumi	*October*
panda	*climb, get on board, plant, ascend*
penda	*(to) love*
pokelewa	*be received*
robo	*quarter*
saa hizi	*at this time*
saa	*hour/s, time, watch/es*
safiri	*travel, go on journey*
samahani	*excuse me/us*
samaki	*fish*
Septemba/Mwezi wa tisa	*September*
tumia	*use, utilize*
vua	*do some fishing, take off clothes*
wengine	*others*
wenyeji	*hosts*
wenzake	*his/her colleagues*
wenzangu	*my colleagues*
weza	*be able*
wiki jana/wiki iliyopita	*last week*
wote	*all people/animals/insects*
zaidi	*more*

MADHUMUNI

Topic: Clothing

Function: Describing how people dress and what they wear

Grammar: Relative Marker/Pronoun "AMBA-" *which/who*; the Question Forms **nini** and **aina gain**, *what and what type*; Interrogative Adjectives, Negation of Present Perfect Tense, and Different Colors

Cultural Information: Formal versus Informal dressing

Zubeida amevaa vazi la Kitanzania
Zubeida has put on a Tanzanian dress

206

MONOLOGIA

Zubeida na watoto wake wamepata barua kutoka kwa Moneera, rafiki wa kalamu. Moneera anasema atakuja kuwatembelea, lakini angependa kujua watavaa nini ili awatambue atakapowasili uwanja wa ndege. Zubeida amemwandikia Moneera barua-pepe kumweleza yeye na watoto wake watavaa nini.

Zubeida and her children have received a letter from Moneera, a penpal. Moneera says that she will come visit them, and that she would like to know what clothes they will be wearing so that she recognizes them at the airport. Zubeida has written Moneera an e-mail informing what she and her children will be wearing.

kwa	moneera@yahoo.com
kutoka	zubeida_2@hotmail.com
tarehe	12.08.02
yahusu	Karibu Mombasa
n.k.	zuberi2002@ud.co.tz, samira_zx@aol.com

Mpendwa Moneera,

Tunafurahi sana kusikia kwamba utakuja kututembelea hapa Mombasa.

Mimi na watoto wangu wawili, Zuberi na Samira tutakuja kukupokea uwanja wa ndege wa Mombasa hiyo siku utakapokuja. Kwa sababu hufahamu sura zetu, sasa ninataka kueleza tutavaa nini siku hiyo. Mimi nitavaa vazi la Kitanzania, yaani kitenge ambacho kina rangi nyekundu, nyeusi na ya buluu. Pia kina maua mbalimbali. Zuberi amesema kwamba yeye atavaa kanzu ya rangi nyeupe na kofia ambayo ni nyeupe vilevile. Bado sijajua Samira atavaa nini, lakini siku hizi anapenda sana kuvaa suruali nyeusi na blauzi ambazo ni ndogo na za rangi tofautitofauti. Nitaandika barua-pepe tena kueleza atavaa nini kwa sababu kwa sasa hayuko hapa nyumbani. Ninajua kuwa wewe, Samira na Zuberi mtafurahi kutoka kwenda kutembelea sehemu mbalimbali.

Salamu kwa baba na mama na wadogo wako. Je, utakuja mwenyewe?

Karibu sana Mombasa, Moneera.

Wako,

Mama Zuberi.

Zoezi la 1

Jibu maswali.

Nani ameandika barua-pepe?

Hii barua pepe inahusu nini?

Moneera ni nani?

Zubeida anasema atavaa nini?

Zuberi atavaa nini?

Wewe unapenda kuvaa nini?

Msamiati muhimu wa mavazi

blauzi	blouse/s
chupi	panties, underpants
gauni	a dress
glovu	glove/s
kanzu	a man's gown that is normally worn along the East African coastal areas. Can also be used for **gauni**
kaputula	short trousers
khanga	a wrap around with a saying or proverb on it
kitenge	a wrap-around with no saying or proverb on it
kofia	a hat
koti	coat
kuvaa	to wear, to put on
nguo	dress
shati	shirt
sidiria	bra
suruali	long trousers
sweta	sweater, jersey
tisheti	t-shirt/s
vazi	outfit, dress
viatu	shoes

208

Zoezi la 2

Angalia picha hizo hapo chini halafu sema kila mtu amevaa nini. *Look at the pictures below and say what each of the people is wearing.*

Sarufi

Relative Markers and Pronouns

Negation of the Present Perfect Tense: *JA* as negative of *ME*

The present perfect tense marker –ME- is negated by its corresponding negative marker JA, which indicates that something has **not yet** happened, but you expect it will probably happen. A commonly used word that goes with the negative tense marker is **bado**, which means **not yet**. This word is, however, just a repetition or an emphasis of the tense marker itself and therefore it is optional.

Examples with the verb **–lala**

Si	+	ja	+	lala	I haven't slept
Hu	+	ja	+	lala	You haven't slept
Ha	+	ja	+	lala	She/he hasn't slept
Hatu	+	ja	+	lala	We haven't slept
Ham	+	ja	+	lala	You haven't slept
Hawa	+	ja	+	lala	They haven't slept

You will very frequently see the following abbreviations used with the present perfect tense:

NA	+	Independent Pronouns:	Abbreviated form:	
na	+	mimi	nami	with me/and me
na	+	wewe	nawe	with you/and you
na	+	yeye	naye	with her/him
na	+	sisi	nasi	with us
na	+	ninyi	nanyi	with you
na	+	wao	nao	with them

In the negation of the present perfect tense, the short verbs drop the infinitive –ku as follows:

Mifano

1. Nimekula chakula cha Kitamzania   I have eaten Tanzanian food.
    Sijala chakula cha Kitanzania.   I have not eaten Tanzanian food.

2. Tumekunywa chai sasa hivi.   We have just drunk tea.
    Hatujanywa chai.   We have not drunk tea.

3. Mwalimu amekuja.   The teacher has come
    Mwalimu hajaja.   The teacher has not come.

Relative Markers/Pronouns expressing WHO and WHICH

Relative Markers/Pronouns are markers that are used in a verb to encode relative clause relationships. In Kiswahili, these are expressed through a number of ways shown below. The sound -**o** indicates that "WHO" or "WHICH" is being used. The only exception is "**who**" for a **single person,** which has the form **"ye".**

One way of using the relative markers and pronouns is by using the **amba-** form so that, as shown in the above monologue, you can get such sentences as the following:

kitenge **ambacho** kina rangi na maua mbalimbali.
a wrap-around which is multicolored and has many flowers
kofia **ambayo** ni nyeupe vilevile
a hat which is white also

blauzi **ambazo** ni ndogo na za rangi tofautitofauti.
blouses which are small and multi-colored

The interrogative Adjectives *pi?* and *gani?*

There are two ways of implying "which" or "which type" in a question by using *pi* and *gani*. The English examples given below will clarify this

Utavaa nguo **gani**?	*What kind of dress will you put on?*
Utavaa nguo z**ipi**?	*Which dresses/clothes will you put on?*
Watoto **gani** wamekuja?	*Which children have come?*
Mtoto yu**pi** amekuja?	*Which child has come?*

You will have noticed that **gani** does not change no matter what noun it is used with. Thus, you get the following examples:

Habari gani?	Lit. "What kind of news?"
Bei gani?	what (kind of) price?
Mtu gani?	which person?
Gari gani?	which car?

The **-pi** form, however, will change depending on the noun. You will soon get used to these changes as you practice with more nouns.

Zoezi la 3

Bei gani?

Mwambie rafiki yako bei ya vitu vifuatavyo ambavyo anataka kununua kutoka madukani karibu na nyumbani kwako. Fuata mfano.

Tell your friend the prices of the following items that s/he wants to purchase from the shopping mall near your house. Follow the example.

Mfano: Blauzi

Shilingi 800.00

the price   **Bei** ya blauzi ni shilingi mia nane.

1. suruali
2. shati
3. kitenge
4. khanga
5. tisheti
6. kofia
7. viatu
8. blauzi
9. gauni
10. kaputula

Mazungumzo

Ian anataka kwenda kwenye sherehe ya harusi lakini hajui atavaa nini kwa sababu yeye ni mgeni Tanzania. Anapiga simu kwa Adila na anauliza kuhusu nguo nzuri za kuvaa. *Ian wants to go to a wedding party but he does not know what to wear since he is new in Tanzania. He telephones Adila and inquires about the most appropriate clothes to put on.*

	Ian:	Haloo!
	Adila:	Haloo, ni nani?
	Ian:	Mimi ni Ian.
	Adila:	Alaa, habari gani Ian?
to the wedding	**Ian:**	Nzuri tu. Utaenda **harusini**?
what about you?	**Adila:**	Ndio, **na wewe je**?
	Ian:	Mimi pia. Lakini sijui
put on		nita**vaa** nini.
suit	**Adila:**	Unaweza kuvaa **suti** au hata
a type of safari suit		**Kaunda suti.**
	Ian:	Lakini kuna joto, na pia sina suti wala Kaunda suti.
kitenge shirt	**Adila:**	Una **shati la kitenge**?
	Ian:	Ndio, nina shati la kitenge na
dark pair of trousers		**suruali nyeusi**.
	Adila:	Vizuri sana! Basi unaweza kuvaa shati la kitenge na hiyo suruali.
	Ian:	Asante sana Adila. Na wewe je,
which/what type or kind?		utavaa nguo **gani**?
	Adila:	Labda nitavaa **buibui** na
veil		**mtandio.**
	Ian:	Ni mavazi gani hayo?
	Adila:	Ni mavazi mazuri. Sisi watu wa
coast/coastal areas		**pwani** tunapenda sana.
	Ian:	Basi asante, tutaonana harusini.
	Adila:	Asante sana, tutaonana.

Zoezi la 4

Kweli au Uongo? Sema kama sentensi hizi ni za kweli au uongo. Sahihisha sentensi za wongo.

Say if the following sentences are true or false. Correct the false ones.

Ian ni mgeni Tanzania

Ian hataki kwenda harusini.

Adila anataka kuvaa shati na suruali.

Adila anakaa pwani.

Ian hataki kuvaa suti kwa sababu hana na pia kuna joto.

Ian hatavaa shati la kitenge na suruali nyeusi.

Adila na Ian watakwenda harusini.

Adila atavaa shati la kitenge na baibui.

Ian anasema hatavaa nguo kabisa.

Adila si mgeni Tanzania

Joshua na Marta. Joshua amevaa shati la kitenge

Sarufi

Rangi gani? _____*What color?*

Remember what Zubeida said in her e-mail to Moneera in the monologue given at the beginning of this lesson??

	Mimi nitavaa vazi la Kitanzania, yaani kitenge
red color, black	ambacho kina **rangi nyekundu, nyeusi** na
blue	**ya buluu**. Pia kina maua mbalimbali. Zuberi
a white kanzu	amesema kwamba yeye atavaa **kanzu nyeupe**

a hat which is white	na **kofia ambayo ni nyeupe** vilevile.
	Bado sijajua Samira atavaa nini, lakini siku hizi
black pair of trousers	anapenda sana kuvaa **suruali nyeusi…**

In Swahili, there are three major colors that are expressed in one word each. These are:

-ekundu   *red*
-eupe   *white*
-eusi   *black*

These will take a direct agreement with the nouns that they qualify, so that, as you saw in the monologue, you get, for example:

rangi nyekundu	*red color*
kanzu nyeupe	*white kanzu*
suruali nyeusi	*black trousers*

The other colors will be expressed in longer terms such as in the following statements:

Kitabu ch**a rangi ya kijani**	a green book (lit. a book of the color of green)
Suti ya (rangi ya) **kijivu.**	A gray suit
Shati la **kibuluu.**	A blue shirt
Kofia ya rangi ya **kinjano**	a yellow hat
Sketi ya rangi ya **kahawia**	a brown skirt

Zoezi la 5

Una … aina gani? _____ *What kind do you have?*

Your colleague tells you that s/he wants the following items. Ask him or her what type s/he wants.

Mfano:	suruali	
	Wewe:	Unataka suruali gani?
	Yeye:	Ninataka suruali nyeusi.

1.   suruali
2.   shati
3.   kitenge

4. khanga
5. tisheti
6. kofia
7. viatu
8. blauzi
9. gauni
10. kaputula

Zoezi la 6

Mwulize mwenzako amevaa nini. Na yeye akujibu na kusema amevaa nguo ya rangi gani. Badilishaneni nafasi.

Ask your colleague what s/he is wearing. Let him/her answer your question and say what color the clothes are. Exchange roles.

Zoezi la 7

Bei gani?

Muulize mwenzako bei za nguo na vitu alivyovaa. Mweleze bei za nguo na vitu ulivyovaa wewe.

Ask your colleague how much the clothes and other items s/he is wearing cost. Give similar information to him/her.

Zoezi la 8

Unapenda nini?

Mweleze mwenzako aina za vitu na rangi unazopenda. Fuata mfano.

Tell your colleague the type of things / colors that you like. Follow the example.

Mfano: shati
               Ninapenda shati jeusi.   *I like a black shirt.*

1. blauzi
2. gauni
3. kaputula
4. khanga
5. kitenge

6. kofia
7. mkanda
8. suruali
9. tisheti
10. viatu

Zoezi la 9

Unapenda au hupendi nini? _____*What do you like or dislike?*

Mweleze mwenzako aina za vitu na rangi ambazo hupendi. Fuata mfano. Unaweza kutumia vitu vilivyoorodheshwa hapo juu.

Tell your colleague the type of things/colors you do not like. Follow the example. You can use the items listed above.

Mfano: Mimi sipendi suruali nyeupe. Ninapenda suruali nyeusi.
I do not like white trousers. I like black trousers.

Zoezi la 10

Look at the pictures below and tell everything that you can concerning what each person is wearing. Give a longer version of your story by telling their names, where they come from, what kind of work they do, whether they have siblings/children, what they are wearing and what color their clothes are.

Maelezo ya Kitamaduni

The people of Tanzania and Kenya usually dress up for official or important occasions such as weddings, graduation ceremonies, other celebrations and festivals. While dressing up here may mean putting on two or even three-piece suits, the tendency nowadays is the revivalist spirit of considering traditional clothing such as *kitenge* dresses and shirts as being official outfits. During traditional ceremonies, different traditional outfits are adorned depending on one's allegiance to a particular language group.

In some places such as in Zanzibar, Mombasa and Lamu, there are definite divisions in clothing along gender lines so that most women who are Muslim are expected to put on *buibui* dresses and cover their heads as a sign of respect. Most men in these areas put on *kanzu* and hats.

However, nowadays, in towns and cities, including even Zanzibar, Lamu and Mombasa, western influence is predictably quite strong so that blue jeans or pants, mini-skirts, and t-shirts are not uncommon.

Zoezi la 11

Eleza _____ *Explain*

How would you describe traditional dressing in your own culture?

What kind of dresses do men and women wear during weddings in your culture?

What restrictions are there, if any, regarding some types of dress in your culture?

Mazungumzo

   Tandi anakaribia kuolewa na anmweleza Mustafa, mwenye duka, aina za nguo atakazohitaji.

Tandi is going to get married and she is explaining to Mustafa, the shopkeeper, what kind of clothes she will require.

	Tandi:	Habari gani?
	Mustafa:	Nzuri sana. Karibu dukani.
wedding clothes	Tandi:	Asante sana. Ninatafuta **nguo za harusi**.
	Mustafa:	Karibu, hapa kuna nguo nyingi. Unataka nini?
white dress	Tandi:	Ninataka **gauni jeupe**.
	Mustafa:	Na nini tena?
veil/glove(s)	Tandi:	Na **shela** na **glovu**.
	Mustafa:	Glovu gani?
(made of) leather	Tandi:	Glovu nyeupe **za ngozi**.
	Mustafa:	Na nini tena?
shoes	Tandi:	Ninataka **viatu** vyeupe pia.
	Mustafa:	Utapata kila kitu hapa.
	Tandi:	Lakini ni bei gani?
total	Mustafa:	Ni bei rahisi tu. **Jumla** ni shilingi 500,000.00 tu.
	Tandi:	Lo! Mbona ghali sana?
reduce	Mustafa:	Si ghali sana. Nita**punguza** kidogo.
	Tandi:	Asante. Nitapita baadaye.

220

Marudio
Review

These review exercises deal with the material covered in Lessons 6, 7, 8 and 9. Practice as much as possible.

Zoezi la 01

Sema siku ya kuzaliwa ya kila mmoja wa watu wafuatao

Baba yako

Mama yako

Dada yako

Kaka yako

Zozezi la 02

Jibu maswali haya:

Ulizaliwa lini?

Wewe unaamka saa ngapi?

Unaoga saa ngapi?

Wewe hunywa chai asubuhi saa ngapi?

Wewe hula chakula cha jioni saa ngapi?

Unalala saa ngapi?

Zoezi la 03

Ungepata pesa nyingi sana ungefanya nini?

Zoezi la 04

Sema hukufanya mambo yafuatayo:

Say you did not do the following:

-lala jana

-kunywa bia juzi

-enda sokoni

-endesha gari

-imba.

Zoezi la 05

Mwulize mwenzako kama alienda wapi wikendi na ataenda wapi wikendi hii.

Zoezi la 06

Toa maelezo kuhusu watu wafuatao katika familia yako. Toa habari nyingi iwezekanavyo kuhusu tabia zao, nguo wanazopenda kuvaa, wako wapi sasa, n.k. Kuwa mbunifu.

Give a description of the following people in your family. Give as much information as possible about their character, what they like to wear, where they are now, etc. Be creative.

1.	baba
2.	mama
3.	dada
4.	kaka
5.	shangazi
6.	mjomba

Vazi zuri la Kiafrika

Msamiati

-a ngozi	(of) *leather*
ambacho/ambalo...	*which*
bado	*not yet*
buibui	*black veil*
barua-pepe	*e-mail*
blauzi	*blouse/s*
buluu	*blue*
chupi	*panties, underpants*
-ekundu	*red*
-enyewe	*alone*
-eupe	*white*
-eusi	*black*
fahamu	*understand, know*
gani	*which or what type?*
gauni	*a dress*
glovu	*glove/s*
harusi also **arusi**	*wedding*
kahawia	*brown*
kanzu	*a man's gown that is normally worn along the East African Coastal areas. Can also be used for gauni*
kaputula	*short trousers*
kaundasuti	*type of a safari suit*
khanga /kanga	*a wrap around with a saying or proverb on it*
kijani	*green*
kijivu	*gray*
kitenge	*a wrap-around with no saying or proverb on it*
kofia	*a hat*
koti	*coat*
kwa sababu	*because / due to*
kwamba	*that (e.g. I know **that** you will come)*
maua	*flowers*
mbalimbali	*various*
mkanda	*belt*
mpendwa	*dear*
mtandio	*type of a veil*

nami	*with me*
nanyi	*with you all*
nao	*with them*
nasi	*with us*
nawe	*with you (singular)*
naye	*with him/her*
nguo	*dress*
nguo za harusi	*wedding clothes*
njano	*yellow*
pokea	*receive*
pwani	*coast, coastal area/s*
rangi	*color*
shati	*shirt*
shela	*type of veil especially used during weddings*
sidiria	*bra*
sura	*facial look/s*
suruali	*long trousers/pants*
suti	*suit*
sweta	*sweater, jersey*
tembelea	*visit someone*
tisheti	*t-shirt/s*
tofautitofauti	*different, various*
uwanja wa ndege	*airport*
vaa	*wear/put on clothes*
vazi	*outfit, dress*
viatu	*shoes*
zipi	*which ones?*

MADHUMUNI

MADHUMUNI

Topic: Shopping in shops/stores and in open and other markets

Function: How to bargain and haggle

Grammar: Li/Ya Noun Class; Demonstratives; Imperatives and Subjunctives

Cultural Information: On Different Types of Markets and on Bargaining and Haggling

Sokoni Zanzibar   *At the market in Zanzibar*

MONOLOGIA

Amani is talking about the different types of markets in Dar es Salaam.

many markets	Hapa Dar es Salaam kuna **masoko mengi**. Kuna
market/of	**soko la** Ubungo, soko la Ilala, soko la Manzese,
etcetera	soko la Kariakoo, **na kadhalika**. Mimi ninapenda
	soko la Kariakoo kwa sababu ni soko kubwa,
modern/nice/clean/nevertheless	**la kisasa** na **zuri**, tena ni soko **safi**. **Hata hivyo**, **mara**

227

often/prefer/open markets	<u>kwa mara</u> nina**pendelea** <u>masoko ya wazi</u>, na
each time	<u>kila mara</u> ninapotembelea masoko haya ninapata
various/reasonable	vitu **mbalimbali** kwa bei **nafuu** zaidi. Ninapenda
	kununua matunda na mboga; lakini pia hununua
staple food/rice/corn/beans	**nafaka** kama vile **mchele**, **mahindi** na **maharage**
normally/end	<u>Kwa kawaida</u> ninaenda sokoni Kariakoo **mwisho**
of month/salary	**wa mwezi** baada ya kupata **mshahara**, na
in bulk	ninanunua vitu vingi na <u>kwa jumla</u>. Siku nyingine
	mimi huenda masoko ya wazi tu kununua vitu
pretty quickly	vichache **harakaharaka**.

Zoezi la 1

Jibu maswali

Amani anasema Dar es Salaam kuna masoko gani?

Anapenda zaidi soko gani?

Kwa nini yeye hupendelea masoko ya wazi?

Amani hununua vitu vingi vya jumla lini na wapi?

Amani ananunua vitu vichache harakaharaka wapi?

Amani hupenda kununua vitu gani?

Dukani, mjini Nairobi, Kenya

Dukani, Chuo Kikuu cha Dar es Salaam

Msamiati wa kununua vitu / *Shopping vocabulary*

bei gani?	*what price?*
kilo	*a kilo(gram)*
kitu hiki	*this thing*
kwa	*for*
-lipa	*pay*
-nunua	*buy*
rahisi	*cheap*
shilingi ngapi?	*how many shillings? how much?*
unauzaje?	*How much are you selling for?*
-uza	*sell*
sukari	*sugar*
bia	*beer*
sabuni	*soap*

Malekela ananunua vitu dukani mjini Kampala, Uganda

Maelezo ya Kitamaduni

All over Tanzania, there are open markets in big and small towns. In cities such as Dar es Salaam and Arusha, one will find both open markets and modern, shaded ones. The Kariakoo and the fish markets in Dar es Salaam are examples of good, modern and clean markets. While the former has many different items, most of which are obtained from the rural areas, the latter deals specifically with different types of fish and it is situated right by the seaside.

Bargaining and haggling are a very common practice at the market, and one can have prices lowered for most items, although some items have fixed prices that never go down.

In towns and cities, you will also find neighborhood shops/stores within walking distances in which you can easily get your basic groceries without having to go to the bigger markets. Currently, there are what are known as **grosari** (grocery/ies) in towns and cities. Do not be misled by the name. Sometimes these are just drinking places, most of them unlicensed. Also in towns and cities you will come across vendors, some of them quite aggressive in trying to lure you to buy whatever they are selling. You should use your judgement and common sense in dealing with them.

Most towns/cities/municipalities will have specific streets that are popular for shopping. For example, the picture shown at the very beginning of this lesson shows the most popular shopping street in Zanzibar known as *Darajani*.

While most markets in towns and cities are daily ones, in rural areas where most of the markets are open ones, there are fixed and designated market days, especially Saturdays.

Mazungumzo

Sofia yuko sokoni. Anataka kununua vitu vichache kwa wiki nzima. Anaongea na Mama Upendo, mwanamke mwuzaji sokoni.
Sofia is in the market. She wants to buy a few things for the week. She is talking to Mama Upendo (MU), a market woman.

232

Sofia

	Sofia:	Shikamoo mama.
my child	MU:	Marahaba **mwanangu**. Karibu.
thank you	Sofia:	**Asante.**
	MU:	Unataka nini mwanangu?
many things	Sofia:	Ninataka **vitu vingi** sana.
many frits	MU:	Karibu. Kuna **matunda mengi**.
what price, how much?	Sofia:	Machungwa ni **bei gani**?
	MU:	Chungwa moja ni shilingi mia.
this thing	Sofia:	Na **kitu hiki** ni nini?
a fruit	MU:	Ni **tunda** pia.
	Sofia:	Tunda gani?
avocado	MU:	Ni **parachichi**. Ni tunda zuri.
kilogram/uncooked rice	Sofia:	**Kilo** ya **mchele** ni bei gani?
for	MU:	Ni shilingi mia tano **kwa** kilo moja.
buy	Sofia:	Nita**nunua** matunda na mchele.
(Irish) potatoes	MU:	Na **viazi** je?
sell	Sofia:	Ndio, na viazi vilevile. Una**uza**je?

pay	MU:	Uta**lipa** shilingi mia tano kwa kilo.
	Sofia:	Basi nitanunua matunda, mchele,
vegetables		Na viazi. Ninataka **mboga** vilevile.
there is everything	MU:	Karibu sana. **Kuna kila kitu.**

Zoezi la 2

Jibu Maswali yafuatayo   *Answer the following questions*

Sofia anataka kununua nini?

Mama Upendo anauza nini?

Viazi ni bei gani?

Sofia anapenda matunda gani?

Wewe unapenda matunda gani?

Mtu ananunua vitu dukani Dar es Salaam

Kama inavyoonekana katika picha hiyo hapo juu iliyopigwa Dar es Salaam, Tanzania, maduka ya kisasa yapo sambamba na masoko ya wazi mijini na hata katika baadhi ya vijiji.

As can be seen from the above photo taken in Dar es Salaam, Tanzania, modern stores do exist alongside open markets in cities, towns and even in some villages.

Sabuni   *Soap*

Zoezi la 3

Wawili wawili / *In pairs:*

Johari anataka kununua vitu vingi wikendi hii. Atanunua vitu kwa ajili ya fleti yake na kwa ajili ya watoto wake wawili. Jifanye wewe ni Johari na andaa orodha ya vitu vya kununua. Mwulize muuzaji dukani (nafasi itakayoigizwa na mwanafunzi mwenzio), bei za kila kitu na mwenzio akujibu.

Johari is doing some major shopping this weekend. She is buying things for her flat and for her two children. Pretend that you are Johari and make a list of your purchases. Ask the shopkeeper (to be acted by your colleague) how much each item costs and let your colleague respond.

Important phrases for haggling/bargaining when buying things:

Ghali sana!	*Too expensive!*
Bei ghali!	*The price is too high!*
Punguza kidogo	*Reduce a little*
Ongeza kidogo	*Add a little more*
Bei rahisi sana!	*Very cheap price!* (Hardly used)
Jamani!	*Oh my God!*
Hapana! Punguza tafadhali!	*No! Reduce the price please!*
Haiwezekani!	*Utterly impossible*
Acha bwana/mama!	*Stop it, don't be ridiculous.*

Zoezi la 4

Wawiliwawili igizeni nafasi za wauzaji na wanunuaji. Tumieni msamiati mnaoujua hadi sasa. Jaribuni kila linalowezekana kuomba kupunguziwa bei.

In pairs, play the roles of buyers and sellers acting different scenes by using the vocabulary that you know so far. Do as much bargaining as humanly possible.

Zoezi la 5

Siku yako ya kuzaliwa inakaribia na rafiki zako wangependa kukununulia zawadi. Mweleze mwenzako vitu vyote unavyopenda. Ataviandika na kueleza darasa vitu vilivyo katika orodha.

Your birthday is coming up soon and your friends would like to buy some presents for you. Tell your colleague all the things you like. He/she will write them down and tell the class what is on the list.

Zoezi la 6

Kwa vikundi / *In groups:*
Waulize wenzako wengi iwezekanavyo kuhusu kila mmoja atataka nini kwa siku yake ya kuzaliwa.

Ask as many colleagues as possible what each of them would like for their birthday.

Sarufi

You will have noticed that words such as **soko** have plurals that begin with **ma**. These are referred to as nouns that belong to the **Ji-Ma** or **Li-Ya noun classes**. The following are some other similar words that you already know:

chungwa	machungwa	*orange/s*
duka	maduka	*shop/s*

embe	maembe	*mango/es*
jani	majani	*leaf/leaves*
jina	majina	*name/s*
shamba	mashamba	*field/s*
darasa	madarasa	*class/es*
tunda	matunda	*fruit/s*
yai	mayai	*egg/s*

The **demonstratives** for these nouns are **hili** in singular form and **haya** in plural form, so that, as you saw in the dialogue, you get sentences such as the following:

| Ninapenda soko **hili** la wazi. | *I like this open market.* |
| Ninapenda masoko **haya** ya wazi. | *I like these open markets.* |

The **–a– of association** that go with these nouns are **la** and **ya** so that, as you have seen, you have such phrases as;

| Soko hili **la** wazi | *this market of openness (i.e. open market)* |
| Masoko haya **ya** wazi | *these markets of openness (i.e. open markets)* |

Similarly, the **possessives** will also take the **l-** in singular form and the **y-** in plural form:

- Darasa **l**etu — *our class*
- Tunda **l**angu — *my fruit*
- Madarasa **y**etu — *our classes*
- Matunda **y**angu — *my fruits*

Subject prefixes and **object pronouns** for these nouns will be **li** and **ya:**

- Tunda hili limeoza   this fruit is rotten
- Matunda haya yameoza   these fruits are rotten

Generally, the **adjectives** do not take agreements with the singular nouns in this group, although they take agreement with the plural forms:

- Somo zuri   nice subject
- Masomo **ma**zuri   nice subjects

Imperatives

Imperatives in Kiswahili are expressed in two ways: the direct, simple imperative and the polite imperative.

Direct, simple imperatives are formed in five different ways as follows:

1.   With Monosyllabic Verbs

Whenever an imperative is made with a monosyllabic verb, the infinitive **ku** is maintained while a plural suffix –eni is added as follows:

Kunywa	*Eat! (to one person)*
Kunyweni	*You all, drink!*
Kula	*Eat (to one person)*
Kuleni!	*Eat, you all!*

2.   With Multi-syllabic Verbs

The imperative that is made with verbs that have more than one syllable takes the verb stem in singular form and adds a plural suffix by replacing the final **–a** with **-eni**. Look at the following examples:

Lala!	*Sleep!*
Laleni!	*You all sleep!*
Sema!	*Speak!*
Semeni!	*You all speak!*

Imba!	*Sing!*
Imbeni!	*You all sing!*
Zungumza!	*Talk!*
Zungumzeni!	*You all (should) talk!*

3. With Irregular Verbs

There are a few irregular verbs in Kiswahili that are expressed in a special way when used in the imperative form. Luckily, there are only three of these as follows:

-enda	Nenda!	*Go!*
	Nendeni!	*You all go!*
-ja	Njoo!	*Come!*
	Njooni!	*You all come!*
-lete/leta	Leta!	*Bring*
	Leteni!	*You all bring!*

4. With Borrowed Verbs

Whereas most Kiswahili verbs will end with -a, it also has some borrowed verbs that do not follow that rule. In this case, the stem of such verbs is used for singular form of the imperative, while the plural suffix is added with no change of the final vowel. Look at the following examples:

Karibu!	*Welcome!*
Karibuni!	*Welcome you all!*
Rudi!	*Come back!*
Rudini!	*Come back you all!*
Jaribu!	*Try!*
Jaribuni!	*You all try!*
Haribu!	*Destroy! (something/someone)*
Haribuni!	*You all destroy!*

5.   With Other Object Markers

A few Kiswahili verbs can only take the imperative form when used with other object/subject markers. Again, these are, luckily, very few. The following are examples of such verbs:

-pa	*give*	Nipe	*Give me!*
		Nipeni	*Give me, you all!*
-ambia	*tell*	Niambie!	*Tell me!*
		Niambieni!	*Tell me, you all!*

Mazungumzo

Hadija is at the open market in Arusha, Tanzania. She is planning to buy quite a few items. She talks to an elderly man about her intended purchases;

	Hadija:	Shikamoo mama!
my child	Mama:	Marahaba **mwanangu**. Karibu!
	Hadija:	Asante sana. Leo ninataka vitu vingi sana.
	Mama:	Unataka nini?
pawpaws/mangoes	Hadija:	Nipe **mapapai** mawili, **maembe** matano,
~~onions/spinach~~		**vitunguu** kilo moja, **mchicha** vichane
bananas		vitatu, **ndizi** 10, na karoti kilo moja!
avocadoes/eggs	Mama:	Chukua **maparachichi** na **mayai** pia. Ni mazuri!
	Hadija:	Maparachichi ni bei gani?
	Mama:	Shilingi 200/= tu kila parachichi. Chukua kumi.
	Hadija:	Asante, lakini kumi ni mengi mno!
	Mama:	Basi chukua matano.
	Hadija:	Haya! Sasa jumla itakuwa shilingi ngapi?
	Mama:	Mapapai mawili ni 300/=, maembe matano ni 1000/=; kilo moja vitunguu ni 750/=; mchicha vichane vitatu ni 150/=; ndizi ni 1500/= ; karoti kilo moja ni 350/=, maparachichi matano ni 1000/=. Na mayai 10 ni 1000/= Jumla ni 6,050/=
	Hadija:	Loo! Jamani! Ghali sana. Punguza tafadhali!
	Mama:	Basi nitapunguza 50/=
	Hadija:	Mungu wangu! Haya asante. Chukua pesa zako hizo!

| Mama: | Asante mwanangu. Kwaheri. |
| Hadija: | Kwaheri ya kuonana. |

Zoezi la 7

Bila kuangalia mazungumzo hayo hapo juu, igizeni, wewe na mwanafunzi mwenzio, nafasi za mnunuaji na muuzaji. Jaribu kukumbuka maneno na sentensi nyingi iwezekanavyo kutoka katika mazungumzo hayo na pia kutoka katika masomo ya iyopita.

Kama inavyoonekana katika picha hiyo hapo juu kutoka Arusha, Tanzania, katika miji mingi ya Tanzania, Kenya, na Uganda kuna wauzaji wengi kando ya barabara wanaouza vitu mbalimbali ambavyo pia vinapatikana katika maduka na masoko.

Sarufi

Subjunctives

Subjunctives are a polite form of the verb used in giving suggestions, directions and directives, and in asking for things.

In Kiswahili, changing the final **-a** into **-e** in a verb forms the subjunctive. Such subjunctives will often go with such words as

afadhali	*it is better*
heri	*it is better*
inafaa/ingefaa	*it is better/it would be better*
ni lazima	*it is a must, it is imperative*
ni muhimu	*it is important*
ni bora	*it is better/best*
sharti	*must*
tafadhali	*please*

The following examples will help you understand the concept better:

Afadhali **ulale** sasa.	*It is better you slept now.*
Heri **uende** kupumzika.	*You had better go to rest.*
Ingefaa **tuzungumze** kidogo.	*It is better we talk a little.*
Ni lazima **tusome** magazeti.	*It is imperative that we read newspapers.*
Ni muhimu mtoto **apige** mswaki.	*It is important that the child brushes (his) teeth.*
Ni bora **tuangalie** televisheni.	*It is better we watch the TV.*
Sharti **ufanye** mazoezi.	*It is imperative that you exercise.*
Tafadhali **usaidie.**	*Please do help.*

Negative Subjunctives

Negative subjunctives are constructed by inserting **-si-** between the subject prefixes and the verb stems so that the above sentences would read as follows:

Afadhali u**si**lale sasa.	*It is better you do not sleep now.*
Heri u**si**ende kupumzika.	*You had better not go to rest.*
Ingefaa tu**si**zungumze kidogo.	*It is better we do not talk a little.*
Ni lazima tu**si**some magazeti.	*It is imperative that we do not read newspapers.*
Ni muhimu mtoto a**si**pige mswaki.	*It is important that the child* does not *brush (his) teeth.*
Ni bora tu**si**angalie televisheni.	*It is better we do not watch the TV.*
Sharti u**si**fanye mazoezi.	*It is imperative that you do not exercise.*
Tafadhali u**si**saidie.	*Please do not help.*

Direct Imperatives

Inversely, there are direct imperatives that are sometimes considered to be impolite. However, an imperative such as the one in the commercial below is NOT impolite, in spite of its direct use of the verb that does not replace the final **–a** with **–e**.

Drink cold Pepsi

Zoezi la 8

Dada/kaka yako mdogo amemaliza masomo ya sekondari na amechaguliwa kujiunga na chuo kikuu uliko. Mweleze mambo matano ambayo anatakiwa ayafanye na matano ambayo hatakiwi afanye chuoni. Mwanafunzi mwenzio ataigiza nafasi ya dada/kaka yako mdogo.
Your younger sister/brother or cousin has just finished high school and has been accepted to study at the same university as you are in. Tell him/her five things that she/he should do and five that she/he should not do at the university. Your colleague will play the role of your sibling.

Sarufi

Utafanyaje?

What / How will you do?

In Kiswahili, there is no single word equivalent to the English one "HOW". The sense of how is expressed in various ways. One of such ways is by adding **–je** at the end of a verb. Thus, "Umelalaje?" would mean "How have you slept?" "Umeamkaje" means "How have you woken up?" etc.

A second way is by using the expression "Namna gani," which literally means "in what way." Thus, Umelalaje can also be "Umelala namna gani?"

Zoezi la 9

Ask your colleague how to do several things. Follow the example:

Mfano:

Q:	Unaendaje mjini?	*How do you go to town?*
A:	Ninaenda kwa gari.	*I go by bus.*

Zoezi la 10

Ask your colleague what he or she likes to do. This will involve using the infinitive, as shown in the example:

Mfano:

Q:	Unapenda kufanya nini?	*What do you like to do?*
A:	Ninapenda kusafiri.	*I like travelling.*
Q:	Unapenda kusafirije?	*How do you like to travel?*
A:	Ninapenda kusafiri kwa ndege.	*I like to travel by airplane.*

Why? _____

Kwa nini?

If you want to find out why something happened, the question will use "Kwa nini" for "Why," and the answer will always begin with "Kwa sababu…" meaning "Because."

Mifano

Q: **Kwa nini** unalala darasani?   *Why are you sleeping in class?*
A: **Kwa sababu** mimi ni mgonjwa.   *Because I am sick.*

Zoezi la 11

Jibu maswali yafuatayo kwa kutumia jibu la kwa sababu. Chagua majibu kutoka katika orod-
ha ya maneno iliyotolewa.

*Answer the following questions using **kwa sababu**. Choose answers from the provided list of
words.*

Mfano:

Mtoto analia
Kwa nini mtoto analia?   *Why is the baby crying?*
Mtoto analia kwa sababu ana njaa.   *The baby is crying because she is hungry.*

Mwalimu anacheka.
Baba anafurahi.
Mgeni ana**ondoka.**   *leave*
Adila ana**tabasamu.**   *smile*
Rafiki anarudi nyumbani.
Ian ana<u>**piga simu**</u> kwa Hadija.   *make phone call*

Orodha

(i)	furahi	(iv)	penda	(vii)	ita
(ii)	choka	(v)	lala	(viii)	taka kula
(iii)	safiri	(vi)	enda shule	(ix)	imba

Zoezi la 12

Jifanye wewe ni msaidizi katika banda la mbogamboga na matunda na unamwuliza mteja vitu
anavyohitaji. Mwanafunzi mwenzio ataigiza nafasi ya mnunuaji.

*Imagine that you are an assistant at a vegetable and fruit stall at the market, and that you are
asking a customer which items they want. Your colleague will play the role of the buyer.*

Mazungumzo

Mazungumzo kati ya majirani, Mama Adila na Mama Hadija.

A chat between neighbors: Mama Adila and Mama Hadija.

neighbor	Mama Adila:	Hujambo **jirani**?
	Mama Hadija:	Sijambo sana. Habari za nyumbani?
weekend	Mama Adila:	Nzuri tu. Za **wikendi**?
	Mama Hadija:	Za wikendi ni nzuri. Ninataka kwenda sokoni.
	Mama Adila:	Mimi pia ninataka kwenda kununua vitu mbalimbali.
	Mama Hadija:	Unataka kununua nini?
	Mama Adila:	Ninataka kununua matunda, mboga na nafaka.
	Mama Hadija:	Vitu ni ghali sana siku hizi.
what shall we do?	Mama Adila:	**Tutafanyaje?**
we have to eat		<u>Ni lazima tule</u>!
it is true	Mama Hadija:	<u>Ni kweli</u>. Sasa utaenda sokoni saa ngapi?
Lunch	Mama Adila:	Nitaenda baada ya **chakula cha mchana**.
ok then	Mama Hadija:	**Basi** tutaenda wote.
Let me cook.	Mama Adila:	Vizuri. <u>Ngoja nami nipike</u> sasa.
To be on time	Mama Hadija:	Ni lazima **kuwahi** sokoni kabla ya jioni.
	Mama Adila:	Sawa, jirani.

Zoezi la 13

Jibu maswali

1. Kwa nini Mama Adila na Mama Hadija wanataka kwenda sokoni?
2. Mama Adila na Mama Hadija wanataka kwenda sokoni saa ngapi?
3. Mama Adila anasema anataka kununua nini?
4. Vitu sokoni ni ghali au rahisi?
5. Mama Hadija na Mama Adila wanaongea kuhusu nini?

Zoezi la 14

Tell your classmates about a special, favorite store, shop or market; where it is situated, what it sells, what service is like and what time of the day it is usually open.

Msamiati

acha bwana/mama!	*stop it! / don't be ridiculous!*
asante	*thank you*
bei gani	*how much? what is the price?*
bei ghali!	*very expensive!*
bei rahisi	*very cheap*
bilauri	*a glass*
birika	*a teapot/coffeepot*
chemsha	*boil*
chungwa /ma	*orange*
chupa/chupa pl.	*a bottle*
embe	*mango*
-furahi	*be happy*
glasi/glasi	*a glass*
haiwezekani!	*utterly impossible!*
kaanga	*fry*
karanga	*peanuts*
karibu na	*near*
karoti	*carrot/s*
kijiko/vijiko pl.	*a spoon*
kikombe/vikombe pl.	*a cup*
kilo	*kilogram*
kisu/visu pl.	*a knife*
kitu	*a thing*
kitunguu/vitunguu	*onion/s*
kondoo	*sheep*
kuku	*chicken*
kwa	*to, for, by, with*
limau	*lemon*
lipa	*pay*
mafuta ya kupikia	*cooking oil*
maharage	*beans*
mahindi	*corn/maize*
matunda	*fruit(s)*
mbalimbali	*various*
mboga	*vegetable(s)*
mbuzi	*goat*
mchele	*rice (uncooked)*
mchicha	*spinach*
mchuzi	*sauce/gravy*
mia	*a hundred*
miaka	*years*

mkate / mikate	bread/loaves of bread
mpole	kind, gentle
mpunga	rice on the field
mwanangu	my child
nanasi	pineapple
nani?	who?
ndizi	banana/s
-ngapi	how many
ng'ombe	cow, cattle
nguruwe	pig
ninyi	you (all)
nunua	buy
nyama ya kondoo	mutton
nyama ya kuchoma	roast meat
nyama ya kuku	chicken
nyama ya mbuzi	goat meat
nyama ya ng'ombe	beef
nyama ya nguruwe	pork
nyama	meat
nyanya	tomato/es (also means **grandmother**)
ongeza kidogo	add a bit more
papai	pawpaw /papaya
parachichi	avocado
pika	cook
pilipili	pepper
punguza kidogo	lower the price
sahani/sahani pl.	a plate
samaki	fish
siagi	butter/margarine
sisi	we/us
sitini	sixty
tarehe	date (on a calendar)
tengeneza chakula	prepare food
tunda	fruit
ugali	ugali/stiff porridge
uma, nyuma pl.	a fork
uza	sell
viazi	potatoes
vitu	things
wali	rice (cooked)
wao	they/them
yai / mayai	egg/s
zawadi	a present / presents

MADHUMUNI

Topic: Different Foods and More on Shopping

Function: Talking About Food, Expressing Hunger, Thirst, Satiation, etc.

Grammar: **ki-vi** group of nouns

Culture: The Coconut Culture Among Swahili People

Sofia anamweleza rafiki yake kuhusu mipango yake ya Sikukuu ya Ramadhani. *Sofia tells her friend about her plans for the Ramadan holidays.*

holiday/hustle and bustle	**Sikukuu** hii tutakuwa na **shamrashamra** nyingi sana
very early in the morning	nyumbani kwetu. **Asubuhi na mapema** nitakwenda
	sokoni kununua vitu mbalimbali halafu nitarudi na
	wadogo zangu kupika. Tutapika vyakula vya aina
pilaf, spiced rice/boiled rice	mbalimbali, hasa **pilau** na **wali mweupe** kwa nyama
a variety of vegetables	na **mbogamboga** nyingi. Wadogo wangu wanapenda
a type of buns/fry	sana **maandazi**, kwa hiyo mama ata**kaanga** maandazi

a kind of buns/samosas	na labda **vitumbua** na **sambusa**. Baba anapenda sana
	sambusa na bia. Mdogo wangu mmoja anapenda
make/salad/prepare	ku**tengeneza kachumbari**. Ana**andaa** kwa
cut into little pieces/onions	ku**katakata vitunguu**. Anakatakata pia vitu vingine
tomatoes/cabbage/sprinkle	kama **nyanya** na **kabichi**, halafu ana**nyunyiza** maji ya
lemons/lime	**malimau** au ya **ndimu**. Baada ya chakula cha jioni
	mimi na wadogo zangu tutaenda kutembea pwani
areas/where	hasa **sehemu** za Forodhani **ambako** kuna watu wengi.

Zoezi la 1

Jibu maswali

1. Kwa nini kutakuwa na shamrashamra nyumbani kwa Sofia?
2. Nani watapika vyakula wakati wa sikukuu nyumbani kwa Sofia?
3. Je, Sofia anapenda sana maandazi?
4. Mama atafanya kazi gani wakati wa sikukuu?
5. Eleza namna mdogo wake Sofia anatengeneza kachumbari.
6. Baada ya kula chakula Sofia na wadogo wake watafanya nini?

Vitu vya Kununua na Kupika

Things to Buy and Cook

Nyama   *meat(s)*

It is very simple to talk about a certain type of meat in Kiswahili so long as one knows the animal or bird that the meat comes from. Thus, for example, since chicken is **kuku** in Kiswahili, its meat is **nyama ya kuku**, which literally means *"the meat of chicken"*. This is the case with all other types of meat except fish whose name, **samaki**, also goes for its meat. The following are a few examples for illustration.

The living animal	The meat	
bata	nyama ya bata	*duck*
kondoo	nyama ya kondoo	*mutton*
kuku	nyama ya kuku	*chicken*
mbuzi	nyama ya mbuzi	*goat*
ng'ombe	nyama ya ng'ombe	*beef*
nguruwe	nyama ya nguruwe	*pork*
samaki	samaki	*fish*

Zoezi la 2

Angalia picha hizo hapo chini halafu sema kwa mwanafunzi mwenzako unapenda zaidi nyama ya mnyama au ndege gani.

Kuku / *hen, chicken*

Ng'ombe

Jogoo

Bata

Nguruwe

Mboga, Matunda na Vyakula Vingine
Vegetables, Fruits and other Foodstuffs

mboga	*vegetable(s)*
matunda	*fruit(s)*
chungwa /ma	*orange*
embe	*mango*
karanga	*peanuts*
karoti	*carrot/s*
kitunguu/vitunguu	*onion/s*
limau	*lemon*
maharage	*beans*
mahindi	*corn/maize*
mchele	*rice (uncooked)*
mchicha	*spinach*
mkate / mikate	*bread/loaves of bread*
mpunga	*rice on the field*
nanasi	*pineapple*
ndizi	*banana/s*
nyama	*meat*
nyanya	*tomato/es*
papai	*pawpaw /papaya*
pilipili	*pepper*

samaki	*fish*
siagi	*butter/margarine*
tikiti maji	*water melon*
ugali	*ugali/stiff porridge*
viazi	*potatoes*
wali	*rice (cooked)*
yai / mayai	*egg/s*

Tikitimaji

Mayai

Matunda   *Fruits*

Mgomba na Ndizi / *A banana tree with bananas*

Istilahi ya Kupika
Some Cooking/Cookery Terms

- chemsha	*boil*
- kaanga	*fry*
- pika	*cook*
- tengeneza chakula	*prepare food*
mafuta ya kupikia	*cooking oil*
mchuzi	*sauce/gravy*
nyama ya kuchoma	*roast meat*

Cutlery etc.

bilauri /glasi	*a glass*

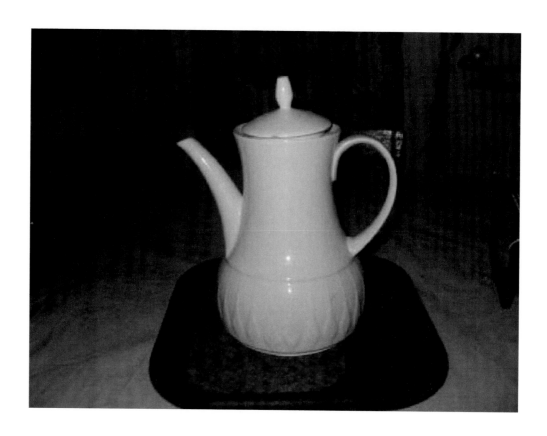

Birika

kijiko/vijiko *spoon/spoons*

kikombe/vikombe pl. *a cup / cups*

kisu/visu pl.   *a knife / knives*

sahani/sahani pl. *a plate /plates*

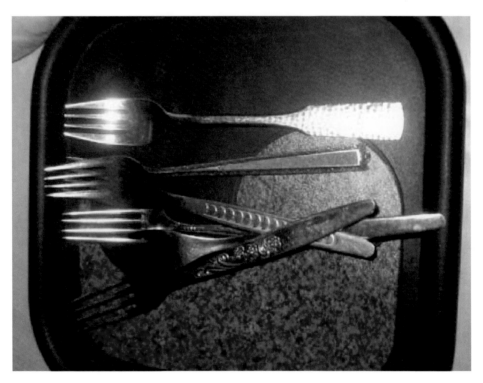

uma, nyuma pl. *a fork/forks*

Chupa *Bottle/s*

bakuli *bowl/s*

Zoezi la 3

Wawili wawili

Mwanaidi ana mipango ya kununua vitu vingi leo. Atanunua vyakula na vyombo vipya kwa ajili ya watoto wake wawili ambao wanarudi nyumbani kwa likizo kutoka shule ya sekondari ya bweni. Jifanye wewe ni Mwanaidi na andaa orodha ya vitu utakavyonunua. Mwulize muuzaji (mwanafunzi mwenzako), kila kitu kinauzwa bei gani, naye akujibu.

Zoezi la 4

Zungumzia mambo yafuatayo
Talk about the following:

1. What do you know about meals in other countries?
2. Talk about what people in your country eat and when they eat it.
3. Tell your classmates about meals in your country.

Vyakula vya jadi vya Waswahili.
Traditional Swahili food

biriyani	*biryan* (kind of spiced, curry rice)
nyama ya kuku	*chicken*
kande	*crushed maize meal*
maharage	*beans*
mahindi	*corn*
maziwa mgando	*sour mlk*
mbatata	*Irish potatoes*
mbogamboga	*vegetables*
mchicha	*greens/spinach*
nyama ya kondoo	*mutton*
nyama ya mbuzi	*lamb*
nyama ya ng'ombe	*beef*
nyama ya nguruwe	*pork* (considered *haram* by Muslims)
pilau	*pilau/pilaf/spiced rice*
samaki	*fish*
ugali	*stiff maize meal porridge*
viazi/mbatata	*potatoes*
maini	*liver*
utumbo	*entrails, guts, intestines*

Vinywaji	Drinks
togwa	*thinned maize porridge (fermented)*
maji ya madafu	*coconut water*
maji ya matunda	*fruit juice*
maji ya machungwa	*orange juice*
jusi	*fruit juice*

Machungwa   *Oranges*

Zoezi la 5

Unapenda kiasi gani? *How much do you like it?* Tell your partner how much you like or dislike some of the foods and fruits listed below. Use the following scale to describe your liking or not liking of the food and utilize the following and other vocabulary that you know:

sana	*a lot*
kiasi	*a little bit*
si sana	*not much*
sipendi kabisa	*not at all*

Mfano: Sipendi maziwa mgando kabisa *I do not like sour milk at all*

1. kande	3. nyama ya kuku	5. Papai
2. uji	4. vitumbua	6. Ndizi

7. nyama ya kondoo

8. nyama ya mbuzi

9. mbatata

10. viazi vitamu

11. maandazi

12. sambusa

13. pilau

14. biriani

Papai / *Pawpaw*

Zoezi la 6

Angalia picha hizo hapo chini. Unaona nini?

Nazi / *Coconut*

Maelezo ya Kitamaduni

Coconut is very important in the lives of the Swahili people. The green coconuts such as the ones in the picture above contain water that the Eastern African coastal people like to drink a lot. The green coconuts are known as **madafu** and the water therein is called **maji ya madafu**. The coconut plant has uses that cut across one's lifetime, beginning from roof thatching, basket and mat weaving done using coconut leaves, shade provision, fuel obtained both from coconut barks and also from coconut shells, coconut oil used both for foodmaking and also as a beauty product, especially as hair food/oil; and coconut milk that is used almost in every type of food made by the Swahili people. Further, in Swahili folktales, the coconut permeates many storylines. One that comes to mind is its use both in reality as a ritual and in the folktales whereby a person's umbilical cord is buried and a coconut tree planted on top of the "grave" so that as it grows so does the person grow up. This kind of practice that was done in the old days was also symbolic of the spiritual growth of a person as he or she crossed over from childhood to adulthood.

Zoezi la 7

Wali kwa nyama ya ng'ombe (Rice with beef): Sofia, binamu yako, anataka kukukaribisha kwa chakula cha mchana wewe na familia yako wakati wa sherehe za Ramadhani. Mweleze kila mwanafamilia anapenda kula nini. *Sofia, your cousin, wants to invite you and your family for lunch during Ramadan celebrations. Tell her what each family member likes to eat.*

Mfano: Johari: wali /nyama ya ng'ombe

Johari anapenda kula wali kwa nyama ya ng'ombe.

Aisha/biriani, uji na nyama **yoyote**.   *any*

Chichi/kande au viazi vitamu

Mbazi/maandazi au vitumbua

Yohane/mbatata na nyama ya kuku

Lulu/ugali na nyama ya kondoo

Adila/wali na nyama ya kuku

Amani/nyama ya mbuzi

Iddi/pilau na sambusa

Zoezi la 8

Kwenye Kafeteria

Uko kwenye kafeteria ya *Hill Park* ya Chuo Kikuu cha Dar es Salaam. Chagua chakula unachokitaka katika menu/orodha ya vyakula na mweleze mhudumu. Mwenzako ndiye mhudumu. *You are at the Hill Park cafeteria of the University of Dar es Salaam. Choose the food that you want from the menu and tell the waiter about it. Let your colleague play the role of the waiter.*

Sarufi

Ki-vi group of nouns

1. Nouns in this group will begin with either **ki** or **ch** in singular form and **vi** or **vy** in plural form. The following words will be familiar to you by now:

chakula

chumba

Kiswahili

kitabu

kitanda

kitu

And their plurals will be

vyakula

vyumba

Viswahili (hypothetically)

vitabu

vitanda

vitu

2. The **demonstratives** for these nouns are **hiki** in singular form and **hivi** in plural form. You will, thus, get sentences such as the following:

Ninapenda chakula **hiki**. *I like this food.*

Ninapenda vyakula **hivi**. *I like these foods.*

3. The **–a of association** that go with these nouns are **cha** and **vya** so that, as you have seen, you have such phrases as;

• Baba anasoma kitabu cha Kiswahili. *Dad is reading a Kiswahili book.*

• Baba anasoma vitabu vya Kiswahili. *Dad is reading Kiswahili books.*

• Kiswahili cha Mwalimu ni kizuri. *The teacher's Swahili is good.*

4. Similarly, the **possessives** will also take the **ch_** in singular form and the **vy_** in plural form:

• Chumba **che**tu *our room*

• Vitabu **vya**ngu *my books*

5. **Subject prefixes** and **object pronouns** for these nouns will be **ki** and **vi**:

Kitabu hiki ni kizuri *this book is nice.*

Vyumba hivi vya Chuo Kikuu ni vikubwa. *these University rooms are big*

6. The **adjectives** take the agreement **ki** with the singular nouns in this group while they take the agreement **vi** with the plural forms:

Chumba **ki**kubwa *big room*

Vitabu **vi**zuri *nice books*

Chakula hiki ni kitamu. *this food is delicious*

7. Do not be misled by the way some nouns in the people and animal group of nouns take the form of **ki-vi**. Words such as kijana/vijana (youth/youths), kifaru/vifaru (rhinoceros/rhinos), kipofu/vipofu (blind person/s) do **not** take the agreements that other nouns in this group take. Rather they behave just like all the other nouns in their group.

8. However, in a few cases, adding the nominal prefix **ki** can be used to make a noun of another group diminutive. Thus, you get such words like

kitoto	*little child*	from **mtoto**
kilima	*a little hill*	from **mlima**
kimtu or kijitu	*a little fellow*	from **mtu**

In cases of this type, the nouns take the **ki-vi** noun agreements as shown above.

You will learn more agreements with this group of nouns as you progress into other lessons and other advanced courses.

ORODHA YA VYAKULA NA VINYWAJI / *MENU*

Chakula

Wali na nyama ya kuku	Sh. 1500.00
Wali na nyama ya ng'ombe	Sh. 1300.00
Pilau	Sh. 1500.00
Ndizi	Sh. 1250.00
Nusu kuku wa kuchoma	Sh. 2000.00
Chapati	Sh. 150.00
Sambusa	Sh. 150.00
Mchanganyiko	Sh. 2000.00

Vinywaji

Glasi ya mvinyo	Sh. 500.00
Bia	Sh. 600.00
Glasi ya Jusi ya machungwa	Sh. 500.00
Glasi ya matunda mchanganyiko	Sh. 700.00
Kikombe cha chai	Sh. 300.00
Kikombe cha kahawa	Sh. 400.00

Mfano: **Ningependa glasi ya maji na sahani moja ya wali na nyama ya ng'ombe.**
I would like a glass of water and one plate of rice with beef.

Zoezi la 9

Tamu sana! *It is tasty!* Wewe na rafiki yako mko katika hoteli. Mweleze ni chakula gani unafikiri ni kitamu na kipi si kitamu.

You and your friend are at a restaurant. Tell your friend which food you consider to be tasty or not tasty.

Use the following scale to give your description of food

mno	*a lot*
si sana	*not much*
si kitamu kabisa	*not (delicious) at all*

Mfano: Ndizi na nyama ya kondoo

Ndizi na nyama ya kondoo si chakula kitamu kabisa!

Plantains and mutton are *not tasty at all*

1. Chapati
2. Ndizi
3. Nusu kuku wa kuchoma
4. Pilau
5. Sambusa
6. Wali na nyama ya kuku
7. Wali na nyama ya ng'ombe

Watu hawa wanakula na wanakunywa   *These people are eating and drinking*

Marudio/*Review*

The following are exercises that review the material that you have covered in the past three lessons, i.e. 10, 11 and 12.

Angalia mazungumzo haya halafu fanya mazoezi chini yake.

Look at the following conversation and then do the exercises under it.

Taji anakuja dukani kununua vitu vichache. Cheza nafasi ya Taji, na wenzako aigize nafasi ya Muuzaji ambaye jina lake ni Juma.

Taji comes to a shop/store/grocery to buy a few things. Play the role of Taji, and let your colleague play that of the shopkeeper whose name is Juma.

Taji:	Habari gani?
Juma:	Nzuri. Karibu. Unataka nini?
Taji:	Ninataka sukari na soda.
Juma:	Vizuri. Karibu.
Taji:	Sukari ni shilingi ngapi?
Juma:	Kilo moja ni shilingi mia nane.
Taji:	Aisee! Ghali sana! Na soda je?
Juma:	Soda ni shilingi mia tatu tu.
Taji:	Na sabuni ni bei gani?
Juma:	Sabuni ya *Mbuni* ni shilingi mia sita.
Taji:	Asante sana. Ninataka vitu vyote hivyo pamoja na papai.

Zoezi la 01

Jibu maswali.

Taji anataka nini?

Kilo moja ya sukari ni bei gani?

Sukari ni ghali au rahisi?

Juma anauza sabuni gani ?

Soda mjini kwenu inauzwa shilingi/dola/pauni ngapi ?

Zoezi la 02

Without looking at the role-play above, you and your colleague play the same roles, using your own words.

Zoezi la 03

Wawiliwawili, igizeni nafasi za wanunuaji na wauzaji kwa kutumia msamiati wa kununulia vitu. Anayeigiza muuzaji ajifanye kuwa mkali kuhusu vitu na bei zake, na mnunuzi ajitahidi kubageni kiasi inavyowezekana.

In pairs, play the roles of buyers and sellers acting different scenes by using the shopping vocabulary. Whoever is playing the role of the shopkeeper or market seller should be as difficult as possible and the customer should do as much bargaining as humanly possible.

Zoezi la 04

Mwulize mwenzako kuhusu mambo anayopenda kufanya halafu toa taarifa ya mambo hayo darasani.

Inquire from your colleague about what he or she likes to do and report back to the class.

Zoezi la 05

Fanyeni mazoezi ya kutoa amri kwa kuamrishana wewe na mwanafunzi mwenzio kufanya mambo kadhaa. Ulizaneni tu mambo yanayowezekana.

Practice the subjunctives, polite commands and imperatives by commanding your colleague to do certain things. Do not ask for the impossible.

Zoezi la 06

Mwulize mwenzako maswali matano yanayoanza na "Kwa nini" na yeye ayajibu. Badilishaneni nafasi ili naye akuulize.

Ask your colleague five questions that begin with "Kwa nini..." and let him/her answer them. Exchange roles.

Zoezi la 07

Mweleze mwanafunzi mwenzako ungependa kutembelea soko au duka lipi wikendi ijayo. Toa sababu za kuichagua sehemu hiyo.

Tell your colleague which restaurant or market/shopping mall you would like to visit this coming weekend. Give your reasons for choosing it.

Zoezi la 08

Eleza darasani kuhusu shughuli zako za kila siku kwa wiki nzima. *Tell the class about your daily activities for the whole week.*

Zoezi la 09

Ulizaneni wewe na mwenzako kuhusu mambo mnayofanya.
In pairs, ask each other what you do.

Zoezi la 10

Eleza darasani kuhusu watu hawa hapa chini katika picha. Wako wapi? Wanafanya nini?

274

Msamiati

acha bwana/mama!	*stop it! / don't be ridiculous!*
ambako	*where*
andaa	*prepare*
asante	*thank you*
asubuhi na mapema	*early in the morning*
bei gani?	*what price/how much?*
bei ghali!	*very expensive!*
bei rahisi	*very cheap*
bilauri	*a glass, a tumbler*
birika	*a teapot/coffeepot*
biriyani	*biryan (kind of spiced, curry rice)*
chapati	*chapatti*
chemsha	*boil*
chungwa /ma	*orange*
chupa/chupa pl.	*a bottle*
embe	*mango*
glasi/glasi	*a glass/glasses*
haiwezekani!	*utterly impossible*
jusi	*juice*
kaanga	*fry*
kabichi	*cabbage*
kachumbari	*salad*
kande	*crushed maize meal*
kanga	*fry*
karanga	*peanuts*
karoti	*carrot/s*
katakata	*cut into little pieces*
kiasi	*a little bit*
kijiko/vijiko pl.	*a spoon*
kikombe/vikombe pl.	*a cup*
kilo	*kilogramme/s*
kisu/visu pl.	*a knife*
kitu hiki	*this thing*
kitunguu/vitunguu	*onion/s*

kondoo	*a sheep*
kuku	*chicken*
kwa	*for*
limau	*lemon*
lipa	*pay*
maandazi	*buns*
madafu	*green coconut*
mafuta ya kupikia	*cooking oil*
maharage	*beans*
mahindi	*corn/maize*
maji ya madafu	*coconut water*
maji ya matunda	*fruit juice*
malimau	*lemons*
matunda	*fruit(s)*
maziwa mgando	*sour milk*
mbatata	*Irish potatoes*
mboga	*vegetable(s)*
mbogamboga	*variety of vegetables*
mbuzi	*goat*
mchele	*uncooked rice*
mchicha	*greens/spinach*
mchuzi	*sauce/gravy/soup*
mkate / mikate	*bread/loaves of bread*
mno	*a lot*
mpunga	*rice on the field*
mvinyo	*wine*
mwanangu	*my child*
nanasi	*pineapple*
ndimu	*lime*
ndizi	*banana/s*
ng'ombe	*cow, cattle*
nguruwe	*pig*
nyama ya kondoo	*mutton*
nyama ya kuchoma	*roast meat*
nyama ya kuku	*chicken meat*
nyama ya mbuzi	*goat meat*
nyama ya ng'ombe	*beef*

nyama ya nguruwe	pork
nyama	meat
nyanya	tomato/es
nyunyiza	sprinkle
ongeza kidogo	add a bit more
papai	pawpaw /papaya
parachichi	avocado
pika	cook
pilau	pilaf/spiced rice
pilipili	pepper
punguza kidogo	lower the price a little / reduce a little
sahani	a plate / plates
samaki	fish
sambusa	samosa/s
sehemu	part, area
shamrashamra	hustle and bustle
si kitamu kabisa	not delicious at all
si sana	not much
siagi	butter/margarine
sikukuu	holiday
sipendi kabisa	I do not like at all
tengeneza	make, prepare
tengeneza chakula	prepare food
togwa	thinned fermented maize porridge
tunda	a fruit
ugali	stiff maize/millet/cassava meal porridge
uma, nyuma pl.	a fork / forks
viazi	(Irish) potatoes
vinywaji	drinks
vitumbua	buns
vitunguu	onions
wali	rice (cooked)
wali mweupe	white (unspiced) rice
yai / mayai	egg/s

Mnara wa Saa, Dar es Salaam   Clock Tower, Dar es Salaam

MADHUMUNI

Mada: Time

Lengo: How to tell time

Sarufi: Habitual tense **hu**; Sequence of events

Taarifa za Kitamaduni: Division of the day into morning, afternoon, evening and night.

Saa za jioni, Zanzibar, Tanzania / *Evening hours/time in Zanzibar, Tanzania*

279

Monologia

I usually wake up	Mimi ni Halima. Mimi ni Muuguzi. Kila siku **huamka**
early in the morning	**asubuhi na mapema**, saa 12.00 hivi. Halafu
brush teeth/bathe	baada ya kuamka hu**piga mswaki**, hu**oga**,
put on/boil	hu**vaa** nguo, hu**chemsha** chai na hunywa chai na
at the same time/listen to	mkate. **Wakati huohuo** hu**sikiliza** redio au
watch/know/world news	hu**tazama** televisheni ku**jua habari za dunia**. Saa
bus stand/arrive	1.15 huenda **kituo cha basi** na hupanda basi. Hu**fika**
because, since,as	kazini saa moja na nusu **kwani** kazini si mbali na
	nyumbani. Saa 6.30 hupumzika kwa chakula cha
and then, after which	mchana mpaka saa 7.30, **halafu** hurudi kazini. Saa
complete, finish	10.45 hu**maliza** kazi na hurudi nyumbani. Baada ya
cook	kurudi nyumbani hupumzika kidogo, halafu hu**pika**
dinner	**chakula cha jioni**, hula, hupumzika kidogo, halafu
	ninatembelea rafiki zangu mpaka saa 3.30 usiku.
	Hurudi nyumbani, huoga na kupiga mswaki, halafu
	huangalia televisheni kidogo mpaka saa 4.30. Hulala
	kuanzia saa 4.45 au saa 5 usiku.

Zoezi la 1

Kweli au Uongo?

Katika sentensi zifuatazo kuna za kweli na za uongo. Sema zipi ni za kweli na sahihisha za uongo

1. Halima ni mwalimu.
2. Halima huamka saa moja asubuhi.
3. Halima hukaa mbali na kazini.
4. Halima hupiga mswaki baada ya kuamka na kabla ya kulala.
5. Baada ya kurudi nyumbani Halima hulala moja kwa moja.

6. Halima hulala saa saba usiku.

7. Halima hula chakula cha jioni kabla ya saa tatu na nusu usiku.

8. Kabla tu ya kulala, Halima huangalia televisheni.

Wanaume hawa wanakunywa bia saa za jioni Kampala, Uganda.

Saa za mchana, Arusha, Tanzania   *Noon hours, Arusha, Tanzania*

Sarufi / *Grammar*

Time telling

1. Unlike the English day, which begins after 12.00 midnight, the Swahili day (siku) has 12 day-light hours followed by 12 night (usiku) hours. The new day begins at sunrise, around 6:00 in the morning. The night cycle begins at around 6:00 in the evening during sunset.

Saa
The Clock/Watch/Time

2. **Usually** there is a **six-hour difference** between Swahili time and European Standard Time.

3. A convenient way to translate Swahili hours to European Standard Time is to look at the hour exactly **opposite** the Swahili hour mentioned. It is hard to have a fixed way of telling the difference between European Standard Time, North American Time and Swahili Time due to a number of changes in the seasons that, at the same time, affect the times in different zones.

4. In Kiswahili, a day is roughly divided as follows:

5.00 a.m. – 6.00 a.m.	**alfajiri**	*early morning*
6.00 a.m. – 11.50 a.m.	**asubuhi**	*morning*
12.00 p.m. –1.00 p.m.	**adhuhuri**	*noon*
1.00 p.m. – 3.30 p.m.	**mchana**	*afternoon*
3.30 p.m. – 4.30 p.m.	**alasiri**	*late afternoon*
4.30 p.m. - 7.00 p.m.	**jioni**	*evening*
7.00 p.m. - 2.00 a.m.	**usiku**	*night (time)*
2.00 a.m. -4.00 a.m.	**usiku wa manane**	*dead of the night*

Msamiati wa Saa za Kiswahili

Kiswahili time Words

dakika	*minutes*
kasoro	*less*
kasoro dakika…	*minutes to*
kasorobo	*quarter to*
na dakika	*minutes past*
ngapi?	*how many?*
ni saa ngapi?	*what time is it?*
nusu	*half*
robo	*quarter*
saa	*hour/s, watch/es*

Mazungumzo

Ni saa ngapi sasa?

Ramadhani anakutana na Hadija asubuhi . Wanasalimiana na wanaongea

	Hadija:	Habari za asubuhi, Ramadhani?
	Ramadhani:	Nzuri tu, na wewe je?
excuse (me)	Hadija:	Nzuri sana. **Samahani**, sasa ni saa ngapi?
	Ramadhani:	Ni saa 12 asubuhi.
so/still/early	Hadija:	**Alaa**, kumbe **bado** ni **mapema** sana.
at this time	Ramadhani:	Unaenda wapi **saa hizi**, Hadija?
to the mosque/to pray	Hadija:	Ninaenda **msikitini kuswali**.
"I say!"	Ramadhani:	**Aisee**, hata mimi ninaenda msikitini kusali.
after/do what?	Hadija:	**Baada ya** kusali uta**fanya nini**?
(at) around, about	Ramadhani:	Baada ya kusali, **kama** saa 2 hivi nitaenda mjini.
	Hadija:	Leo huendi darasani?
	Ramadhani:	Hadija! Umesahau kuwa leo ni Jumamosi?
	Hadija:	Kweli! Basi baada ya kusali
to the dormitory		nitarudi **bwenini**. Nitalala
until		**mpaka** saa 7 mchana.

Zoezi la 2

Jibu maswali yafuatayo

1. Wewe unaamka saa ngapi?
2. Unaoga saa ngapi?
3. Unakunywa chai asubuhi saa ngapi?
4. Unaenda darasani saa ngapi?
5. Unarudi kutoka darasani saa ngapi/
6. Unakula chakula cha jioni saa ngapi?
7. Unalala saa ngapi?
8. Siku za wikendi unaamka saa ngapi?
9. Siku za wikendi unalala saa ngapi?
10. Sasa ni saa ngapi?

Mnara wa Saa Arusha, Tanzania

Maelezo

The above clock tower in Arusha, North-Eastern Tanzania, marks the mid point between Cape Town and Cairo. It is a landmark in Arusha that is referred to a lot when people give directions in that town.

Sarufi

1. The Habitual Tense: The HU tense marker

The habitual tense in Kiswahili is the easiest to use since it does not demand any subject pre-fix. It expresses an action that takes place habitually. Thus, it is habitual for Halima, whose monologue is given above, to wake up, to go to work, to go back home, and to go to bed at specific times.

Note that the **–na-** tense marker that usually goes with the present tense can also be used to express a habit. Usually, when the **hu** marker is used there are special expressions that go with it as seen in the above monologue. These include: **kila …, kwa kawaida**, etc. so that you get sentences such as:

- Kwa kawaida Halima hulala kama saa tano hivi usiku.
- Kila Ijumaa Halima huenda msikitini.
- Kila Jumapili Antonia huenda kanisani.
- Halima huangalia televisheni kila usiku kabla ya kulala.

You may also have noted that the short verbs drop the infinitive **ku-** when they are used with the habitual tense. Thus, you find such sentences like:

- Halima **hunywa** chai   *Usually Halima drinks tea…*
- Halima **hula** chakula   *Usually Halima eats food…*
- Halima **huja** kazini   *Usually Halima comes to work…*

Zoezi la 3

Shughuli za kila siku
Eleza darasani kuhusu shughuli zako za kila siku kwa wiki nzima.

Zoezi la 4

Mwulize mwanafunzi mwenzako kuhusu shughuli zake za kila siku halafu eleza darasani shughuli hizo.

Zoezi la 5

Waeleze wenzako, ungepata pesa nyingi sana za **bahati nasibu**   *lottery*
ungefanya nini?
(Tell your colleagues what you would do if you were to win a lot of lottery money)

Watu wanakunywa vinywaji, CCM Club, Zanzibar saa za jioni.

Zoezi la 6

Ni saa ngapi? _____ *What is the time?*

In the following pictures, you have clocks/watches that are set in English time. Tell the different times in Kiswahili.

Zoezi la 7

Wawiliwawili/ Chora saa katika karatasi. Mwulize mwenzio ni saa ngapi. Fanyeni mazoezi ya mazungumzo. Fuateni mfano hapo chini.

Mfano:

A:	Samahani, ni saa ngapi?	*Excuse me, what is the time?*
	B: Ni saa sita kamili.	*It is 12 o'clock (sharp)*

or

	A: Samahani, sina saa. Ni saa ngapi sasa?.
		I am sorry, I do not have a watch. What time is it now?
	B: Ni saa sita kamili
	A: Asante sana.

Maelezo ya Kitamaduni

In the olden days, people measured time around the important natural cycles of cosmic changes of the day and other rigid events that accompanied these movements. The early dawn was described by the names of the **stars**, which appear at dawn. People knew when the first star appeared or disappeared. The morning was divided into the times of either the first or the second **cockcrow**. Mid morning was marked by the **return of the cattle**. This is the time when the cattle came back home to feed their young ones and to be milked. The position of **the sun** was also very important in time telling. For example, one would express the fact that he or she would do something when the body and the shadow meet, i.e. at midday when the sun is directly above ones' head. Although this kind of time telling has survived mostly in rural areas, today most people use **watches** or do the estimation of the time by using the watch/clock method of telling the time.

Zoezi la 8

Maswali

How is the day divided in your own culture?
Are there specific times that mark the following:
Morning
Midday
Afternoon
Evening
Night

Zoezi la 9

Saa ngapi?
At what time?
Mweleze mwenzako utakutana na watu hawa saa ngapi. Fuata mfano.

Mfano:

Tandiwe/12.30 p.m.
Nitakutana na Tandiwe saa sita na nusu mchana.

1. Baba/5:00 morning
2. Adila/12:30 midday
3. Mama Upendo/3:00 afternoon

4. Daktari/6:30 morning
5. Rajabu/ 10:00 evening
6. Mwalimu/11:00 night
7. Padre/Sunday 9:00/morning
8. Rafiki /Saturday 10.15/evening
9. Mpenzi/Saturday/night
10. Ndugu/Monday/10.45/morning

Zoezi la 10

Match a line in A with a line in B to make a question. Then find an answer in C

Maswali		Majibu
Questions		Answers
A	B	C
Unalala	kufanya nini?	saa nne usiku.
Watoto wanakunywa maji	wapi?	nyumbani
Mwalimu anakuja chuoni	nani	gari.
Mnaoga	ni saa ngapi?	chumbani
Unapenda	kisiwa gani?	tembelea dunia.
Ungepata pesa nyingi	saa ngapi?	hotelini
Wanawake wanapenda	kuangalia televisheni wapi?	saa saba kamili.
Mgeni	gani amekuja?	Zanzibar.
		mtu kutoka Ulaya.
Chakula cha mchana	na nini	kufurahi.
Adila alitembelea	ungefanya nini?	

Sarufi

Sequence of actions and/or events

1. When giving a sequence of consecutive actions in Kiswahili, you cannot use the bare stem of the verb to join the verb phrases as you do in English. For example, a sentence like the following will not translate well if you use the bare stems of the verbs involved:

Go and eat, drink, be happy and then sleep.

When you want to express successive actions you can:
- Use the habitual tense marker HU; or
- Use the present tense marker that also tells of a habit; or
- Use the subjunctive mood (which replaces the ending final vowel **–a** with vowel **-e**) for the second and subsequent actions ;
- But you also can include joining words such as *halafu* (and then) or *baada ya hapo* (after that).

Mfano:
- Hasani anawasili nyumbani saa kumi na mbili, **anapika** chakula cha jioni saa moja usiku, **anakula** saa mbili kamili, **anaangalia** televisheni, halafu **anaenda kulala.**
  Hasani arrives at home at six in the evening, cooks dinner at seven, eats at eight, watches TV, and then goes to sleep.
- **Tunaamka, huaoga, huvaa, halafu tunakunywa chai, na baadaye huenda Chuo Kikuu**
  We wake up, wash, dress up, then we drink tea and afterwards we go to the University.

Zoezi la 11

Mweleze mwenzako kuwa watu wafuatao watafanya shughuli zilizoonyeshwa.
Tell your partner that the following people will do the indicated actions

Mfano:

Ali atalala, ataamka, ataoga, ataandaa chamshakinywa, atakunywa chai, atasoma gazeti halafu atalala tena kwa sababu leo ni Jumapili.

Ali will sleep, wake up, take a bath, prepare breakfast, drink tea, read the newspaper, and then he will sleep again because today is Sunday.

1. Mwalimu/ja darasani/fundisha/toka/enda nyumbani/pumzika.
2. Adila/amka/enda sokoni/tembelea rafiki/rudi nyumbani.
3. Baba/amka/soma gazeti na nywa chai/angalia televisheni/enda tembea.
4. Mama/amka/andaa chamshakinywa/angalia televisheni kidogo/tembelea rafiki/rudi.
5. Padre/amka/enda kanisani/rudi/nywa mvinyo.
6. Mtoto/lia/nywa maziwa/nyamaza/lala.

Mazungumzo

this time	**Jeni**: Mbona una haraka? **Saa hizi** unaenda wapi??
	Rajabu:: Ninaenda shuleni, nina mtihani.
	Jeni: Mtihani ? Mbona umechelewa??
I don't think so	**Rajabu** : **Sidhani**. Mtihani ni saa nne asubuhi.
	Jeni: Ni mtihani gani?
Kiswahili literature	**Rajabu**: Mtihani wa <u>fasihi ya Kiswahili</u>?
	Jeni: Utakuwa na nafasi lini au huna nafasi?
I am very free	**Rajabu**: <u>Nina nafasi sana</u>.
	Jeni: Ningependa wewe nami twende senema kesho jioni.
when I leave/wash clothes	**Rajabu**: **Nikitoka** darasani nitalala kidogo, baadaye nita**fua** nguo zangu, halafu nitapumzika kidogo. Jioni nitakupigia simu.
wait for	**Jeni**: Haya, asante. Nita**subiri** simu yako.

Saa za jioni hoteli ya Island View **Zanzibar**

Zoezi la 12

Jibu maswali haya

Kwa nini Rajabu ana haraka?
Je, Rajabu anasema hana nafasi?
Mtihani wa Rajabu ni saa ngapi?
Jeni anataka yeye na Rajabu wafanye nini?
Rajabu ana shughuli gani baada ya darasa?
Jeni na Rajabu wana **mipango** gani?   *plans*

Wimbo /*A song*

Kila siku tunakuja darasani	*we come to class every day*
Kujifunza Kiswahili na mwalimu	*to learn Kiswahili with the teacher*
Tunasema, tunasoma	*we speak, we read*
Tunaendelea sana	*we are making a lot of progress*
Sisi wanafunzi bora wa chuoni.	*we, the best students at the college*

Saa za mchana mjini Dar es Salaam

Msamiati

adhuhuri	*noon*
aisee!!	*I say!!*
alaa!	*is that so?*
alasiri	*late afternoon*
alfajiri	*early morning*
amka	*wake up*
asubuhi na mapema	*early morning*
asubuhi	*morning*
baada ya	*after*
bado	*not yet*
bia	*beer*
bora	*the best*
bweni	*hall of residence / dormitory*
chakula cha jioni	*dinner*
chemsha	*boil*
dakika	*minutes*
dhani	*assume*
dunia	*world, earth*
fasihi	*literature*
fika	*arrive, reach*
habari	*news*
halafu	*and then, afterwards*
jioni	*evening*
kasoro dakika…	*minutes to*
kasoro	*less*
kasorobo	*quarter to*
kila	*every*
kusali	*to perform Muslim prayer*
kutana na	*meet with*
kwa kawaida	*normally*
kwani	*because, since*
maliza	*finish, complete*
mapema	*early*
mchana	*afternoon/day time*
mipango	*plans*

mpaka	*until, up to*
msikiti	*mosque*
mtihani	*examination*
na dakika	*minutes past*
ngapi?	*how many?*
ni saa ngapi?	*what time is it?*
nusu	*half*
oga	*bathe, take a shower*
piga mswaki	*brush teeth*
pika	*cook*
robo	*quarter*
saa	*hour/s, time, watch/es*
samahani	*excuse me/us*
subiri	*wait*
tazama	*look*
usiku wa manane	*dead of the night*
usiku	*night (time)*
vaa	*wear clothes*
wimbo	*a song*

MADHUMUNI

Topic: Professions

Function: Talking about different professions

Grammar: N-N group of nouns; Asking about people's professions; the use of **kwamba** and **kuwa**

Culture: Modern and Traditional professions

Dereva

Monologia

Fumo, mvulana mwenye miaka minane, anaongea kuhusu kazi za wazazi wake.

cars	Baba yangu ni dereva wa **magari** ya Chuo Kikuu, na mama
often	yangu ni mwalimu katika shule ya msingi. **Mara kwa mara**
uniform	baba anaamka mapema sana na anavaa **sare** au **yunifomu**
trouser/color/khaki	yake ya kazi ambayo ni **suruali** ya **rangi** ya **kaki** na shati la
dark green/please	rangi ya **kijani kibichi**. Nguo hizi zinam**pendeza** sana.
any	Mama havai sare **yoyote** bali anavaa nguo zake za
several/because or since	nyumbani. Mara **kadhaa** baba huwa safarini **kwani** waalimu
therefore/wash for	wa Chuo Kikuu husafiri sana. <u>**Kwa hiyo**</u> ninam**fulia** nguo
so that	na sare zake **ili** akiwa safarini apate nguo na sare za
change	ku**badilisha**. Mimi nitakapokuwa mkubwa ninataka
	kufanya kazi ya udereva kama baba. Lakini si dereva wa
president	Chuo Kikuu. Ninataka kuwa dereva wa **raisi**.

Zoezi la 1

Jibu maswali

1. Baba yake Fumo ni dereva wa magari gani?
2. Nani mara kwa mara huamka mapema?
3. Sare za Baba Fumo ni za rangi gani?
4. Je, Mama Fumo anavaa sare pia?
5. Nani husafiri sana **kati ya** Baba Fumo na Mam Fumo?   *Between*
6. Kabla ya Baba Fumo kusafiri Fumo hufanya nini?
7. Fumo anasema anataka kufanya nini **akiwa** mkubwa?   *when he is*
8. Unafikiri kwa nini Fumo ana**pendele**a kuwa dereva wa   *prefers*
   raisi kuliko kuwa dereva wa Chuo Kikuu?

Zoezi la 2

Wazazi wako: Sema darasani wazazi wako au rafiki za wazazi wako wanafanya nini.

Zoezi la 3

Wanafanya kazi gani? Angalia picha hizo hapo chini halafu sema watu hao wanafanya kazi gani.

Zoezi la 4

1. What type of work is most attractive to youngsters in your country?
2. What type of work do women do usually in your country?
3. What kinds of professions do men in your country prefer?
4. What type of work would men usually shy away from in your society?
5. What kind of work would women shy away from in your society?

Zoezi la 5

Zungumza na mwanafunzi mwenzako kuhusu kazi anayotaka kufanya baada ya kumaliza masomo na sababu za kupenda kazi hiyo. Toa taarifa darasani kuhusu mazungumzo hayo.

Sarufi

Asking about people's professions

1. Gender is not marked in Swahili. The same professional terms refer to either a man or a woman. Thus, for example, an actor or actress will be referred to as "Muigizaji" (*someone who acts*) and a waiter or waitress will be referred to as "Mhudumu" (*someone that serves*). A few exceptions do exist, and these are in those words that have been borrowed so that a **Barmaid** will be referred to as *Baamedi.* These are, however, very few indeed.

2. There are different ways of finding out about people's professions. One way is to ask the type of job someone is doing. Here are some examples:

A:	**Unafanya nini Wizarani?**	*What are you doing at the (government) Ministry?*
B:	**Mimi ni mhandisi**	*I am an engineer*

Anafanya kazi gani?	*What type of job is she/he doing?*

The response to this type of question will be as follows:

Yeye ni daktari	*she/he is a doctor*

Sijui anafanya kazi gani	*I do not know what she/he is doing*
Sijui anafanya kazi ya aina gani	*I do not know the type of job she/he is doing*

3. Alternatively, if you want to confirm the type of job someone is doing, your question and the response could be:

A: Je, Mochiwa ni Profesa?   *Is Mochiwa a Professor?*
B: Ndio, ni Profesa.   *Yes, he is professor*
                     or
B: Hapana, si profesa.   *No, he is not a professor*

4. Some professions might fall into different noun classes, and this will affect the personal pronouns of the noun referred to when you negate.

A: Mwita ni Ofisa wa Polisi?   *Is Mwita a police officer?*
B: Hapana, si Ofisa wa Polisi.   *No, he is not a police officer*

A: Gama ni mpelelezi?   *Is Gama a spy?*
B: Ndio, ni mpelelezi.   *Yes, he is a spy.*

Zoezi la 6

Baba yako anafanya nini? Baba yangu ni **fundi seremala**.   *carpenter*
Sema darasani watu hawa wanafanya nini.

Mama Upendo/nesi, muuguzi/ Hospitalini Dar es Salaam.
Mwakyembe/Jaji/**mahakamani**   *at the court of law*
Mjomba wako/Profesa/Chuo Kikuu cha Dar es Salaam.
Dada yako/mwalimu/Shule ya msingi
Mbazi /daktari wa watoto/Botswana
Ali/fundi mekanika/mjini Arusha
Mzee Mochiwa /Padre/**Kanisa** Anglikana   *church*
Ali/**kuli/bandarini** Mombasa   *porter/at the port*

Mazungumzo

	Idi:	Karibu ndugu. Wewe ni mgeni?
country	Jay:	Ndio, mimi ni mgeni kutoka **nchi** ya Marekani.
	Idi:	Alaa! Karibu sana. Hapa Tanzania utafanya nini?
safari, journey	Jay:	Nitakuwa na **safari** nyingi, na pia nitatumia **saa** nyingi kusoma Kiswahili.
	Idi:	Tayari una **nyumba** au bado unatafuta?

money

Jay: Bado ninatafuta. Lakini ninajua kwamba nyumba nyingi ni ghali sana.

Idi: Ni kweli. Kama una **pesa** nyingi una uhakika kuwa utapata nyumba nzuri.

Jay: Lakini sina pesa nyingi. Ila kuna nyumba moja nyeupe ninaipenda sana.

Idi: Fanya kazi upate pesa nyingi halafu utaweza kukaa kwenye nyumba nyeupe.

Zoezi la 7

Kwa maneno yako mwenyewe eleza kuhusu mazungumzo kati ya Jay na Idi.

Muuguzi

Sarufi

On N-N group of nouns

In the monologue and dialogue given above, you have seen the following words:

nchi
nguo
pesa
saa
safari
sare
shule
suruali

Mbwa mmoja

These and other words in this group of nouns do not change from singular to plural form; rather they maintain the same form and the speaker or listener will decipher the difference in meaning from within the context. Words in this group do not have a recognizable nominal prefix, and most of them are inanimate objects or just abstract ideas. Within this group are also the proper nouns that refer to places.

Most nouns in this group are borrowed words that were adopted from other languages into Swahili. Such words include the current ones of **kompyuta** (*computer*) and **i-meli/barua-pepe/barue-e** (*e-mail*).

Note that many nouns that refer to animals and some that refer to people **look as if** they belong to the above group since they do not change from singular to plural forms. These include such words like:

baba	*father*
dada	*sister*
mama	*mother*
mbwa	*dog*
shangazi	*aunt*
simba	*lion*
tembo	*elephant*
twiga	*girrafe*

However, such nouns are, in effect, not the same as the above ones in terms of the grammatical contexts that will confine them to the people and animal group of nouns discussed earlier on.

Mbwa wawili

2.   Kuwa and Kwamba

Revisit the dialogue provided above and notice the use of the joining words **kwamba** and **kuwa.** These are synonms, and they mean "that" as follows:

Jay: Bado ninatafuta. Lakini ninajua kwamba nyumba nyingi ni ghali sana.
*I am still looking for a house. However, I know **that** many houses are expensive.*

Idi: Ni kweli. Kama una pesa nyingi una uhakika kuwa utapata nyumba
nzuri.
*It is true. If you have lots of money, you are sure **that** you will get a good house.*

Zoezi la 8

Tunga sentensi kwa kutumia maneno **kwamba** au **kuwa**. Fuata mfano.

Mfano: kaka/jua/mimi/soma
           Kaka anajua kuwa mimi ninasoma.

Mwalimu/sema/mimi/mvivu.
Mtoto/jua/mama/hayuko.
Daktari/sema/mgonjwa/lala.
Padre/sikia/mvulana/imba.
Nesi/ **sikitika** /mgonjwa/fa.   *be sorry*
Mkulima/furahi /mvua/nyesha.
Mhandisi/**gundua**/gari/haribika.   *Discover*

Maelezo ya Kitamaduni

Most East Africans live in rural areas and, therefore, their main occupation is agriculture. Some also engage in fishing and herding. The rest live in towns and cities, and here is where the struggle for employment is intense. While the majority would like to have white-collar jobs in offices, most of them actually live from hand-to-mouth by doing casual labour. A sizeable number of employees in towns and cities are civil servants such as teachers and employees in government ministries. There are a few industries that employ a handful of people; however this sector is not well-developed and most of the time there are lay-offs. The mining industry is equally underdeveloped, and the participants here are mostly small-scale miners such as those at the Tanzanite mines in Arusha, Tanzania. Due to high unemployment rates, crimes such as armed robbery have been on the increase in most towns and cities.

Zoezi la 9

Mwanafunzi mwenzako akuulize maswali haya halafu badilishaneni ili nawe umuulize.

Mfano:

           Babu/daktari
           A: Babu yako ni daktari?
           B: Ndio, ni daktari.

1.   Mama/ nesi au muuguzi

2. Mjomba/ profesa
3. Dada/ daktari
4. Wanaume/ **askari**   *soldiers*
5. Kaka/**nahodha wa meli**   *captain of ship*
6. Bibi/**mkulima**   *farmer*
7. Baba/**mwanasayansi**   *scientist*

Zoezi la 10

Wawiliwawili:

Mwulize mwenzako maswali kwa kutumia maneno yafuatayo. Ni lazima ajibu, halafu badil-ishaneni nafasi.

Mfano:

> Udaktari
> **A:** Nani anafanya kazi ya udaktari?
> **B:** Baba ni daktari.

1. Uanafunzi
2. Unesi
3. Uhandisi
4. Ualimu
5. Ufundi
6. Uprofesa
7. Upadre
8. Uaskari

Zoezi la 11

Mwulize mwenzako kama anataka kufanya kazi zifuatazo halafu lieleze darasa majibu yake.

Mfano:

> Mwalimu.
> A: Unataka kuwa mwalimu?
> B: Ndio, ninapenda sana kuwa mwalimu.

1. Mkulima
2. Daktari wa meno
3. Daktari wa watoto
4. Nesi/muuguzi
5. Mhandisi/injinia

6. Dereva wa teksi
7. Padre
8. Profesa
9. Mwanasayansi.
10. Mkutubi

librarian

Msichana huyu anafanya kazi maktaba
This girl works in a library

Msamiati

askari	soldier
badilisha	change, exchange
bandari	port
barua-pepe	e-mail
dereva	driver
fua	wash clothes
fundi seremala	carpenter
gundua	discover
i-meli	e-mail
kadhaa	several
kaki	khaki
kanisa	church
kati ya	between, amongst
kijani kibichi	green
kompyuta	computer
kuli	coolie
kuwa	that
kwa hiyo	therefore
kwamba	that
kwani	for the reason that (because, since)
magari	cars
mahakama	court of law
mara kwa mara	often
mchungaji	pastor, priest
mganga wa jadi	traditional medicineman
mhandisi	engineer
mhudumu	waiter/waitress
mkulima	farmer, peasant
mkutubi	librarian
mpepelezi	spy, investigator
mpishi	a cook
muigizaji	actor/actress
muuguzi	nurse
mwanasayansi	a scientist
nahodha (wa meli)	a ship captain
nchi	country

nesi	nurse
ofisa	officer
padre	padre/priest
polisi	police
raisi	president
rangi	colour
sare	uniform
sikitika	feel sad
suruali	long trousers/pants
teksi	taxi
wizara	government ministry
yunifomu	uniform

MADHUMUNI

Topic: Ceremonies and celebrations

Function: Talking about Tanzanian ceremonies and festivals

Grammar: Causatives and Passive forms of the verb

Culture: What Tanzanians celebrate

Monologia

Baba yao Mwajuma na Ali anawaandikia barua rafiki zake kuhusu watoto wake hao ambao watakuwa na sherehe ya mahafali ya kumaliza digrii ya kwanza mwezi ujao. *Mwajuma's and Ali's father writes a letter inviting his friends to his daughter's and son's graduation ceremony the following month.*

	Makongo Juu,
Post Office Box (P.O.B.)	**S.L.P.** 35091, Dar es Salaam,
	Tanzania.
	Oktoba 30.
dears/all	**Wapendwa** rafiki zangu **wote,**
greetings/I hope	**Salamu** nyingi kutoka hapa Makongo Juu. **Ninatumaini** kuwa wote hamjambo. Mimi na <u>mke</u> wangu na familia yangu yote hatujambo.

wife

to invite you/celebration
graduation/degree

Barua hii ni ya **kuwakaribisha** katika **sherehe** ya
mahafali ya watoto wangu, Mwajuma na Ali, ambao watapata **shahada**
yao ya kwanza ya B.A. mwezi ujao, tarehe 26. ~~who~~

which or that

Ningependa kuwaalikeni nyote katika sherehe hii **ambayo** itaanza
saa tano asubuhi kule Chuo Kikuu cha Dar es Salaam katika

be conferred

Jumba la Mikutano la Nkrumah. Baada ya ku**tunukiwa** shahada
hiyo, wote tutakwenda nyumbani kwangu kwa sherehe. Hapa

enclose/programme/map

nina**ambatisha ratiba** ya sherehe pamoja na **ramani** ya jinsi ya
kufika nyumbani kwangu Makongo Juu.

each one of you/take part
congratulate/success
educational

Ninatumaini kuwa **kila mmoja wenu** ataweza kuja na ku**shiriki**
nasi katika kuwa**pongeza** watoto wetu hawa kwa **mafanikio** yao
ya **kielimu**.

sincerely, best regards

Wasalaam,

Shabani Rajabu.

Zoezi la 1

Jibu maswali yafuatayo

1.   Nani ameandika barua?
2.   Barua **inahusu** nini?   *it concerns*
3.   Baba Mwajuma na familia yake wanaishi wapi?
4.   Sherehe ya mahafali ni ya ~~nini?~~ nani?
5.   Familia ya Mwajuma wanaishi wapi?
6.   Baba Mwajuma anasema sherehe ni lini?
7.   Utasherehekea mahafali yako lini?
8.   Baba Mwajuma anasema watoto wake amepata mafanikio gani?

Zoezi la 2

Kweli au Uongo?
Sema kama sentensi zifuatazo ni za kweli au uongo. **Sahihisha** zile za uongo.

1.   Mwajuma ame**andikiwa** barua na baba yake.   *be written*
2.   Mwajuma na Ali wanamaliza masomo katika chuo kikuu.
3.   Baba Mwajuma anafurahi sana.
4.   Sherehe za mahafali ni mwezi wa Novemba.

5. Familia ya Mwajuma wanakaa Chuo Kikuu.
6. Mwajuma atasherehekea kupata shahada ya pili.
7. Sherehe ya mahafali itaanza saa kumi jioni.
8. Baba Mwajuma ameambatisha ramani na ratiba katika barua.

Zoezi la 3

Kwa maneno yako mwenyewe na pia kwa kumbukumbu zako, lieleze darasa kuhusu maudhui (contents) ya barua aliyoandika Baba Mwajuma. Mwajuma.

Maneno muhimu kuhusu sherehe:

alika	*invite*
disko	*disco*
funga	*close, fast*
harusi	*wedding*
hotuba	*speech*
hudhuria	*attend*
jadi	*tradition*
kipaimara	*Christian confirmation (lit. "brave goalkeeper")*
mafanikio	*success*
muziki	*music*
mwaliko	*an invitation*
mwanamuziki	*musician*
pati	*party*
pipi	*sweets*
ratiba	*program*
sali	*pray*
shamrashamra	*celebratory atmosphere*
sherehekea	*celebrate*
sikukuu	*holiday*
toa	*give, offer*
zaliwa	*be born*

Zoezi la 4

Ratiba ya Sherehe/*Programme for the Celebration*
Wewe ni Mwajuma/Ali. Baba yako amesahau kuandika ratiba ya sherehe yako ya mahafali. Katika nafasi hiyo hapo chini, jaza matukio muhimu ya ratiba hiyo. *You are Mwajuma/Ali. Your father has forgotten to prepare the program for your graduation ceremony. In the space provided below, fill all the major events of the program*

	SAA	TUKIO (event)
1	9.00 jioni	Wageni kuwasili (Arrival of guests)
2		
3		
4		
5		
6		
7		
8		
9		
10		
11		
12	Saa 6.00 usiku	Mwisho wa sherehe (end of the party)

Zoezi la 5

Angalia ratiba uliyoandaa halafu eleza darasani kuhusu matukio makuu ya sherehe za mahafali ya Mwajuma. *Look at the programme that you have prepared and then narrate the major events that will take place during Mwajuma's graduation ceremony.*

Maelezo ya Kitamaduni

Kuna aina mbalimbali za sherehe katika nchi za Afrika ya Mashariki. Sherehe za **kijadi** mara nyingi hu**ambatana** na shughuli za kijadi pia. Mfano mzuri hapa ni wa sherehe za **jando** na **unyago**. Ijapokuwa sherehe za namna hii zina**fifia** kutokana na ku**ingiliwa** na zile zili-zo**athiriwa** na utamaduni wa nje, lakini bado katika sehemu za vijijini unaweza kuona zinafanywa. Sherehe za jumla ni kama vile za **harusi**.

Pia kuna sherehe za kidini ambazo zinajumuisha Iddi El Haji, Maulidi (kuzaliwa kwa Mtume Muhammad) na Ramadhani kwa Waislamu; na **Pasaka** na Krismasi kwa Wakristo. Hizi ni sikukuu za kitaifa na watu wa dini mbalimbali wanasherehekea hata kama sherehe haihusu dini yao.

Vilevile kuna sherehe za **kiserikali** ambazo ni za kisiasa zaidi. Kwa mfano, katika Tanzania kuna Siku ya Uhuru (Desemba 12), Siku ya Muungano wa Tanganyika na Zanzibar (Aprili 16), Siku ya Wafanyakazi (Mei 1), **Mapinduzi** ya Zanzibar (Januari 12) na Mwaka Mpya (Januari 1). Wakati wa sikukuu hizi kunakuwa na sherehe mbalimbali pamoja na hotuba na **maandamano** nchi nzima.

Sherehe za kisasa zimeingia katika utamaduni wa Waswahili, kwa hiyo utaona **waigaji** hasa katika miji wanasherehekea **Siku ya Wapendanao**, Siku ya Mama, Siku ya Baba, na hata **Halowini**.

Msamiati wa maelezo ya Kitamaduni

ambatana	*go together with*
athiriwa	*be influenced*
dina	*religion*
Halowini	*Halloween*
harusi	*wedding*
ijapokuwa	*although*
ingiliwa	*be influenced (lit. be entered upon)*
jando	*initiation rites for men*
kijadi	*traditional*
kiserikali	*governmental*
maandamano	*processions*
mapinduzi	*revolution*
Pasaka	*Easter*
Siku ya Wapendanao	*Valentine's Day*
unyago	*initiation rites for women*
waigaji	*copycats*

Zoezi la 6

(i)   What important events does your family celebrate?

(ii)   Which events are celebrated in your culture?

Zoezi la 7

Look at the following photographs. Which ones remind you of your culture and which ones do not? Why?

Some Common congratulatory expressions.

Asante!	*Thank you!*
Heri na baraka za Krismasi	*Merry Christmas*
Heri za mwaka mpya!	*Happy New Year!*
Hongera!	*Congratulations!*
Idd Mubarak!	*Happy Eid!*
Kila la heri!	*Good luck!*
Krismasi/Noeli njema!	*Merry Christmas!*
Mungu akubariki.	*God bless you*
Siku njema!	*Have a nice day!*
Wikendi njema!	*Have a nice weekend!*

Common condolences expressions

Makiwani!	*We all are bereaved!*
Msiba ni wetu!	*This is our bereavement!*
<u>Mungu ailaze roho ya marehemu mahali pema peponi</u>	*May God rest his/her soul in eternal peace*
Pokea pole zetu!	*You have our sympathies!*
Pole!	*Have courage/I am or we are so sorry!*
Tuko nawe/nanyi!	*We are with you/you have our sympathies!*
Ugua pole!	*We wish you speedy recovery!*

Sarufi

Grammar

A: Asking about ceremonies

There are different ways of asking questions in regard to ceremonies.

If you want to ask about who is celebrating or giving a particular party you will say:

Ni pati/sherehe ya nani?	*Whose party is it?*
Ni pati/sherehe ya Aisha	*It is Aisha's party*
Ni harusi ya nani?	*Whose wedding is it?*
Ni harusi ya Adila	*It is Adila's wedding*
Nani anaoa/anaolewa?	*Who is getting married?*
Aisha anaolewa	*Aisha is getting married*
Rajabu anaoa	*Rajabu is getting married*

If you want to say that you are going to the wedding, you have to remember to use the locative suffix **–ni**.

Ninaenda harusi**ni**	*I am going to the wedding*
Ninaenda gari**ni**	*I am going to the car*
Siku ya... ni lini?	*When is the big day?*
Ni tarehe 10 Mei	*It is on the 10th of May*
Ni siku ya tarehe10 Mei	*It is on the 10th of May*

B: Causatives

1. Causative extensions are used to indicate that a subject causes the direct object to perform the action of the verb.

2. Either –ISHA or –ESHA indicate the causative suffix/extension according to some vowel harmony rules.

3. Thus, from the initial monologue and other parts of this lesson so far, we get the following examples of causative extensions:

From KARIBU	>	**karibisha**	*welcome (lit. make people draw near)*
From AMBATA	>	**ambatisha**	*attach*
From SAHIHI	>	**sahihisha**	*(make) correct*
From JAA	>	**jaza**	*fill up*
From ELEA	>	**eleza**	*explain (lit. make one understand)*
From LALA	>	**laza**	*make one go to sleep*

4. As you have just seen, the causative extension can also be used to turn an adjective into a verb. In this case, the new verb suggests that the subject causes the direct object to take on the attributes of the adjective. That is why the word **sahihi** that means *correct* is turned into **sahihisha** which means *make corrections* or *make correct*. The following are some examples of such extensions with similar inclination:

bora	**boresha**	*best/make best, i.e. improve*
fupi	**fupisha**	*short/shorten*
refu	**refusha**	*lengthen*

5. It is also possible to use the causative extension to turn a noun into a verb. Thus you can have such examples like:

taifa	**taifisha**	*nation/nationalize*
sababu	**sababisha**	*a reason/ cause*

6. The other causative verb extensions are **–lisha, -lesha, -iza, and –eza.** As you practice more in the coming levels of Kiswahili, you will soon be able to use these without thinking twice. For now, whenever you see or hear a verb with such extensions, just know that it is a causative.

Zoezi la 8

Angalia orodha ya siku. Ni zipi ni maalumu? Tafuta picha ya kila siku maalumu halafu onyesha picha hiyo darasani.

Look at the list of days. Which ones are special? Relate to the class each special day with any photographs or an object.

- Januari 1
- Desemba 25
- Novemba 1
- Septemba 3
- Julai 4
- Jumamosi
- Jumapili
- Desemba 26

Some Traditional celebrations

Ngoma	*traditional dance*
Sherehe ya kupewa jina	*naming ceremony*
Harusi	*wedding*
Mazishi	*funeral*
Kubalehe	*coming of age*
Unyago	*girls' initiation rites*
Jando	*boys' initiation rites*
Mavuno	*harvests*
Mwaka kogwa	*traditional new year in Zanzibar*

Some Modern Celebrations and Public Days

Jumamosi	*Saturday*
Jumapili	*Sunday*
Siku ya kuzaliwa	*Birthday*
Krismasi/Noeli	*Christmas*
Mwaka mpya	*New Year*
Pasaka	*Easter*
Ijumaa Kuu	*Goodfriday*
Siku ya Mama	*Mother's day*
Siku ya wapendanao	*Valentine's Day*
Idi	*Eid/Idd*
Ramadhani	*Ramadan*

Zoezi la 9

Look at the different photographs/pictures/items brought by your colleagues in **Zoezi la 9**.
Do you have the same customs in your own country/society/family?

Mazungumzo

	Maria:	Habari gani Daudi
	Daudi:	Nzuri, Maria. Unaenda wapi saa hizi?
	Maria:	Ninaenda kwa Adila. Kuna sherehe.
	Daudi:	Sherehe gani?
	Maria:	Kuna harusi.
	Daudi:	Alaa! Nani anaolewa?
get married	Maria:	Dada yake Adila ana**olewa**.
	Daudi:	Harusi ni lini?
	Maria:	Harusi ni keshokutwa Jumamosi.
be invited	Daudi:	Aisee! Mbona sija**alikwa**?
invite	Maria:	Basi mimi ninaku**alika**.
	Daudi:	Dada yake Adila anaolewa na nani?
	Maria:	Anaolewa na Mkude, yule mwalimu wa Chuo Kikuu.
	Daudi:	Basi nitakuja kwenye harusi hiyo.
	Maria:	Unakaribishwa sana.

[handwritten annotations: "how come" pointing to "keshokutwa"; "I am inviting you" pointing to "ninakualika"]

Zoezi la 10

Jibu Maswali

Nani anaolewa?

Nani anaoa?

Harusi ni lini?

Bwana harusi anafanya kazi wapi?

Je, Daudi pia ataenda harusini?

Sarufi

Passives

1. The passive extension is used to suggest that the action of the verb is done upon the subject of the verb; in which case another actor is implied directly or indirectly.

2. Three forms are used to express the passive extension. These are:
    - -wa
    - -liwa
    - -lewa

3. From what you have encountered so far, you must have noticed such examples like the following:

    - penda   pendwa   wapendwa   *love/be loved/the loved ones*
    - karibu   karibishwa   *welcome/be welcomed or invited*
    - uza   uzwa   *sell/be sold*
    - oa   olewa   *marry/be married*
    - nunua   nunuliwa   *buy/be bought*

4. Similar to other verb extensions, as you practice more in the coming levels of Kiswahili, you will soon be able to use these different extensions without even thinking about them. Pay attention whenever you see or hear a verb with such extensions and try to identify and differentiate them from the others.

Zoezi la 11

Utasema nini kwa matukio yafuatayo?
What will you say on the following occasions?

1. Kifo
2. Harusi
3. Krismasi
4. Siku ya kuzaliwa
5. Pasaka
6. Ubatizo
7. Siku ya mahafali
8. **Kufaulu mtihani**   *passing an examination*

Wimbo wa Harusi Kutoka Tanzania / *A Popular Tanzanian Wedding Song*

Anameremeta	*She glitters*
Anameremeta	*She glitters*
Bibi harusi anameremeta	*The bride glitters*
Anameremeta!	*She glitters*
Anameremeta	*He glitters*
Anameremeta	*He glitters*
Bwana harusi anameremeta	*The bridegroom glitters*
Anameremeta!	*He glitters*

Sherehe ya harusi ya kisasa Tanzania

Msamiati

alika	*invite*
ambatisha	*enclose/attach*
asante!	*thank you*
disko	*disco*
elimu	*education*
faulu	*pass (an examination)*
funga	*close, fast*
harusi	*wedding*
heri na baraka za Krismasi	*merry christmas*
heri za mwaka mpya!	*happy new year!*
hongera!	*congratulations!*
hotuba	*speech*
hudhuria	*attend*
Idd mubarak!	*happy eid!*
Idi	*eid/idd*
Ijumaa kuu	*goodfriday*
jadi	*tradition*
jando	*boys' initiation rites*
karibisha	*welcome, invite*
kifo	*death*
kila la heri!	*good luck!*
kipaimara	*christian confirmation (lit. "brave goalkeeper")*
krismasi/noeli njema	*merry christmas!*
krismasi/noeli	*christmas*
kubalehe	*coming of age*
mafanikio	*success*
mahafali	*graduation*
makiwani!	*we are bereaved!*
mavuno	*harvests*
mazishi	*funeral*
meremeta	*glitter*
msiba ni wetu!	*this is our bereavement!*
mtihani	*examination*
mungu akubariki	*god bless you*
muziki	*music*
mwaka kogwa	*traditional new year in zanzibar*
mwaka mpya	*new year*
mwaliko	*an invitation*
mwanamuziki	*musician*
ngoma	*traditional dance*
pasaka	*easter*

pati	*party*
pipi	*sweets*
pokea pole zetu!	*you have our sympathies!*
pole!	*have courage/i am or we are so sorry!*
pongeza	*congratulate*
Ramadhani	*Ramadan*
ramani	*map*
ratiba	*programme/timetable*
sahihisha	*make corrections*
salamu	*greetings*
sali	*pray*
shahada	*university degree*
shamrashamra	*celebratory atmosphere*
sherehe ya kupewa jina	*naming ceremony*
sherehe	*celebration*
sherehekea	*celebrate*
shiriki	*participate*
siku njema	*have a nice day!*
siku ya kuzaliwa	*birthday*
siku ya mama	*mother's day*
siku ya wapendanao	*valentine's day*
sikukuu	*holiday*
S.L.P.	*post office box*
toa	*give, offer*
tuko nawe/nanyi!	*we are with you/you have our sympathies!*
tumaini	*hope*
tunukiwa	*be conferred*
ubarikiwe/mungu akubariki	*god bless you*
ubatizo	*baptism*
ugua pole!	*we wish you speedy recovery!*
unyago	*girls' initiation rites*
unyaka omusha omuhle!	*happy new year!*
wapendwa	*dears/all*
wasalaam	*sincerely, best regards*
wikiendi njema	*have a nice weekend*
zaliwa	*be born*

MADHUMUNI

Topic: Daily, Weekly and Monthly Routine

Function: Describing a typical day and a typical week

Grammar: Time Adverb Marker **PO**, **u-i (m/mi)** group of nouns

Culture: Division of labor along gender lines in East Africa

Mama Malaika

Mama Malaika is in a Village Women's Group that, among other things, aims at boosting the confidence and self-assertiveness of women. This includes the art of public speaking. Today is Mama Malaika's turn to tell the group about her daily and weekly activities, including the problems she encounters. Here is her story.

they call me	Jina langu ni Zeituni, lakini watu wengi **wananiita** Mama Malaika kwa sababu mtoto wangu wa kwanza
she is called	**anaitwa** Malaika. Mimi ni mkulima, na vilevile ninafuga ng'ombe wawili wa maziwa. Kila siku, mimi na mume wangu tunapoamka saa kumi na moja
early morning/he takes care of	**alfajiri,** yeye **anawahudumia** ng'ombe kwa kuwapa chakula, na mtoto wetu wa kiume anapoamka
he sweeps/cow shed	**anafagia banda** la ng'ombe. Baaada ya kuamka,
she assists me	Malaika **ananisaidia** kwa kazi za jikoni. Kama saa
breakfast (lit. mouth waker)	mbili hivi tunapata **chamshakinywa**, na mara nyingi
maize or corn meal/boiled cassava	ni **uji wa mahindi** na ndizi au **mihogo ya kuchemsha**
sweet potatoes	au **viazi vitamu**. Tunapomaliza kupata chamshakinywa, mimi na mume wangu tunaenda shambani, na watoto wanabaki kufanya kazi ndogondogo za nyumbani. Tunaenda shambani na chakula chetu, na huko tunakula chakula cha mchana
at/around	**kwenye** saa tisa **hivi**. Baada ya hapo mimi ninarudi
with/firewood	nyumbani **nikiwa na kuni** kichwani, na mume wangu anabaki shambani mpaka saa kumi na moja
at the river	hivi. Anaporudi nyumbani baada ya kuoga **mtoni**, mara kwa mara anaenda kutembea baada ya
to insure/lovestock/have been...	**kuhakikisha** kuwa **mifugo** yote **imehudumiwa** na
remain	iko ndani. Mimi hu**baki** nyumbani na watoto, na
once in a while	labda **mara moja moja** ninawatembelea majirani yetu au wao wananitembelea mimi. Tunazungumza kwa muda mrefu kidogo halafu baadaye hupika chakula cha jioni. Mume wangu anaporudi tunakula chakula
pray/finally or lastly	wote, halafu tuna**sali** pamoja na **mwishoni** tunaenda kulala.

Zoezi la 1

Jibu maswali yafuatayo

1. Jina la Mama Malaika ni nani?
2. Mama Malaika anafanya kazi gani?
3. Je, Mama Malaika huchelewa kuamka?
4. Mume wa Mama Malaika hufanya nini kila alfajiri?
5. Wakati Mama Malaika na mume wake wanaenda shambani watoto wanafanya nini?
6. Mama Malaika anarudi nyumbani kutoka shambani saa ngapi?
7. Baba Malaika anaporudi kutoka shambani anafanya nini?
8. Kabla ya kulala familia ya Baba na Mama Malaika hufanya nini?

Zoezi la 2

Baada ya kuzungumza, Mama Malaika aliulizwa maswali na wenzake. Hayo hapo chini ni majibu yake. Andika maswali ya majibu hayo aliyoyatoa. *After her presentation, Mama Malaika was asked some questions by her colleagues. Here are her answers. Write the questions for the answers that she gives.*

Swali: _____?

Jibu: Ndio, nina watoto wawili tu.

Swali: _____?

Jibu: Kwa sababu sitaki watoto wengi.

Swali: _____?

Jibu: Hata mume wangu amesema hataki watoto wengi.

Swali: _____?

Jibu: Wikendi sisi hupumzika siku za Jumapili. Jumamosi tunafanya kazi vilevile.

Swali: _____?

Jibu: Hapana, watoto hawaendi shambani.

Swali: _____?

Jibu: Kwa sababu bado ni wadogo, na kazi za shambani ni ngumu sana.

Swali: _____?

Jibu: Ninataka kufuga kuku wa mayai vilevile.

Swali: _____?

Jibu: Bado ninatafuta pesa.

Maelezo ya Kitamaduni

Mgawanyo wa kazi kufuatana na jinsia kwa jamii nyingi vijijini katika Afrika ya Mashariki ulikuwa na bado unaeleweka kabisa. Wanaume wanatarajiwa kufanya kazi ngumu zaidi kama vile kufyeka vichaka kabla ya kazi ya kilimo, na pia, katika baadhi ya jamii kazi ya kuchanja kuni na kutafuta maji ni ya wanaume wakati ambapo ile ya kuchunga mifugo ni ya watoto wa kiume. Ni rahisi sana kwa mgeni kuhitimisha harakaharaka kuhusu mgawanyo huu wa kazi hasa akiona watu kama Baba Malaika wakijifurahisha katika baa au vilabu vya pombe saa za jioni. Lakini, ukiangalia kwa makini zaidi kuhusu jamii za kijadi za Afrika utaona kwamba kujifurahisha huku kulifanywa baada ya kazi ngumu sana ya siku nzima, na kwamba uvivu na uzururaji ulionekana kuwa jambo baya sana kwa jamii hizo kwa wanaume na wanawake. Angalia, kwa mfano, jinsi ambavyo Okonkwa, katika riwaya ya Chinua Achebe ya **Shujaa Okonkwo**, anavyomchukia Unoka, baba yake, na jinsi ambavyo hatimaye Unoka anafukuzwa kutoka kijijini kwa uvivu wake. Mwanamme alitakiwa wakati wote awe na akiba ya chakula ya kutosha kuilisha familia yake, na alishiriki kikamilifu katika uzalishaji wa chakula hicho. Ni katika nyakati za hivi karibuni tu ndipo uchumi wa kipesa na nguvu za soko vimewafanya wanaume wengine wakate tamaa na kufanya kinyume na vile jamii inavyowataka kuhusu kujituma na kuwajibika.

Division of labor along gender lines in most rural African societies was, and in some cases still is, quite defined. Men are expected to do the harder chores such as clearing the bush before farming begins. In some societies, the work of chopping firewood and fetching water is men's work, while looking after or herding livestock is left to the male children. It is very easy for a foreigner to make generalized conclusions regarding this kind of division of labor especially if he or she sees people like Baba Malaika enjoying themselves in bars or beer clubs late in the evening. However, a closer look at the original traditional societies of Africa will show how this was done after a heavy day's work, and that laziness and loitering was considered very inappropriate in such societies for both men and women. Notice, in Shujaa Okonkwo (Achebe's Things Fall Apart) how Okonkwo hates his father and how finally Unoka is actually thrown out of the village for being too lazy. A man was supposed to have a barn full of yam or whatever the local staple was, enough to feed his family all the time, and he participated fully in the production process. It is only in recent times of the cash and market economy that one finds men who have been driven to despair, doing the opposite of what society expected of them in terms of responsibilities and accountability

Zoezi la 3

How is the division of labor in your society with regards to gender? Discuss such division of labor vis-à-vis the one shown and explained in the monologue and the cultural notes above.

Zoezi la 4

Mweleze mwenzako kuhusu shughuli zako za kila siku chuoni au nyumbani, na yeye akueleze kuhusu shughuli zake za kila siku pia.

Zoezi la 5

Eleza shughuli za kila siku za mwanafunzi mwenzako kama alivyokusimulia.

Zoezi la 6

Kwa maneno yako mwenyewe na pia kwa kumbukumbu *(memory)* zako, lieleze darasa kuhusu shughuli za kila siku za Mama Malaika.

Sarufi
Time Adverb Marker

The time adverb marker **PO** for **WHEN** goes into a verb in the same way as an object marker, only **PO** would refer specifically to time.

Let us revisit what Mama Malaika said in the opening dialogue above:

- Mimi na mume wangu tuna**po**amka saa kumi na moja alfajiri, yeye anawahudumia ng'ombe…

- Mtoto wetu wa kiume ana**po**amka anafagia banda la ng'ombe.

- Tuna**po**maliza kupata chamshakinywa, mimi na mume wangu tunaenda shambani…

- Ana**po**rudi nyumbani baada ya kuoga mtoni, mara kwa mara anaenda kutembea..

Negation of the time adverb marker PO

The time adverb marker **PO** is negated by **SIPO as follows:**

Nina**po**lala ninaota.	When I sleep I dream
Ni**sipo**lala sioti.	When I do not sleep I don't dream
Nili**po**soma nilifurahi.	When I read/studied I was happy.
Nitaka**po**maliza shule nitalala.	When I finish school I will sleep.

Ni**sipo**maliza shule (kesho) sitalala.   When (If) I do not finish school I won't sleep.

Kitabu cha Kumbukumbu cha Profesa Hemedi Ali
Professor Hemedi Ali's Diary

Januari 2002		Shughuli
Jumanne	1	Sikukuu ya mwaka mpya -kuenda Arusha
Jumatano	2	Arusha – Mbuga za wanyama na rafiki zangu
Alhamisi	3	Arusha – Kupanda mlima Meru
Ijumaa	4	Arusha – Mlima Meru
Jumamosi	5	Arusha – Kupumzika hotelini – **Hoteli ya Impala**
Jumapili	6	Nairobi **Hoteli ya Stanley**
Jumatatu	7	Kupumzika na kumtembelea rafiki Wanjiru Kago
Jumanne	8	Matembezi Nairobi: Bustani ya Nyoka
Jumatano	9	Mkutano na Mkurugenzi KBC - Nairobi
Alhamisi	10	Mkutano na Mkurugenzi KBC - Nairobi
Ijumaa	11	Kupumzika Nairobi na kuogelea hotelini.
Jumamosi	12	Safari ya Moshi, Tanzania
Jumapili	13	Kupumzika hotelini – Marangu Hotel
Jumatatu	14	Kupanda Mlima Kilimanjaro
Jumanne	15	Kupanda Mlima Kilimanjaro
Jumatano	16	Kupanda Mlima Kilimanjaro
Alhamisi	17	Kupanda Mlima Kilimanjaro
Ijumaa	18	Kupanda Mlima Kilimanjaro
Jumamosi	19	Kurudi hotelini na kupumzika – **Marangu Hotel**
Jumapili	20	Mapumziko na matembezi Moshi mjini
Jumatatu	21	Safari ya kurudi Dar es Salaam
Jumanne	22	Ofisini Chuo Kikuu cha Dar es Salaam
Jumatano	23	Mkutano wa Wakuu wa Idara – Ofisi ya Mkuu wa Kitivo
Alhamisi	24	Mjini asubuhi
Ijumaa	25	Mkutano na Mkuu wa Chuo
Jumamosi	26	Tafrija ya kuwakaribisha wanafunzi wageni
Jumapili	27	Kupumzika nyumbani: Sikukuu yangu ya kuzaliwa
Jumatatu	28	Kuanza masomo
Jumanne	29	Masomo
Jumatano	30	Masomo
Alhamisi	31	Safari ya Marekani kwa mkutano, Madison, Wisconsin

Zoezi la 7

Angalia ratiba ya Profesa Hemedi Ali halafu jibu maswali yafuatayo.

Profesa Hemedi Ali atasafiri kwenda wapi mwezi wa Januari?

Profesa Hemedi Ali atapanda milima gani?

Unafikiri kwa nini Profesa Hemedi Ali atataka kukutana na Mkurugenzi
  wa Shirika la Utangazaji la Kenya, KBC Nairobi?

Profesa Hemedi Ali ataogelea lini na wapi?

Profesa Hemedi Ali atapanda Mlima wa Kilimanjaro kwa siku ngapi?

Profesa Hemedi alizaliwa lini?

Zoezi la 8

Andaa ukurasa mmoja wa kitabu chako cha kumbukumbu uonyeshe shughuli zako za kila siku kwa wiki moja. Mweleze mwanafunzi mwenzako kuhusu shughuli hizo na yeye akueleze kuhusu shughuli zake za wiki hiyohiyo.

Zoezi la 9

Zungumza na mtu mwingine nje ya darasa kuhusu shughuli zake za kila siku halafu lieleze dara sa habari za mtu huyo.

Sarufi

1. The nouns **mlima** and **milima** belong to a set of nouns that will always begin with the nominal prefix **–m** in their singular form and **–mi** in their plural form. Most plural nouns that refer to plants are in this group although many other objects and even abstract concepts such as **mipango** (plans) also belong to this group. The nouns that have been used in the text provided above that belong to this group are:

mji	miji	*town/s*
mkutano	mikutano	*meeting/s*
mlima	milima	*mountain/s*
mwaka	miaka	*year/s*
mwezi	miezi	*month/s*

2. **Nouns formed by the infinitive *ku***

Every verb in Swahili can be turned into a noun by having an infinitive **ku** as its nominal prefix. These are called **verbal nouns** and they exist only in the singular form. Sometimes they are referred to as **gerunds** or just **infinitives**.

From the text given above you can notice the following words that belong to this group:

kuanza	*starting, beginning*
kuenda	*going*
kupanda	*climbing, ascending*
kupumzika	*resting*
kurudi	*returning*

Profesa Yohane Saburi

Mazungumzo

Profesa Hemedi Ali anakutana na Profesa Yohane Saburi baada ya likizo. Wanazungumza kuhusu likizo zao.

	HA:	Ahaa, Profesa, habari za siku nyingi?
yours	**SY:**	Nzuri tu, na **zako** je?
really/indeed	**HA:**	Nzuri sana. Likizo ilikuwa nzuri **kwelikweli**.
I (can) see	**SY:**	**Naona!** Ulikwenda wapi?
	HA:	Nilienda Arusha, Nairobi halafu Moshi.
I see (same as Wow!)	**SY:**	**Aisee**, ulisafiri sana. Ulifanya nini huko?
	HA:	Nilipanda milima ya Meru na Kilimanjaro na
attend		nili**hudhuria** mikutano.

isn't it a lot of work?	SY:	Aisee, kupanda mlima Kilimanjaro <u>**si ni kazi sana?**</u>
	HA:	Sio sana kama kupanda Mlima Meru, lakini
it takes/more		**inachukua** siku nyingi **zaidi.**
	SY:	Hongera sana.
	HA:	Na wewe ulifanya nini?
	SY:	Mimi nilikaa tu hapa Dar es Salaam. Nilikuwa
		mgonjwa kidogo.
my brother/fall sick	HA:	Lo! Pole <u>**ndugu yangu.**</u> Uli**ugua** nini?
get well/so	SY:	Malaria. Lakini sasa nime**pona. Vipi,** una
plans		**mipango** gani sasa?
	HA:	Tarehe 31 Januari nitasafiri kwenda Marekani,
		kuna mkutano huko.
	SY:	Aisee, unasafiri sana. Basi usafiri salama.
run/rush	HA:	Asante sana. Sasa na**kimbia,** nina darasa.

Zoezi la 10

Jibu maswali yafuatayo

Profesa Saburi hakufanya nini wakati wa likizo?

Kwa nini Profesa Saburi alikaa tu Dar es Salaam?

Kwa nini Profesa Hemedi Ali anasema "pole" kwa Profesa Saburi?

Profesa Hemedi Ali ana mipango gani mwishoni mwa Januari/

Kwa nini Profesa Hemedi Ali ana haraka?

Zoezi la 11

Wewe na mwanafunzi mwenzako zungumzeni kuhusu shughuli mlizofanya wiki iliyopita na pia shughuli mtakazofanya wiki ijayo. Jazeni kalenda hiyo hapo chini.

Siku	Shughuli
Jumatatu	
Jumanne	
Jumatano	
Alhamisi	
Ijumaa	
Jumamosi	
Jumapili	
Jumatatu	

Jumanne	
Jumatano	
Alhamisi	
Ijumaa	
Jumamosi	
Jumapili	

Monologia 2

farm	Mimi ni Juma Rajabu. Ninafanya kazi katika **shamba**
sisal	la **mkonge/katani** huko Tanga, lakini ninatoka
nor	Tabora, Tanzania. Sina mke **wala** watoto. Wazazi
	wangu ni wazee sana. Wanakaa huko Tabora. Mwaka
marry (for a man)	kesho labda nita**oa** mke na nitapata watoto. Kwa sasa
	wala sijui nitamwoa nani. Mungu anajua nitamwoa
reseve, savings	nani. Sasa hivi ninafanya kazi tu na kuweka **akiba** ya
money/bank	**pesa benki.**

Zoezi la 12

Jibu maswali haya.

Juma Rajabu anafanya kazi wapi?

Juma Rajabu anatoka wapi?

Juma Rajabu ana mke?

Baba na mama yake Juma Rajabu ni vijana?

Juma Rajabu ana mipango gani kwa mwaka kesho?

Mmea wa katani   *Sisal plant*

Marudio

This review takes into account what you have learned for the past three lessons, i.e. lessons 13-15. Attempt all exercises and consult with your tutor/professor whenever in doubt about any aspect.

Zoezi la 01

Jibu maswali

Unafanya kazi gani wakati wa likizo?
Baba yako au mama yako anafanya kazi gani?
Utakapomaliza masomo utafanya kazi gani?
Utakuwa na likizo lini?
Wakati wa likizo utaenda wapi?

Zoezi la 02

Mwulize mwenzako maswali kwa kutumia maneno yafuatayo. Ni lazima ajibu, halafu badilishaneni nafasi.

ualimu

uprofesa

ukulima

uhandisi

mwanasayansi

mwanamichezo

mwanasanaa

Zoezi la 03

Eleza darasani kuhusu ratiba ya sherehe yoyote uliyohudhuria.

Zoezi la 04

Utasema nini kwa rafiki yako:

wakati wa Krismasi

wakati wa mwaka mpya

wakati rafiki yako akianza kufanya mitihani

rafiki yako akiwa mgonjwa

rafiki yako akifaulu mtihani

mwanzoni mwa wikiendi

wakati wa kifo.

Zoezi la 05

Eleza darasani shughuli ulizofanya wikendi tangu Ijumaa jioni hadi Jumatatu asubuhi.

Zoezi la 06

Unafikiri Profesa/Mwalimu wako alifanya nini wikendi? Kwa nini?

Zoezi la 07

Eleza kwa mwanafunzi mwenzako mipango yako wakati wa likizo.

Zoezi la 08

Eleza darasani mnakula nini wewe na familia yako wakati wa
Krismasi

Mwaka mpya
Halloween
Sikukuu ya Mavuno   Thanksgiving (Harvest Day)
Pasaka
Sikukuu ya Uhuru
Harusi

Baba anapiga simu kila siku

Msamiati

aisee	*wow! say…*
alfajiri	*very early in the morning*
banda	*hut, shed*
bustani	*garden*
chamshakinywa	*breakfast (lit mouth waker)*
chemsha	*boil*
chukua	*take*
darasa	*class*
fagia	*sweep*
fuga	*keep or raise (animals)*
hakikisha	*make sure, ensure*
hudhuria	*attend*
hudumia	*serve*
hudumiwa	*be served*
ita	*call*
itwa	*be called*
kimbia	*run*
kumbukumbu	*memory/ies*
kuni	*firewood*
kwelikweli	*really*
kwenye	*at, where there is*
mahindi	*maize, corn*
maliza	*finish*
mapumziko	*a break, a rest*
matembezi	*a walk*
mbuga	*park/s, reserve/s*
mifugo	*livestock*
mihogo	*cassava/s*
mkurugenzi	*director*
mkutano	*meeting*
mlima	*mountain*
mto	*river*
mwishoni	*at the end*
ngumu	*difficult, hard*
nyoka	*snake*

ogelea	*swim*
ota	*dream*
panda	*climb, sow*
pona	*get well*
ratiba	*timetable, programme*
safiri	*go on a journey, travel*
saidia	*help*
sali	*pray*
shughuli	*activity/activities*
tafuta	*search for*
tembelea	*visit*
uji	*porridge*
viazi vitamu	*sweet potatoes*
vipi	*how?how now? by what means?*
zaidi	*more*

AFRICA

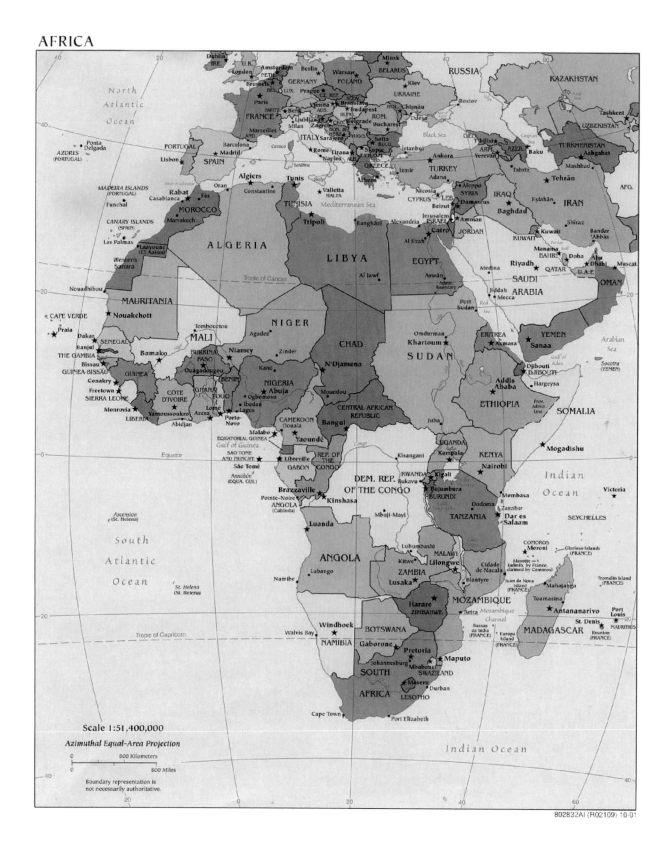

Scale 1:51,400,000

Azimuthal Equal-Area Projection

Boundary representation is
not necessarily authoritative.

802832AI (R02109) 10-01

MADHUMUNI

Topic: Languages and Countries of Africa

Function/Aim: Talking about different languages, countries and cultures/customs of Africa

Grammar: The use of **-ote** meaning all; **-ingi** and **–engi** meaning as many, a lot, much & **-ingine** and **-engine** meaning another, other and others; Comparisons.

Cultural Information: Culture, Customs and Traditions of the people of East Africa.

Monologia

Malaika introduces her cousin, Adili.

like, similar to	Huyu ni Adili. Yeye ni Mtanzania **kama** mimi lakini kwa sasa anafanya kazi Zambia. Zambia ni nchi ambayo iko
south	**kusini** mwa Tanzania. Mke wake anaitwa Betina. Yeye ni
north	mtu kutoka Kenya. Kenya iko **kaskazini** mwa Tanzania. Kwa sasa Adili na mke wake wako hapa Dar es Salaam. Wanasema wanapenda sana hapa Dar es salaam kwa
city/	sababu ni **jiji**. Pia wanasema wanapenda kukaa hapa kwa
by the side	sababu ni **kandokando** ya Bahari ya Hindi na ni karibu
north east	na Zanzíbar. Kesho watasafiri kwenda **kaskazini-mashariki** mwa Tanzania, huko Moshi na Arusha. Wanataka kuona
game reserves, parks	na kupanda mlima wa Kilimanjaro na pia **mbuga za wanyama** kama vile Serengeti na Ngorongoro. Baadaye watapanda ndege kwenda Mwanza, kaskazini mwa Tanzania kuvua samaki katika ziwa Victoria. Bado Adili na mke wake wana safari ndefu sana.

Zoezi la 1

Jibu maswali

1. Adili ni nani? *Adili ni binamu ya Malaika*
2. Mke wa Adili ni Mzambia? *Hapana, Mke wa Adili ni mtu kutoka Kenya*
3. Kwa nini adili na mke wake wanapenda Dar es Salaam? *Kwa sababu ni jiji*
4. Kenya iko wapi?
5. Kwa nini Adili na mke wake wanataka kwenda Moshi na Arusha?

6. Adili na mke wake wataenda kuvua samaki wapi?
7. Wewe unapenda bahari?

WIMBO WA TAIFA WA TANZANIA
Tanzania National Anthem

Mungu Ibariki Afrika
God bless Africa

Wabariki viongozi wake
Bless her leaders

Hekima, umoja na amani
Wisdom, unity and peace

Hizi ni ngao zetu
These are our shields

Afrika na watu wake
Africa and its people

Chorus: **Ibariki Afrika x 2**
Bless Africa

Tubariki
Bless us

Watoto wa Afrika
The children of Africa.

Mungu ibariki Tanzania
God bless Tanzania

Dumisha uhuru na umoja
Let live freedom and unity

Wake kwa waume na watoto
Women, men, and the children

Mungu tubariki
Bless us all, O God

Tanzania na watu wake
Tanzania and her people

Chorus: — — — — — — — — — — — — —

BENDERA YA KENYA
Kenyan Flag

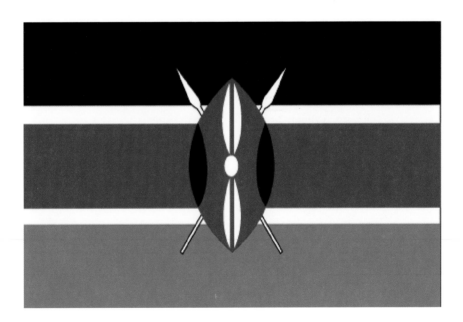

Zoezi la 2

Unatembelea shule moja ya Tanzania na wanafunzi wanataka uwaeleze kuhusu nchi yako. Andaa maelezo hayo na yatoe darasani. *You are visiting a school in Tanzania and the students want you to give a presentation on your country. Prepare and give the presentation to the class.*

Darasani

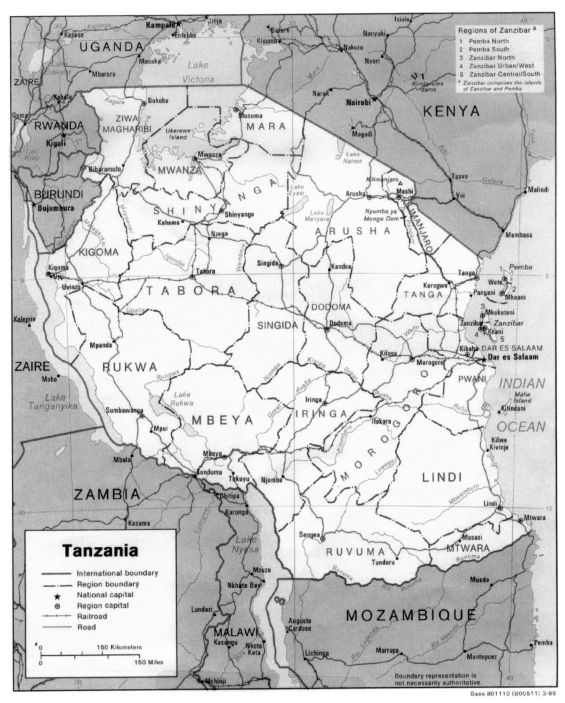

Ramani ya Tanzania   Map of Tanzania

Some useful terms for countries

bara	*continent*
jiji	*city*
kaskazini	*north*
kisiwa	*island*
kusini	*south*
magharibi	*west*
mashariki	*east*
maziwa	*lakes*
milima	*mountains*
mito	*rivers*
mji mkuu	*capital*
mlima	*mountain*
mto	*river*
nchi	*country*
raisi	*president*
taifa	*nation/state*
waziri	*minister*
ziwa	*lake*

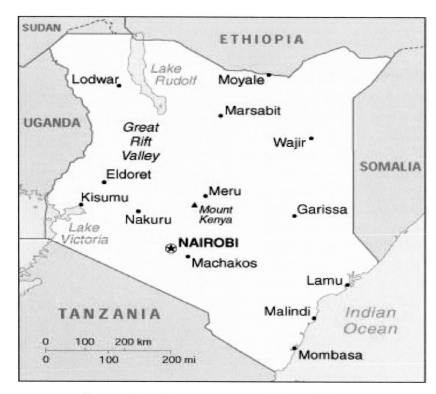

Ramani ya Kenya   *Map of Kenya*

Zoezi la 3

Je, watu wa nchi yako wanapenda vyakula gani. Eleza kidogo kuhusu vyakula hivyo.

Zoezi la 4

Mji Mkuu _____ *Capital City*

Fuata mfano hapo chini halafu sema mji mkuu wa kila nchi. Follow the example below and say which is the capital for each of the countries listed.

Mfano:

Mji mkuu wa Tanzania ni Dodoma.

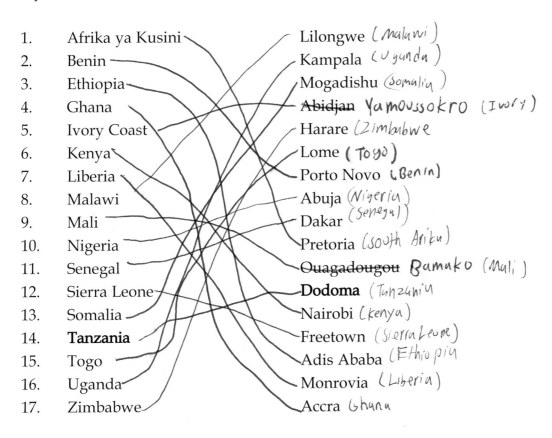

1.	Afrika ya Kusini	Lilongwe (Malawi)
2.	Benin	Kampala (Uganda)
3.	Ethiopia	Mogadishu (Somalia)
4.	Ghana	~~Abidjan~~ Yamoussokro (Ivory)
5.	Ivory Coast	Harare (Zimbabwe
6.	Kenya	Lome (Togo)
7.	Liberia	Porto Novo (Benin)
8.	Malawi	Abuja (Nigeria)
9.	Mali	Dakar (Senegal)
10.	Nigeria	Pretoria (South Afrika)
11.	Senegal	~~Ouagadougou~~ Bamako (Mali)
12.	Sierra Leone	**Dodoma** (Tanzania
13.	Somalia	Nairobi (Kenya)
14.	**Tanzania**	Freetown (Sierra Leone)
15.	Togo	Adis Ababa (Ethiopia
16.	Uganda	Monrovia (Liberia)
17.	Zimbabwe	Accra (Ghana

Sarufi

1.   **-INGI** and **-ENGI** are adjectives that qualify nouns in different ways as follows:

watoto wengi	many children
matunda mengi	many fruits
miji mingi	many towns

vitabu vingi	many books
kalamu nyingi	many pens
kuta nyingi	many walls
mahali pengi	many places

As you can see, the way **-ingi** and **-engi** are used will change and vary according to the noun that they qualify. You will get used to these changes as you practice more spoken and written Swahili.

2.   The way one would say **another** or just **other** sounds closely similar to the use of **-ingi** and **-engi** given above, only that this time we add **–ne** at the end of the adjectives to get **-ingine** and **-engine**. Look at the examples below:

watoto wengine	other children
matunda mengine	some other fruits
miji mingine	other towns
vitabu vingine	other books
kalamu nyingine	another pen/s
kuta nyingine	some other walls
mahali pengi ne	another place/s

3.   **Comparisons**

(i)   You can use prepositions after the adjectives or adverbs that are compared to form comparisons in Swahili. The conjunctions include:

kuliko

kupita

zaidi ya

kushinda

Thus, you can get sentences like:

Tanzania is a bigger country than Kenya.	Tanzania ni nchi kubwa kuliko Kenya.
Mount Kenya is higher than Mount Meru.	Mlima Kenya ni mrefu zaidi ya Mlima Meru.
From Dar es Salaam to Mwanza is	Kutoka Dar es Salaam mpaka Mwanza ni
farther than from Nairobi to Mombasa.	mbali kupita Nairobi mpaka Mombasa.

(ii) When the object of comparison is of an unspecified nature, the adjective **zaidi** is used without any conjunction. Look at the following examples:

Mtoto huyu ni mtundu zaidi

> *This child is naughtier.*

Nina kalamu nyingi zaidi

> *I have more pens.*

(iii) **The superlative**

The superlative that is formed by using the comparative prepositions as shown above is followed by the noun or adjective **-ote,** which must agree with the noun that it refers to. Thus, you may get sentences like the following:

Mtu huyu ni mfupi **kuliko** wote.	*This person is the shortest.*
Watoto hawa ni warefu **kupita** wote.	*These are the tallest children.*
Matunda haya ni matamu kuliko yote.	*These fruits are the sweetest.*
Mji wa Arusha ni mzuri kupita yote.	*Arusha town is the most beautiful.*
Kitabu hiki ni kirefu **zaidi ya** vyote.	*This is the longest book.*
Kalamu hii ni nzuri **kushinda** zote.	*This is the best pen.*

Zoezi la 5

Kuliko wote

Practice the superlative by talking about each other in class. Use as many of the adjectives that you know so far as possible.

Zoezi la 6

Wanaongea lugha gani?

What language do they speak?

Look at the list given below and say what language the listed people speak. Follow the example.

| Jay | Marekani |

Jay anazungumza Kiingereza.

Wanjiru	Kenya
Muamar	Libya
John Smith	Uingereza
Von Hobesch	Ujerumani
Ulrik	Norwei
Poul Grosen	Denmark
Moneera Al Ghadeer	Saudi Arabia
Antonnette	Ufaransa

Monologia

Adila is visiting the USA and she is giving a presentation to a high school class on East Africa, especially on Tanzania.

East Africa/country/ies	**Afrika ya mashariki** ina **nchi** tatu: Kenya, Tanzania na Uganda. Tanzania ina watu kama milioni 30 hivi, na wengi wao wanaishi vijijini. Wengi wao ni wakulima na wanafanya kazi mashambani mwao. Wakulima wengi ni
poor/rich	**masikini**, na wachache ni **tajiri.** Wakulima
herders	wengine ni **wafugaji** vilevile. Mijini wanaishi wafanyakazi ambao wengi wanafanya kazi
in factories/in offices	**viwandani** na **maofisini**. Viwanda vichache viko huko vijijini pia, lakini hivi si vingi.
ethnic groups	Tanzania ina **makabila** zaidi ya 120. Mengine ni makubwa na mengine ni makabila madogo tu. Makabila makubwa ni kama vile Wasukuma, Wanyamwezi, Wachaga, Wahaya na Wapare. Kila kabila lina lugha yake, kwa
more than	hiyo katika Tanzania kuna <u>**zaidi ya**</u> lugha 120,
even then/almost	<u>**hata hivyo**</u>, **karibu** watu wote wanajua na wanazungumza Kiswahili. Huko Kenya
language of the nation/national language	Kiswahili pia ni <u>**lugha ya taifa**</u>, lakini vilevile kuna lugha nyingi za makabila mengi kama vile za Waluo, Wakikuyu na Wakamba. Katika nchi ya Uganda, watu wachache wanajua na wanazungumza Kiswahili; lakini huko Ruanda, Burundi, Congo, na hata Somalia,
in total, generally	watu wengi wanazungumza lugha hii. <u>**Kwa jumla,**</u> watu kama milioni 100 hutumia na huzungumza Kiswahili duniani.

Zoezi la 7

Jibu maswali haya:

1. Tanzania ina makabila mangapi?
2. Je watu wa Tanzania wanazungumza Kiswahili tu?
3. Lugha gani ni lugha ya Taifa Kenya na Tanzania?
4. Watu wengi Tanzania wanaishi mijini au vijijini?
5. Watu gani wanaishi mijini?
6. Je, huko Uganda watu wengi wanajua na wanatumia Kiswahili?
7. Kiswahili kina**zungumzwa** nchi gani zingine za Afrika?   *Be spoken*
8. watu wangapi duniani wanazungumza na kutumia Kiswahili?

Maelezo ya Kitamaduni

Swahili has been a big unifying force in Tanzania and, to some extent, in Kenya. Thus, even if almost every Tanzanian has allegiance to his or her mother tongue group as mentioned above, most will communicate in Swahili. This language has successfully killed ethnic allegiance and feeling so that ethnic rivalry is, indeed, a very minimal problem in Tanzania. What one finds in Tanzania are cultural diversities that are, indeed, a blessing of some sort since they provide spice to the lives of Tanzanians, especially through *utani*, a tradition of joking relationship among different language groups such as between Chaggas and Pares in the Kilimanjaro region.

Mazungumzo

Adila anajibu maswali kutoka kwa wanafunzi. Kila mwanafunzi (Mw) anauliza swali.
Adila is answering questions from the same high school students. Every student asks a question.

	Adila:	Nani ana swali?
Mountains	Mw.1:	Ndio, nina swali. Je, Tanzania kuna **milima**?
Highest	Adila:	Kuna milima mingi. Mlima **mrefu kuliko yote** ni Kilimanjaro.
	Mw. 2:	Na watu wa Tanzania wanakula nini?
major, main/ maize or corn	Adila:	Chakula **kikuu** cha Tanzania ni **mahindi**.
	Mw. 3:	Mahindi tu?
	Adila:	Hapana. Wanakula wali na ndizi pia.
	Mw. 4:	Hawali *pizza* wala *Macdonalds*?

	Adila:	Wachache mijini wanakula vyakula hivyo.
	Mw. 5:	Kuna nini tena Tanzania?
lakes	Adila:	Tanzania kuna **maziwa** mengi kama vile
rivers		ziwa la Victoria , na pia kuna **mito** mingi.
therefore/fishermen	Mw. 6:	<u>Kwa hiyo</u> Watanzania wengine ni **wavuvi**?
	Adila:	Ndio! Wengi, hasa wale wa pwani, ni wavuvi.
hunters	Mw. 7:	Na **wawindaji** je?
	Adila:	Kuna wawindaji wachache kama vile Wamasai na kadhalika.
	Mw. 8:	Lo! Tanzania ni nchi nzuri sana.
	Adila:	Ni kweli. Karibuni wote Tanzania.

Mlima Kilimanjaro, Tanzania   Mount Kilimanjaro, Tanzania

Zoezi la 8

Kweli au uongo?
Katika sentensi hizi kuna za kweli na za uongo. Sahihisha sentensi za uongo.

Mlima Kilimanjaro ni mfupi kuliko milima yote Afrika.

Chakula kikuu cha Watanzania ni pitsa.

Watanzania wengi wanapenda mahindi.

Watanzania wengi ni wavuvi.

Kuna wawindaji wachache Tanzania.

Zoezi la 9

Wataendaje? How will they go?

Follow the example below to tell where specific people will go and how. This is a revision of the subjunctive (imperative form of the verb) and some geographical information.

Wanafunzi/hotelini/miguu

Wanafunzi wataenda hotelini kwa miguu.

The students will go to the hotel on foot.

Wanawake/sokoni/teksi
Wanafunzi/sinema/basi
Waalimu/mkutanoni/magari
John Smith/London/ndege
Kaunda/Dar es Salaam mpaka Lusaka/treni
Thandiwe/Johanesburg/ndege
Abubakari/Zanzibar/meli
Watoto/dukani/miguu
Liu Shi/Korea/ndege
Vijana/disko/miguu na teksi

Mwanamke huyu ni Mtanzania. Yeye anazungumza Kiswahili.

Huyu ni Thandiwe. Yeye anatoka Afrika Kusini. Anazungumza lugha ya Kizulu.

Huyu ni Antonia. Yeye anatoka Nigeria. Anazungumza lugha ya Kiyoruba.

Msamiati

Afrika ya Mashariki	*East Africa*
andaa	*prepare*
bara	*continent*
hata hivyo	*even then...*
jiji	*city*
kama	*like, similar to*
kandokando ya	*by the side of*
karibu	*near, almost*
kaskazini	*north*
kaskazini-mashariki	*northeast*
kikuu	*big, main, major*
kisiwa	*island*
kuliko	*more than*
kupita	*more than*
kushinda	*more than*
kusini	*south*
kwa hiyo	*therefore, thus*
kwa jumla	*generally*
lugha ya taifa	*national language*
maelezo	*explanation, presentation*
magharibi	*west*
mahindi	*corn, maize*
makabila	*ethnic groups*
maofisini	*in the offices*
mashariki	*east*
masikini	*poor (people)*
maziwa	*lakes*
mbuga za wanyama	*game parks/reserves*
milima	*mountains*
mito	*rivers*
mji mkuu	*capital city*
mlima	*mountain*
mto	*river*
Mungu	*God*
nchi	*country*
rais	*president*

ramani	*map*
taifa	*nation/state*
tajiri	*rich (person)*
viwanda	*industries*
wafugaji	*herders*
wavuvi	*fishermen*
wawindaji	*hunters*
waziri	*minister*
zaidi ya	*more than*
ziwa	*lake*

MADHUMUNI

Topic: Kutoa Maelekezo   *Giving Directions*

Function/Aim: Giving directions, expressing understanding or lack of understanding of some concepts

Grammar: More on imperatives; Locative suffixes : KO, PO,MO; Place and connecting words; Imperatives and Subjunctives, compass directions, revision on colors

Cultural Information: Direction giving among the Swahili people

Kaskazini

Magharibi   ✦   Mashariki

Kusini

Monologia

Aisha anatoa maelekezo ya kwenda nyumbani kwao kutoka stendi ya mabasi ya Ubungo
Aisha is giving directions to her house from the Ubungo Bus Stand, the main bus stop for upcountry buses in Dar es Salaam.

bus stop/stand	Nyumbani kwetu si mbali sana na **<u>kituo cha mabasi</u>**
disembarking	cha Ubungo. Baada ya **kushuka**, toka nje ya kituo
turn/right	halafu **pinda kulia** mpaka kwenye kituo cha mabasi
board/Soil Institute	ya Mwenge. **Panda** basi hadi **<u>Chuo cha Ardhi</u>** kupitia
when you reach	Chuo Kikuu cha Dar es Salaam. **Ukifika** Chuo cha
gate	Ardhi shuka nje ya **geti** la chuo, halafu pinda kulia
direction/side	mpaka utaona barabara ya *Makongo Drive* **upande**
left	wa **kushoto**. Subiri basi la Mwenge-Makongo. Panda
neighborhood/bus stand/stop	basi hilo hadi **Mtaa** wa Makongo juu **stendi** ya Tenki la Maji. Utaona barabara ndogo inayopinda kushoto.
straight/about/meters	Nenda **<u>moja kwa moja</u> kama mita** mia moja hivi kwa
it is at/left hand side	barabara hiyo. Nyumba yetu **iko <u>mkono wa kushoto</u>**
white	wa hiyo barabara ndogo. Ni nyumba **nyeupe** ya
one storey/red tiles	**<u>ghorofa moja</u>**, yenye **<u>vigae vyekundu</u>**.
maroon color	Ina geti la **<u>rangi ya damu ya mzee</u>**.

Zoezi la 1

Jibu maswali yafuatayo

1. Je nyumbani kwa Aisha ni mbali na kituo cha mabasi cha Ubungo?
2. Chuo cha Ardhi kiko baada au kabla ya Chuo Kikuu kutoka Ubungo?
3. Ukitaka kupanda basi la Mwenge-Makongo unasubiri wapi?
4. Nyumbani kwa Aisha ni mita ngapi kutoka kituo cha Tenki la Maji?
5. Nyumba ya Aisha iko mkono gani mwa barabara ndogo?
6. Eleza kwa kifupi kuhusu nyumba ya Aisha.

Mtaa wa Makongo Juu   *Makongo Juu Neighborhood*

Some important words for giving directions

afadhali	*better than...*
baada	*after*
badala ya	*instead of*
chini ya	*under, beneath, below*
juu ya	*above, on top of, over, on*
kabisa	*completely, definitely...*
kabla	*before*
kama	*as, like, similar to...*
kando ya	*beside, alongside*
kaskazini	*north*
kati ya	*in between, between*
katikati	*in the middle, at the center*
kulia	*to the right hand side (also mkono wa kulia)*
kushoto	*to the left hand side (also mkono wa kushoto)*

kusini	south
magharibi	west
mashariki	east
mbele ya	in front of, ahead
mno	a lot..
moja kwa moja	straight
ndani ya	inside of, within, in
sawa na.. n.k.	like, as, similar to...
zaidi ya	more than...

Verbs

-anzia	begin from…
-fuata	follow
-geuka	turn
-pinda	turn
-vuka	cross, go across

Zoezi la 2

Rafiki zako, Jakisoni na Haika, wanataka kuja nyumbani kwenu wakati wa Krismasi. Toa maelezo kuhusu jinsi ya kufika nyumbani kwenu kuanzia uwanja wa ndege. *Your friends, Jakisoni and Haika, want to visit you during Christmas. Give directions on how to reach your house from the airport.*

Jakisoni na Haika ni Watanzania. Kwa sasa wanakaa Chicago

Maelezo ya Kitamaduni

Ni muhimu kujua kuwa watu wengi Afrika ya Mashariki hawatumii ramani kutoa maelekezo. Mara nyingi hutumia vitu kama vile majengo, mito, milima, madaraja, na kadhalika kutoa maelekezo hayo; na hukadiria umbali kwa kutumia maneno kama vile "si mbali sana", "ni karibu tu", "ni mbali kidogo", "ni mbali sana," na kadhalika. Wakati mwingine, ili kuonyesha kujali na kuwaheshimu wageni, watu hawasemi kuwa hawajui sehemu fulani hata kama ni kweli hawajui sehemu hiyo iko wapi. Ni vizuri kupata maelekezo kutoka kwa zaidi ya mtu mmoja pale ambapo mgeni hana uhakika.

It is important to note that many people in East Africa do not use maps in giving directions. Often people will use landmarks such as buildings, rivers, mountains, bridges, etc. in giving such directions, and they will estimate the distances by using such expressions like "It's not very far," "It's just near here," "It's a bit far," "It's very far," etc. Oftentimes, in order to show that they care and respect visitors, people will never say that they do not know the directions to wherever a visitor asks them even if indeed they do not know the directions. It is better for a visitor to get directions from more than one person just to be sure.

Zoezi la 3

Angalia ramani hiyo hapo juu. Mpe maelekezo mwanafunzi mwenzako kuhusu njia ya kufika katika miji iliyoorodheshwa kutoka Nairobi. *Look at the map above. Give directions to your colleague on how to reach the listed towns/cities from Nairobi.*

1. Dar es Salaam
2. Iringa
3. Eldoret
4. Arusha
5. Dodoma
6. Mombasa
7. Lamu
8. Mwanza
9. Tabora
10. Tanga

Sarufi

1. Locatives

Remember what we said about locatives in Swahili? In order to express a noun's location, a **locative suffix** must be added to the verb *to be*, which is **kuwa**. Three locative suffixes are used in Swahili: **KO, PO** and **MO**. From these we get three locative verbs:

kuwako: to be at a general location, far from the speaker
kuwapo: to be at a specific location
kuwamo: to be at a location inside or on the surface of a location

Thus, from the monologue given above, you have seen a sentence like:

Nyumba yetu iko mkono wa kushoto wa hiyo barabara ndogo.
Our house is on the left hand side of that small road.

When one wants to express the act of being at a place for people, we use the usual prefixes as follows:

1. **Ni**ko Dar es Salaam.
   I am in/at Dar es Salaam.
2. **U**ko wapi?
   Where are you?
3. **Yu**mo darasani.
   S/he is in class.
4. **Tu**ko huku.
   We are over here.
5. **M**ko wapi?
   Where are you all?
6. **Wa**po hapo?
   Are they over there?

When one wants to ask where something or someone is, the word WAPI is important.

Mfano

Mji wa Dar es Salaam uko wapi?   Uko Tanzania.
Where is the city of Dar es Salaam?   *It is in Tanzania.*

If one does not want to be very specific as to where something or someone is, locative demonstratives are used. These include:

1. hapa   here
2. hapo   there (where you the listener is)
3. pale   over there
4. huku   over here
5. huko   there where you the listener is
6. kule   over there
7. humu   in here
8. humo   in there
9. mle   in there

Note that what we have termed "definite location" as opposed to an "indefinite location" or "general location" is not observed by many speakers who will interchange KO and PO quite often.

Zoezi la 4

Tueleze njia ya kwenda nyumbani kwenu.

Zoezi la 5

Tell the class the story of Mbazi's Driving lesson. Look at some directions in the form of simple commands and some signs below.

Kona ya Kushoto Mbele   *Road Bends Left*

Daraja Mbele   *A Bridge Ahead*

Kivuko cha Waenda kwa Miguu   *Pedestrians Crossing*

Stop! Main Road Ahead

Matuta Mbele   *Bumps Ahead*

Kivuko cha Watoto wa Shule   *Schoolchildren Crossing*

More Signs and Commands

Pitia njia ya kwanza kushoto mwa barabara
Take the first street on the left

Punguza mwendo
Reduce speed

Pinda kulia
Turn right

Vuka daraja
Cross the bridge

Katika mataa ya trafiki
At the traffic lights

Zunguka kwenye kiplefti
Turn at the roundabout

Ingia hapa
Enter here

Simama
Stop

Usipinde
Do not turn

30MKS (Maili 30 kwa saa)
30MPH

Marufuku Kuegesha Gari Hapa
No Parking

Hakuna Njia
Dead End

Zoezi la 6

Unajua njia?/ *Do you know the way?*

Hapo chini kuna ramani ya Chuo Kikuu cha Dar es Salaam. Toa maelekezo ya kwenda sehemu zilizoandikwa 1, 13,14 (**Taasisi ya Uchunguzi wa Kiswahili** – *Institute of Kiswahili Research*), 42, na Kafeteria na. 3, na kadhalika, kutoka sehemu **X** ambayo ni kwenye geti ya Chuo.

Here is the map of the University of Dar es Salaam. Give directions to the places marked 1, 13, 14, 42 and Cafeteria No. 3, etc. from the place marked X, which is the gate to the University.

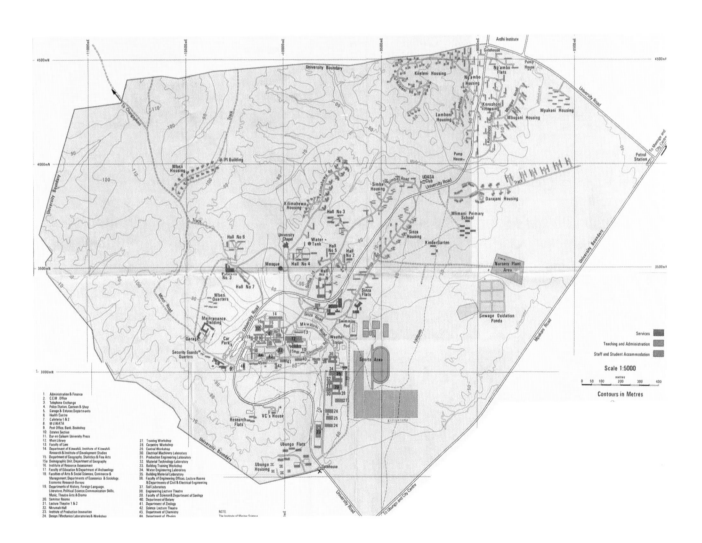

Map 1: University of Dar es Salaam

(Mark No. 14 on map-Institute of Kiswahili Research)

Zoezi la 7

Angalia ramani hiyo hapo juu halafu fikiria kuhusu mahali fulani katika Chuo Kikuu cha Dar es Salaam. Mpe mwanafunzi mwenzio maelekezo lakini usiseme sehemu hiyo ni ipi. Mwenzako asikilize maelekezo yako na akueleze sehemu hiyo iko wapi.

Look at the map given above (Map 1) and think of a place at the University of Dar es Salaam. Give your partner directions, but do not say what the place is. Your partner must listen to the directions, and tell you where the place is.

Zoezi la 8

Rafiki yako katika Chuo Kikuu cha Dar es Salaam ana ahadi ya usaili na Mkurugenzi wa Kampuni ya Mizigo ya Dar es Salaam uwanja wa ndege wa Dar es Salaam, lakini hajui uwanja wa ndege uko wapi. Mpatie maelekezo sahihi kwa kufuata ramani hiyo hapo chini.

Your friend at the University of Dar es Salaam has an appointment for an interview with the Director, Dar es Salaam Cargo Handling Company at the Dar es Salaam airport, but she does not know where the Airport is. Give her the correct directions following the map given below.

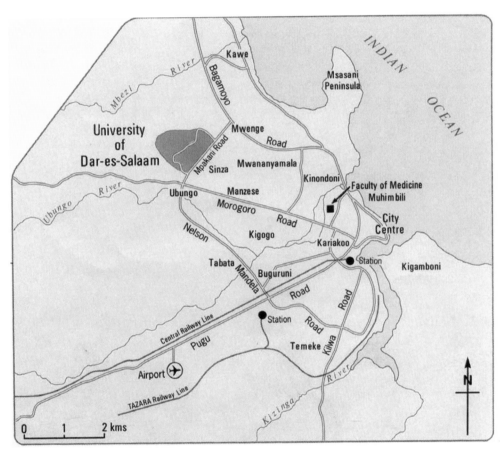

Map 2, Greater Dar es Salaam

Zoezi la 9

Rafiki yako ni mgeni Dar es Salaam. Anaishi mtaa wa pili kutoka Jumba la Makumbusho (limewekewa alama ya **X** katika ramani Namba 3). Wewe na rafiki yako mnataka kwenda kukutana na rafiki mwingine katika stesheni ya gari moshi (imewekewa alama ya **R** katika Ramani Namba 3). Mpatie maelekezo kwenda stesheni ya gari moshi kwa kutumia ramani iliy-opo.

*Your friend is new in Dar es Salaam. She lives two blocks away from the National Museum (Marked **X** on map 3). You and your friend want to go to meet another friend at the railway station (Marked **R** on map 3). Give her directions to go to the railway station using the map provided.*

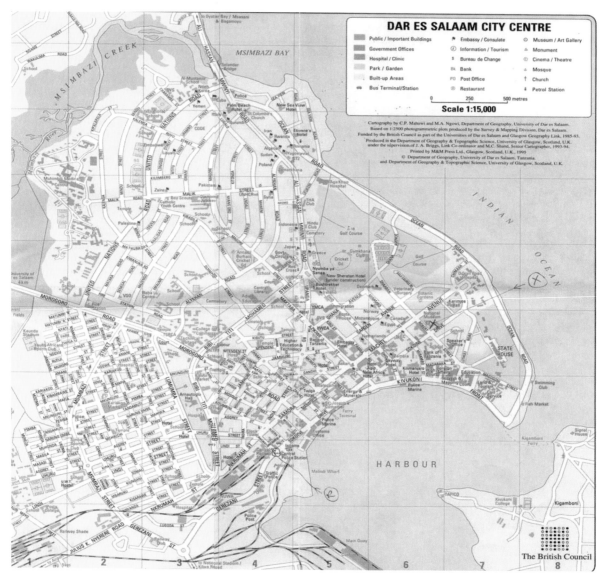

Map 3: Dar es Salaam City Centre

Zoezi la 10

Jiografia: Miji hii iko wapi? *Where are these towns/cities?*

Mweleze mwanafunzi mwenzako miji hii iko wapi. Fuata mfano. *Tell your colleague where the following towns/cities are. Follow the example:*

Mfano 1:   Dar es Salaam
             Mji wa Dar es Salaam uko Tanzania.

Mfano 2:   Ottawa na Toronto
             Miji ya Ottawa na Toronto iko Kanada.

1. Johannesburg
2. Madison
3. Minneapolis na New York
4. Paris
5. Casablanca
6. Tokyo
7. Beijing
8. Copenhagen
9. Nairobi na Kisumu
10. Kampala na Entebbe

Sarufi

More on the imperatives/subjunctives

The command to another person or other people utilizes the imperative mood, which is usually either in singular or plural form. The imperative singular of most verbs is the dictionary form. Thus you have:

Simama!	*Stop/Stand!*
Kimbia!	*Run!*
Ruka!	*Jump!*
Sema!	*Speak!*

The imperative plural is usually the above dictionary form minus the final **-a** that is replaced by **–eni:**

Simameni!	*Stop/Stand you all!*
Kimbieni!	*Run, you all!*
Rukeni!	*Jump, you all!*
Semeni!	*Speak, you all!*

As we saw earlier, there are some Swahili verbs that do not end in **–a**. When forming the imperative plurals for these verbs, we simply add **–ni** as follows:

1.	Rudi	Come back!
	Rudini	Come back you all!
2.	Jibu	Answer!
	Jibuni	Answer you all!
3.	Jaribu	Try!
	Jaribuni	Try you all!
4.	Karibu	Welcome.
	Karibuni	Welcome you all.
5.	Haribu	Destroy (something)!
	Haribuni	You all should destroy (something)!

Irregular Verbs

There are some verbs that are irregular, so they need a special way of forming their imperatives. Fortunately these are very few indeed.

Nenda!	*Go!*
Nendeni!	*Go, you all!*
Njoo!	*Come!*
Njooni!	*Come you all!*

The Subjunctives

Thue subjunctive in Swahili is formed by combining the subject/object marker with the dictionary form of the verb with the final **–a** changed to **–e** as follows:

Nilale	*I ought to sleep, let me sleep*
Nile	*I ought to eat, let me eat*
Wasome	*They ought to read, let them read*
Aimbe	*She ought to sing, let her sing*

The verbs that do not end in **–a** keep their final vowel as follows:

1.	Warudi	*They ought to come back!*
2.	Ajibu	*S/he ought to answer!*
3.	Tujaribu	*Let us try!*
4.	Uharibu	*You ought to destroy (something)!*
5.	Mharibu	*You all ought to destroy (something)!*

Negation of the Subjunctive

The subjunctive is negated by a combination of the subject/object marker, the negative marker **si**, and the dictionary form of the verb, with the final **–a** changed to **–e**. As usual, verbs that do not end in **–a** keep their final vowels. Look at the following examples:

1. Nisilale — *I ought not sleep, let me not sleep*
2. Nisile — *I ought not to eat, let me not eat*
3. Wasisome — *They ought not to read, let them not read*
4. Asiimbe — *She ought not to sing, let her not sing.*
5. Wasirudi — *They ought not to come back!*
6. Asijibu — *S/he ought not to answer!*
7. Tusijaribu — *Let us not try!*
8. Usipinde — *Do not turn*

Mazungumzo

Kaka mdogo wa Taji, Petro, anajiunga na Chuo Kikuu cha Taji. Taji anasoma mwaka wa nne na wa mwisho chuoni. Anamshauri Petro kuhusu mambo ya kufanya na kutofanya chuoni.

Taji's younger brother, Petro, is joining the University where Taji is in her fourth and last year. She gives him sisterly advice on the do's and don'ts of university life.

	Taji:	Karibu chuoni, Petro.
	Petro:	Asante sana dada.
why on earth?	**Taji:**	Lakini **mbona** umechelewa kufika?
be sick	**Petro:**	Nilikuwa na**umwa** kidogo. Nilikuwa na malaria.
younger sibling	**Taji:**	Pole sana **mdogo** wangu. Na mama na baba hawajambo?
greet	**Petro:**	Hawajambo sana. Wanaku**salimu**.
try hard, endeavor	**Taji:**	Karibu sana. Ni vizuri u**jitahidi** kusoma sana.
	Petro:	Ndio dada.
do not stop	**Taji:**	Pia usicheze na **usiache** kwenda darasani.
	Petro:	Sawa dada.
be on time	**Taji:**	Ni vizuri uamke kila siku mapema na u**wahi** darasani.
	Petro:	Lakini wikendi nitalala sana.
	Taji:	Najua unapenda sana kulala, lakini Jumapili
Forget/to church		usi**sahau** kwenda **kanisani**.
If or when I am hungry	**Petro:**	Sawa dada. Na **nikiwa na njaa** sana nitakuja chumbani
		kwako.
	Taji:	Uje, lakini si kila siku.

Zoezi la 11

Kweli au Uongo?

Sema kama sentensi zifuatazo ni za kweli au uongo. Sahihisha sentensi za uongo.

Taji ni mdogo wake Petro.

Taji hataki Petro achelewe darasani.

Petro alichelewa kuja chuoni kwa sababu wazazi wake walikuwa wagonjwa.

Taji anasema Petro ajitahidi kuamka mapema.

Taji anataka Petro asahau kwenda kanisani kila Jumapili.

Petro anasema atakuja kula chakula chumbani mwa Taji kila siku.

Zoezi la 12

Kwa maneno yako mwenyewe, sema darasani mambo ambayo Taji amesema kwa mdogo wake. Unafikiri nini kuhusu mawazo ya Taji?

Msamiati

afadhali	*better...*
-anzia	*begin from...*
ardhi	*land, soil*
baada	*after*
badala ya	*instead of*
bwawa	*pool (e.g. swimming pool)*
chini ya	*under, beneath, below*
chuo	*college*
daraja	*bridge*
-eupe	*white*
fika	*arrive*
-fuata	*follow*
geti	*gate*
-geuka	*turn*
ghorofa	*storey*
hapa	*here*
hapo	*there (where you the listener is)*
huko	*over there (where the listener is)*
huku	*over here*
humo	*in there*
humu	*in here*
ingia	*enter*
jitahidi	*make efforts, endeavor*
juu ya	*above, on top of, over, on*
kabisa	*completely, definitely...*
kabla	*before*
kama	*as, like, similar to...*
kando ya	*beside, alongside*
kanisa	*church*
kaskazini	*north*
kati ya	*in between, between*
katikati	*in the middle, at the center*
kimbia!	*run!*
kituo cha afya	*health centre*
kituo cha mabasi	*bus stand/stop*
kule	*over there*

kulia	to the right hand side (also mkono wa kulia)
kushoto	to the left hand side (also mkono wa kushoto)
kusini	south
kuwako	to be at a general location, far from the speaker
kuwamo	to be at a location inside or on a surface of a location
kuwapo	to be at a specific location
magharibi	west
mashariki	east
mbele ya	in front of, ahead
mbona	why on earth? (a strong **why**)
mdogo	younger sibling
mita	meter/ metre
mkono wa kushoto	left hand side
mle	in there
mno	a lot
moja kwa moja	straight
ndani ya	inside of, within, in
pale	over there
panda	embark, board
pinda	make a turn
punguza mwendo	reduce speed
ruka!	jump!
sahau	forget
sawa na…	like, as, similar to…
sema!	speak!
shuka	disembark
simama!	stop/stand!
stendi	bus stand/stop
-umwa	be sick
upande	direction
vigae	roof or floor tiles
viwanja	grounds/fields
-vuka	cross, go across
wahi	be on time, be punctual
zaidi ya	more than.

MADHUMUNI

Topic: University life, courses, degrees and school routine
Function: Talking about university life
Grammar: Professions, U Noun Class, More on Numbers:
Fractions and Percentage
Culture: Traditional and Modern Education in East Africa

Mwajuma, mwanafunzi wa mwaka wa kwanza Chuo Kikuu, anamwandikia rafiki yake kuhusu masomo na maisha chuoni. *Mwajuma, a first year student writes to her friend about life and studies at the University.*

Chuo Kikuu cha Dar es Salaam,

Post Office Box (P.O.B.) **S.L.P.** 35091, Dar es Salaam,

Tanzania.

Oktoba 25.

Mpendwa Halima,

greetings	**Salamu** nyingi kutoka hapa Chuo Kikuu. Huko nyumbani wote hamjambo? Mimi sijambo. Mpaka sasa nimekaa
already	hapa chuoni kwa karibu mwezi mmoja, na **tayari**
generally	ninapapenda sana. **Kwa jumla** ni mahali pazuri na pana majengo mengi marefu na mazuri sana. Kila mmoja anasoma sana na Maprofesa wetu wanajua mambo mengi kwelikweli. Mimi ninasoma katika **Kitivo** cha **Fani** na
faculty/arts	
social sciences/literature/sociology	**Sayansi za Jamii**. Ninasoma **Fasihi, Sosiolojia** na
linguistics	**Isimu** Rafiki zangu wengine wanasoma katika vitivo vya
education/engineering/science	**Elimu, Uhandisi, Sayansi,** na pia wanasoma
law/commerce/management	**Sheria** na **Biashara** na **Uongozi**. Nilitaka sana kusoma Sheria lakini kwa bahati mbaya sikuchaguliwa. Mwaka wa
psychology	pili nitasoma pia **Saikolojia**.
Art	Labda wewe utakapojiunga na chuo utasoma **sanaa** hasa
Painting/theatre/artist	za **kuchora** na z**a maonyesho**. Ninajua wewe ni **mchoraji** mzuri sana. Halima, maisha hapa ni mazuri, lakini
trouble makers	wavulana ni **wasumbufu**. Tayari watatu
they have already written me	**wameshaniandikia** wakisema eti wananipenda. Mimi

waste time

love affairs

ask for/hall of residence

ninacheka tu kwa sababu sasa hivi sitaki <u>kupoteza muda</u> wangu kwa mambo ya **mapenzi**. Utakuja lini kunitembelea? Ukifika hapa **ulizia bweni** la 3, niko ghorofa ya 7 chumba namba 703. Ukija tutaongea sana. Wasalimie wote huko nyumbani. Ni mimi rafiki yako, *Mwajuma.*

Zoezi la 1

Jibu maswali yafuatayo / *Answer the following questions*

Mwajuma anamwandikia nani?

Tayari Mwajuma amekaa chuoni kwa miezi mingapi?

Kwa nini Mwajuma anapapenda sana Chuo Kikuu?

Mwajuma anasema nini kuhusu maprofesa wa Chuo Kikuu?

Kwa nini Mwajuma hakuweza kusoma masomo ya sheria?

Mwajuma anasema nini kuhusu wavulana?

Mwajuma anakaa wapi chuoni?

Zoezi la 2

Kweli au Uongo? _____ *True or False?*

Sema kama sentensi zifuatazo ni za kweli au uongo. Sahihisha zile za uongo.

Mfano:

Mwajuma hapendi maisha ya Chuo Kikuu.

Uongo, Mwajuma anapenda maisha ya Chuo Kikuu.

Mwajuma ameandikiwa barua na Halima.

Mwajuma anasoma sheria katika chuo kikuu.

Mwajuma anasema maprofesa hawafundishi sana.

Halima ni **msanii**.   *(artist)*

Wavulana wa Chuo Kikuu ni **watundu**.   *(naughty)*

Mwajuma hakai chuoni.

Rafiki zake Mwajuma wanasoma sayansi tu.

Majengo ya chuo ni mafupi.

Zoezi la 3

Kwa maneno yako mwenyewe na pia kwa kumbukumbu zako, lieleze darasa kuhusu maisha na masomo katika chuo kikuu cha Mwajuma. *In your own words and from your memory, tell about the life and studies at the university where Mwajuma goes to.*

Useful words regarding university life and education

chuo kikuu	*university*
chuo	*college*
darasa	*class*

duka la vitabu	*bookshop/store*
elimu rasmi	*formal education*
elimu	*education*
hudhuria	*attend*
idara	*department*
insha	*essay*
kafeteria	*cafeteria*
kitivo	*faculty*
maabara	*laboratory*
maisha ya chuo kikuu	*university life*
maktaba	*library*
muhadhara	*lecture*
ratiba	*timetable*
semina	*seminar*
tasnifu	*dissertation/thesis*

Kozi /*Courses*

anthropolojia	*anthropology*
elimu mimea	*botany*
elimu wanyama	*zoology*
elimu	*education*
falsafa/filosofia	*philosophy*
fasihi	*literature*
fizikia	*physics*
hisabati	*mathematics*
historia	*history*
isimu	*linguistics*
jiografia	*geography*
kemia	*chemistry*
lugha	*language/s*
lugha za kigeni	*foreign languages*
saikolojia	*psychology*
sayansi ya siasa	*political science*
sayansi	*science*
sheria	*law*
sosiolojia/elimu jamii	*sociology*
takwimu	*statistics*
uandishi wa habari	*journalism*
uchumi	*economics*

Ratiba ya Masomo ya Mwajuma

Saa	Jumatatu	Jumanne	Jumatano	Alhamisi	Ijumaa
2.00-3.00	Fasihi 100 (Mhadhara)		Fasihi 100 (Mhadhara)		
3.00-4.00					
4.00-5.00		Sosiolojia 100 (S)			
5.00-6.00					Isimu 100 Muhadhara
6.00-7.00	CHAKULA CHA MCHANA				
7.00-8.00	Fasihi 100 (Semina)		Isimu 100 Muhadhara		
8.00-9.00					
9.00-10.00		Sosiolojia 100 (M)			
10.00-11.00					
11.00-12.00	Sosiolojia 100 (M)				
12.00-1.00			Isimu 100 (semina)		

Vyumba vya Ratiba

Saa	Jumatatu	Jumanne	Jumatano	Alhamisi	Ijumaa
2.00-3.00	Nkrumah		Nkrumah		
3.00-4.00					
4.00-5.00		CS-4			
5.00-6.00					CM-B
6.00-7.00	KAFETERIA				
7.00-8.00	CS-4		CS-6		
8.00-9.00					
9.00-10.00		CM-B			
10.00-11.00					
11.00-12.00	Nkrumah				
12.00-1.00			CS-8		

M	Muhadhara	**Nkrumah**	Jumba la Mikutano la Nkrumah
S	Semina	**CS**	Chumba cha Semina
CM	Chumba cha Mihadhara		

Zoezi la 4

Angalia ratiba ya Mwajuma halafu jibu maswali yafuatayo.

1. Mwajuma anahudhuria mihadhara mingapi kwa wiki?
2. Je siku ya Alhamisi Mwajuma ana mihadhara na semina?
3. Mwajuma ana semina za somo la Fasihi lini?
4. Kila siku tangu Jumatatu mpaka Ijumaa saa sita mchana Mwajuma yuko wapi?
5. Kwa kila somo, Mwajuma ana mihadhara na semina ngapi?
6. Madarasa ya Mwajuma yanafanyika katika Jumba la Mikutano la Nkrumah mara ngapi kwa wiki?
7. Ijumaa Mwajuma anamaliza masomo saa ngapi?
8. Je wikendi Mwajuma ana masomo?
9. Unafikiri labda wikendi Mwajuma anafanya nini?
10. Wikendi hii wewe utaenda wapi na utafanya nini?

Maktaba ya Chuo Kikuu cha Dar es Salaam
University of Dar es Salaam Library

Maelezo ya Kitamaduni

Traditional and modern systems of education have co-existed for a long time in East Africa. In traditional education, various methods were used to impart knowledge to younger generations. These included instructions done during initiation rites of passage, among other avenues. In fact, there were provisions for educational experiences right from the crib to the grave. For example, in different oral literary genres, immediately after a child was born he or she would be catered to educationally through lullabies. As the child grew, fewer lullabies were used. Instead, he or she joined the other older children, sat outside in the evenings and listened to tales and stories, mostly told by grandparents. These children were not always passive listeners, for they too created new stories, and even recreated old ones. Through this process, the children themselves produced new stories, riddles, tales, songs, theatrical pieces, and other forms of literature.

Through the literary genres, among other media, the pre-colonial child in Tanzania got his/her educational instruction on areas such as the community's language, history, geography, science and technology, and his/her family tree. The literature was not only instructional; it also aimed at developing the aesthetic sensibility and imagination of the child. It was not expected that every moment with the literature would educate, uplift or stimulate the child didactically. Entertainment, enjoyment, and escape from reality were just as important.

Children's literature in pre-colonial East Africa, if not in all of Africa, was largely rooted in the oral tradition. The advent of colonialism marked the beginning of some kind of decline of traditional forms and genres of oral literature, including folk tales, and, thus, also traditional education systems. This was, among other things, aided by the introduction of colonial agencies such as the *madras* and mission schools, which started taking over the role of the evening time instruction.

Although it looked as if gradually the culture of reading and writing was taking a major part in the child's life, oral literature, side by side with its written counterpart, has continued to provide the East African child with critical stimulation and imaginative thinking related to his or her life and that of his/her community. Oral literature has continued to facilitate the child with ways of finding meaning in his or her life, while providing him/her with the tools of mastering the psychological problems of growing up.

Zoezi la 5

Wawiliwawili

Mweleze mwanafunzi mwenzako ulianza shule lini, ulisoma wapi na sasa unafanya nini?

Zoezi la 6

Masomo gani? *Which Subjects?*

Mweleze mwanafunzi mwenzako ni masomo gani asome kama anataka kufanya kazi zifuatazo. Fuata mfano.

Mfano: **Kufundisha**
            Kama unataka kufundisha usome somo la Elimu.
            If you want to teach, you have to study the subject of Education.

Kutunza wagonjwa.   *Taking care of the sick*
Kuendesha magari.
Kujenga nyumba.
Kuchanganya madawa.   *Mixing medicines.*
Kuendesha ndege.

Sarufi

1.   **Professions**

(i)   The names of most professions will begin with the letter "U," in which case you can get such professions like:

Ualimu   *Teaching*
Unesi   *Nursing*
Uhandisi   *Engineering*

(ii)   Some professions will begin with the word "Mwana" that would literally translate as "the child of..." Thus, a scientist, for example, will be called "Mwanasayansi."

Here is a list of some of the professions that you can use in your conversation practice in class:

Mwanasanaa   *an artist*
Mwanaanga   *an astronaut*

Mwanasayansi	*a scientist*
Mwanamuziki	*a musician*
Mwanamichezo	*a sportsman/woman*
Mwanamitindo	*fashion designer*
Mwanahisabati	*a mathematician*

2. **The adjectival stem – ine for *other***

If you want to say **other** or **another** in Swahili, you use the adjectival stem **–ne**. The adjectival stem **-ne** takes the adjectival marker of the noun referred to. This is even easier if you know how to say "many," since you just have to add "ne" to your word for many. See the examples below:

1. Wanafunzi wengi wanafanya mitihani
   Many students are doing examinations.
   Wanafunzi wengine wanafanya mitihani.
   Other students are doing examinations.
2. Watoto wengi wanalala
   Many children are sleeping.
   Watoto wengine wanalala
   Other children are sleeping
3. Nitahamia bweni lingine.
   I will move to another hall of residence.

3. To express the sense of "one of" or even "many of…" we use **wa** as follows:

- Mmoja wa wanafunzi hafanyi mitihani
  One of the students is not doing examinations.

- Wengi wa watoto wanalala.
  Many of the students are sleeping.

400

Zoezi la 7

Tell your colleague that one of the people indicated below did not do the things cited after them. Follow the example.

Wanafunzi/pasi/mtihani   Mmoja wa wanafunzi hakupasi mtihani.

1.   Maprofesa/**andika**/vitabu   *write*
2.   Madaktari/ona/wagonjwa
3.   Waalimu/furahi
4.   Watoto/lia
5.   Wanafunzi/penda Kiswahili
6.   Wageni/kula chakula
7.   Madereva/**endesha** gari   *drive*
8.   Mapadre/kunywa **mvinyo**   *wine*

Zoezi la 8

Using the same people and activities mentioned above, tell your colleague that many of the people indicated did the things cited after them.

CHUO KIKUU CHA DAR ES SALAAM

ALMANAKI YA MATUKIO KWA MWAKA 2002-2003

SEPTEMBA 2002

Jumapili	1	Mwanzo wa Semesta
Jumatatu	2	Kamati ya mahafali
Jumanne	3	Bodi ya Kitivo cha Sheria
Jumatano	4	Kamati ya Maktaba ya Chuo Kikuu
Alhamisi	5	Kamati ya Wakuu wa Vitivo
Ijumaa	6	Kamati ya Ajira
Jumamosi	7	Sikukuu
Jumapili	8	-
Jumatatu	9	Bodi ya Kitivo cha Sayansi
Jumanne	10	Bodi ya Kitivo cha Uhandisi
Alhamisi	11	Kamati ya Menejimenti
Ijumaa	12	Mazoezi ya Kufundisha
Jumamosi	13	-
Jumapili	14	-
Jumatatu	15	Chama cha Maprofesa
Jumanne	16	Kamati ya Mitihani
Jumatano	17	Kamati ya Maendeleo ya Wafanyakazi
Alhamisi	18	Kamati ya Ajira
Ijumaa	19	Mkutano wa Chama cha Maprofesa
Jumamosi	20	-
Jumapili	21	-
Jumatatu	22	Marudio
Jumanne	23	Wiki ya marudio
Jumatano	24	Wiki ya marudio
Alhamisi	25	Wiki ya marudio
Ijumaa	26	Wiki ya marudio
Jumamosi	27	-
Jumapili	28	-
Jumatatu	29	Mazoezi ya mwisho wa mwezi
Jumanne	30	Mazoezi ya mwisho wa mwezi

CHUO KIKUU CHA DAR ES SALAAM

ALMANAKI YA MATUKIO KWA MWAKA 2002-2003

JULAI 2003

Jumanne	1	Bodi ya Kitivo cha Sheria
Jumatano	2	Bodi ya Kitivo cha Fani na Sayansi za Jamii
Alhamisi	3	Kamati ya Wakuu wa Vitivo
Ijumaa	4	Kamati ya Ajira
Jumamosi	5	Sikukuu
Jumapili	6	-
Jumatatu	7	Sikukuu ya SABA SABA
Jumanne	8	Bodi ya Kitivo cha Uhandisi
Jumanne	9	Baraza la Wanafunzi
Alhamisi	10	Kamati ya Menejimenti
Ijumaa	11	Mazoezi ya Kufundisha
Jumamosi	12	-
Jumapili	13	-
Jumatatu	14	Chama cha Maprofesa
Jumanne	15	Kamati ya Mitihani
Jumatano	16	Mkutano wa Chama cha Wanafunzi
Alhamisi	17	Kamati ya Ajira
Ijumaa	18	Mkutano wa Chama cha Maprofesa
Jumamosi	19	-
Jumapili	20	-
Jumatatu	21	Mitihani ya Vitivo vyote
Jumanne	22	Mitihani ya Vitivo vyote
Jumatano	23	Mitihani ya Vitivo vyote
Alhamisi	24	Mitihani ya Vitivo vyote
Ijumaa	25	Mwisho wa madarasa
Jumamosi	26	-
Jumapili	27	-
Jumatatu	28	Chama cha Maprofesa
Jumanne	29	Kamati ya Mitihani
Jumatano	30	Mkutano wa Chama cha Wanafunzi
Alhamisi	31	Mkutano wa SENETI na mwisho wa semesta.

Zoezi la 9

Angalia mifano ya Almanaki ya Chuo uliotolewa hapo juu halafu mweleze mwanafunzi mwenzako shughuli hizi zitatokea lini katika chuo chako. Fuata mfano.

Look at the examples of a University almanac/calendar provided above and tell your colleague when the following activities will take place in your university. Follow the example.

Mfano: Mkutano wa Chama cha wanafunzi utafanyika tarehe 30 Julai, 2003.

1.   Madarasa yataanza…
2.   Madarasa yatamalizika…
3.   Semesta ya kwanza itaanza…
4.   Semesta ya pili itamalizika…
5.   Semesta ya kwanza itamalizika…
6.   Mitihani ya semesta ya kwanza…
7.   Mwanzo wa sikukuu ya Krismasi…
8.   Likizo ya Krismasi itamalizika…
9.   Likizo ndefu itaanza…
10.   Likizo ndefu itamalizika…
11.   Kuna sikukuu ngapi semesta ya kwanza?

Zoezi la 10

Wawiliwawili

Kwa zamu, wewe na mwanafunzi mwenzako ulizeni na jibuni maswali haya yafuatayo. *Take turns with your colleague asking and answering these questions.*

1.   Una madarasa mangapi kwa wiki?
2.   Darasa la kwanza linaanza lini kila wiki?
3.   Darasa la mwisho ni lini kila wiki?
4.   Unasoma masomo gani?
5.   Uko katika idara/kitivo gani?
6.   Darasa lako la Kiswahili ni lini?
7.   Una madarasa mangapi ya Kiswahili kila wiki?
8.   Una mitihani ya Kiswahili lini?
9.   Unapenda somo gani kuliko mengine yote?
10.   Utafanya kazi gani baada ya kumaliza masomo?

Zoezi la 11

Sema kwa rafiki kwa nini unataka au hutaki kufanya kazi zifuatazo. *Tell your colleague why you would like or would not like to do the following professions:*

Udaktari
Urais
Uwaziri
Upadre
Ualimu
Unesi
Uinjinia
Uaskari
Ukurugenzi wa Filamu
Uprofesa

Mazungumzo

Mazungumzo kwenye simu	*Telephone conversation*
	A: Haloo! Hapo ni 744 85913
	B: Naam, nikusaidie nini?
	A: Mimi ni rafiki yake Aisha. Aisha Yupo?
	B: Samahani, hayuko. Unaweza kuacha ujumbe?
	A: Nilitaka tu kumsalimu na kumuuliza kuhusu mtihani wa Jumatatu.
	B: Alaa! Mnasoma wote?
	A: Ndio, tuko darasa moja Chuo Kikuu.
	B: Unaitwa nani?
	A: Ninaitwa Mashaka.
	B: Akirudi tumwambie nini?
	A: Naomba anipigie simu.
	B: Simu yako ni namba ngapi?
	A: Ni 744 60 85 86.
	B: Vizuri, atakupigia.
	A: Asante. Wewe ni nani.
	B: Mimi ni baba yake.
	A: Oh! Samahani, shikamoo!
	B: Marahaba. Na kwaheri.
	A: Asante sana. Kwaheri Mzee.

Zoezi la 12

Jibu maswali

Kwa nini Mashaka amempigia Aisha simu?

Je Aisha na Mashaka wanasoma katika chuo kimoja?

Kwa nini Mashaka anasema "samahani" kwa baba yake Aisha?

Namba yako ya simu ni ngapi?

Zoezi la 13

Wawiliwawili

Tunga mazungumzo ya kwenye simu kati yako na mwanafunzi mwenzako kuhusu jambo lolote lile la maisha ya Chuo kikuu halafu hudhurisheni darasani mwenu.

Compose a telephone conversation between you and your colleague on any subject concerning University life and do a presentation to your class.

Msamiati

andika	*write*
anthropolojia	*anthropology*
biashara	*commerce*
bweni	*hall of residence*
changanya	*mix*
chora	*paint/draw*
chuo kikuu	*university*
chuo	*college*
darasa	*class*
duka la vitabu	*bookshop/store*
elimu rasmi	*formal education*
elimu mimea	*botany*
elimu wanyama	*zoology*
elimu	*education*
endesha gari	*drive*
falsafa/filosofia	*philosophy*
fani	*arts/form*
fasihi	*literature*
fizikia	*physics*
hisabati	*mathematics*
historia	*history*
hudhuria	*attend*
idara	*department*
insha	*essay*
isimu	*linguistics*
jiografia	*geography*
kafeteria	*cafeteria*
kemia	*chemistry*
kitivo	*faculty*
kozi	*course/s*
kwa jumla	*generally*
lugha za kigeni	*foreign languages*
lugha	*language/s*
maabara	*laboratory*
maisha ya chuo kikuu	*university life*

maktaba	*library*
mapenzi	*love, love affair*
mchoraji	*painter, artist*
mpendwa	*dear*
msanii	*artist*
muda	*time*
muhadhara	*lecture*
mvinyo	*wine*
mwanaanga	*an astronaut*
mwanahisabati	*a mathematician*
mwanamichezo	*a sportsman/woman*
mwanamitindo	*fashion designer*
mwanamuziki	*a musician*
mwanasanaa	*an artist*
mwanasayansi	*a scientist*
poteza	*lose, waste*
ratiba	*timetable*
saikolojia	*psychology*
sanaa	*art*
sayansi ya siasa	*political science*
sayansi za jamii	*social sciences*
sayansi	*science*
semina	*seminar*
sheria	*law*
sosiolojia/elimu jamii	*sociology*
takwimu	*statistics*
tasnifu	*dissertation/thesis*
tayari	*ready/already*
tunza	*take care of someone/something*
ualimu	*teaching*
uandishi wa habari	*journalism*
uchumi	*economics*
uhandisi	*engineering*
ulizia	*ask about/inquire*
unesi	*nursing*
uongozi	*leadership/administration*
wasumbufu	*trouble makers*
watundu	*naughty*

BASIC SWAHILI ADJECTIVES

What follows is a quick review of Swahili adjectives. The list is meant to be representative rather than exhaustive.

Group 1 Adjectives

This group consists of those adjectives that need "concords" that the relevant noun determines.

A   Adjectives beginning with a vowel:

-ekundu	*red, brown*
-ema	*good*
-embamba	*narrow, thin*
-epesi	*easy, lightweight*
-eupe	*white*
-eusi	*black*
-ingi	*much, many*
-ingine	*some, others, another*

B   Adjectives beginning with a consonant:

-baya	*bad*
-bichi	*unripe, uncooked, raw*
-bivu	*ripe*
-bovu	*rotten*
-chache	*few*
-chafu	*dirty*
-changa	*very young*
-changamfu	*cheerful, entertaining*
-dogo	*little, small*
-fupi	*short*
-geni	*strange, new, foreign*
-gumu	*hard, difficult*
-kali	*sharp, wild, strict*
-kubwa	*big, large*
-kuu	*big, great*
-nene	*fat, thick*
-ngapi?	*how many?*

-pana	*wide*
-pi?	*which?*
-pya	*new*
-refu	*tall, long*
-tamu	*sweet, delicious*
-vivu	*lazy*
-pi?	*which?*
-zee	*old, ancient*
-zima	*whole, healthy, mature (adult)*
-zito	*heavy*
-zuri	*nice, good, beautiful, handsome*

C   Group 2 Adjectives

Unlike the above adjectives, the ones in this group do not take any concordial agreement with nouns.

bora	*best, excellent*
bure	*useless, gratis*
ghali	*expensive*
hodari	*capable, brave*
kamili	*exact*
kila	*each, every*
laini	*soft, smooth*
maridadi	*well dressed, smart*
maskini	*poor, unfortunate*
rahisi	*easy, cheap*
safi	*clean, something nice*
sawa	*correct, equal, level*
tayari	*ready, already, prepared*
tele	*plenty, in abundance*
wazi	*open, clear*

D   Group 3 Adjectives

The adjectives in this group make use of the possessive form **-a** that connotes *"of"*:

Mifano

kitu cha hatari	*a dangerous thing*
saa ya mwisho	*the last hour*
lugha za kigeni	*foreign languages*

-a baridi	*cold*
-a hatari	*dangerous*
-a kawaida	*ordinary*
-a kigeni	*foreign*
-a kike	*female*
-a kisasa	*modern*
-a kitoto	*childish*
-a kizungu	*European, foreign*
-a kulia	*right (vs. left)*
-a kupendeza	*pleasing*
-a kushoto	*left (vs. right)*
-a lazima	*necessary*
-a maana	*important*
-a moto	*hot*
-a muhimu	*important*
-a mwisho	*last, final*
-a siri	*secret*
-a zamani	*ancient, out of date*

E   **Group 4 Adjectives**
This group consists of numbers as adjectives in which adjective concords go before numbers 1 to 5, and 8.

Mifano

1.	moja	mtoto <u>m</u>moja, kitu <u>ki</u>moja; mti <u>m</u>moja
2.	wili	wazee <u>wa</u>wili, vitabu <u>vi</u>wili, mito <u>mi</u>wili
3.	tatu	magari <u>ma</u>tatu, miti <u>mi</u>tatu
4.	sita	wasichana sita, vyumba sita, mitihani sita
5.	tisa	miaka tisa, watoto tisa, vitabu tisa

F   **With ordinal numbers**

Like Group 3 adjectives above, the adjectives in this group use **-a**:

1st	**-a kwanza**	kitu **cha** kwanza, jambo **la** kwanza.
2nd	**-a pili**	msichana **wa** pili, siku **ya** pili
3rd	**-a tatu**	darasa **la** tatu, kitabu **cha** tatu.
4th	**-a nne**	mtoto **wa** nne

MSAMIATI WA KISWAHILI – KIINGEREZ
Swahili-English Glossary

A

-a katikati   *central*
-a Kiafrika   *African (type)*
-a kijani   *green*
-a kijivu   *gray*
-a kwanza   *first*
-a mwisho   *last*
-a ngozi   (of) *leather*
-a njano   *yellow*
-a pili   *second*
acha bwana/mama!   *stop it! / don't be ridiculous!*
adhuhuri (adhuhuri)   *noon*
afadhali   *better than...*
Afrika ya mashariki   *East Africa*
Agosti/Mwezi wa nane   *August*
aisee   *Expressing surprise, "Say!"*
alaa!   *similar to "Is that so?" or "Really?"*
alasiri   *afternoon*
alfajiri   *early in the morning*
alika (v)   *invite*
ambacho/ambalo   *which*
ambako   *the place where…*
ambatisha (v)   *enclose/attach*
Amerika / Marekani   *America*
-aminifu   *trustworthy*
amka (v)   *wake up*
andaa (v)   *prepare*
andika   *write*
angalia (v)   *watch, observe*
anthropolojia   *anthropology*
anza (v)   *begin*
anzia (v)   *begin from…*
Aprili/Mwezi wa nne   *April*
ardhi (ardhi)   *land, soil*
arobaini   *forty*

asante   *thank you*
asanteni   *thank you all*
askari (askari/maaskari)   *soldier*
asubuhi (asubuhi)   *morning*
asubuhi na mapema   *early morning*
au   *or*
azima (v)   *borrow*

B

baada ya   *after*
baada   *after*
baadaye   *later on*
babu (babu/mababu)   *grandpa*
badala ya   *instead of*
badilisha (v)   *change, exchange*
bado   *not yet*
bafu (bafu)   *bathroom, washroom*
bahari (bahari)   *sea*
baibui (baibui)   *black veil (worn by east African coastal women)*
bakuli (bakuli)   *bowl*
balehe (v)   *come of age*
banda (mabanda)   *hut, shed*
bandari (bandari)   *port*
bara (mabara)   *continent*
baraza (baraza)   *sitting/living room*
barazani   *in the living room*
baridi   *cold*
bariki (v)   *bless*
barua-e (barua-e)   *e-mail*
barua-pepe (barua pepe)   *e-mail*
bei gani?   *what price? how much?*
bei ghali   *high price, expensive*
bei rahisi   *very cheap*
bia (bia)   *beer*
biashara (biashara)   *commerce*

413

bibi (bibi) *grandma*
bilauri (bilauri) *glass, tumbler*
birika (birika) *teapot/coffeepot*
biriyani *biryan (kind of spiced, curry rice)*
blauzi (blauzi) *blouse/s*
bluu *blue*
bora *the best*
bustani (bustani) *garden*
bwawa *pool (e.g. swimming pool)*
bweni *hall of residence*

C

chai (chai) *tea*
chakula (vyakula) *food*
chakula cha jioni *dinner*
chamshakinywa *breakfast (lit.: thing that wakes the mouth up)*
-changamfu *charming*
changanya *mix*
chapati (chapati/machapati) *chapatti*
cheka (v) *laugh*
chemsha (v) *boil*
-cheshi *humorous, charming*
cheza (v) *play, dance*
chini ya *under, beneath, below*
choo (vyoo) *toilet/bathroom*
chora (v) *paint/draw*
chukua (v) *take, carry*
chumba (vyumba) *room*
chumba cha kulala *bedroom*
chumba cha kulia *dining room*
chungwa (machungwa) *orange*
chuo Kikuu (vyuo vikuu) *University*
chuo (vyuo) *college*
chuoni *at the college/university*
chupa (chupa) *a bottle*
chupa ya maua *flower vase (lit. bottle for flowers)*
chupi (chupi) *panties, underpants*

D

dada (dada) *sister*
dakika (dakika) *minute*
daktari (madaktari) *doctor*
dansi (dansi) *dance*
daraja (madaraja) *bridge*
darasa (madarasa) *class*
dereva (madereva) *driver*
Desemba/Mwezi wa 12 *December*
dhani (v) *assume*
disko *disco*
-dogo *small, younger (person)*
duka la vitabu *bookshop/store*
duka (maduka) *a shop/store*
dunia *world, earth*

E

-ekundu *red*
eleza (v) *explain*
elfu (moja) *one thousand*
elimu rasmi *formal education*
elimu mimea *botany*
elimu wanyama *zoology*
elimu *education*
-embamba *slim, thin*
embe (maembe) *mango*
enda (v) *go*
endelea (v) *progress/develop/ continue*
endesha gari *drive*
-enye *that has/have*
-enyewe *alone*
-erevu *clever, bright*
-eupe *white*
-eusi *black*

F

fa (v) *die*
fagia (v) *sweep*

fahamu (v)   *understand, know*
falsafa/filosofia   *philosophy*
familia (familia)   *family*
fanana (v)   *alike*
fanana na (v)   *look like, resemble*
fani (fani)   *arts/form*
fanya (v)   *do/make (always followed by a noun)*
fasihi (fasihi)   *literature*
faulu (v)   *pass (e.g. pass an examination)*
Februari/Mwezi wa pili   *February*
feni (feni)   *fan (such as ceiling fan)*
fika (v)   *arrive, reach*
fizikia   *physics*
fua (v)   *wash clothes*
fuata (v)   *follow*
fuga (v)   *raise or keep domestic animals*
fundi (mafundi)   *craftsman*
fundi seremala   *carpenter*
fundisha (v)   *teach*
funga (v)   *close, fast*
-fupi   *short*
furahi (v)   *be happy*

G

gani?   *which/what type?*
gari (magari)   *car*
gauni (magauni)   *a dress*
gawanya kwa (v)   *divide by*
geti (geti or mageti)   *gate*
geuka (v)   *turn*
ghali sana!   *too expensive!*
ghorofa (ghorofa)   *storey/story (of a building)*
glasi (glasi)   *glass*
glovu (glovu)   *glove*
godoro (magoro)   *mattress*
-gonjwa   *sick*
-gumu   *tough, hard, difficult, complex*
gundua (v)   *discover*

H

habari (habari)   *news*
hadi   *until, up to*
hai   *alive*
haiwezekani!   *utterly impossible!*
hakikisha (v)   *ensure*
halafu   *and then, after which, later, afterwards*
hali ngumu   *hard living conditions*
hali ya hewa   *weather (lit. condition of the air)*
hamjambo?   *how are you all?*
hamsini   *fifty*
hapa   *here*
hapa karibu   *near here, nearby*
hapahapa   *right here*
hapana   *no*
hapo   *there (where you the listener is)*
haraka   *fast, hurry, haste*
harusi (harusi)   *wedding*
hata hivyo   *even then...*
hawa   *these (people or animals)*
haya   *o.k., fine, well then*
heri ya mwaka mpya   *happy new year!*
hewa nzuri   *fresh air*
hewa (hewa)   *air*
hindi (mahindi)   *corn/maize*
hisabati   *mathematics*
historia   *history*
Hodi! Hodi!   *Knock! Knock!*
homa (homa)   *fever*
hongera!   *congratulations!*
hoteli (hoteli)   *hotel, restaurant*
hotuba (hotuba)   *speech*
hudhuria (v)   *attend*
hudumia (v)   *serve*
huko   *over there where you the listener is*
huku   *over here*
humo   *in there*

humu   *in here*
huyu   *this (person/animal/insect)*

I

idara (idara)   *department*
Idd mubarak!   *Happy Eid!*
Idi   *Eid/Idd*
Ijumaa kuu   *Good Friday*
imba (v)   *sing*
i-meli   *e-mail*
India (also Uhindi)   *India*
ingia (v)   *enter*
insha (insha)   *essay*
ishirini   *twenty*
isimu   *linguistics*
ita (v)   *call*
itwa (v)   *be called*

J

ja (v)   *come*
jadi (jadi)   *tradition*
jamani   *oh my god! oh my!*
jambo (mambo)   *thing, issue*
jana   *yesterday*
jando   *boys' initiation rites*
Januari/Mwezi wa kwanza   *January*
jibu (majibu)   *answer*
jibu (v)   *answer*
jifunza (v)   *learn/study*
jiji (majiji)   *city*
jiko (majiko)   *kitchen*
jikoni   *in the kitchen*
jina (majina)   *name*
-jinga   *dumb, foolish, ignorant*
jiografia   *geography*
jioni (jioni)   *evening*
jitahidi (v)   *make efforts, endeavor*
joto   *warmth, hotness*
jua   *sun*

jua (v)   *know/know how*
juisi (juisi)   *juice*
Julai/Mwezi wa saba   *July*
jumba la makumbusho   *museum*
jumla   *total*
jumlisha (v)   *add, plus*
Juni/Mwezi wa sita   *June*
juu ya   *above, on top of, over, on*
juzi   *the day before yesterday*
juzijuzi also **majuzi**   *recently*

K

kaa (v)   *stay/live*
kaanga (v)   *fry*
kabati (kabati)   *cupboard*
kabichi (makabichi)   *cabbage*
kabila (makabila)   *tribes*
kabisa   *completely, definitely*
kabla ya   *before*
kabla   *before*
kachumbari   *salad*
kadhaa   *several*
kaeni   *sit (you all)*
kafeteria (kafeteria)   *cafeteria*
kahawa   *coffee*
kahawia   *brown*
kaka (kaka)   *brother*
kaki   *khaki*
kalamu (kalamu)   *pen*
kama   *as, like, similar, about, such as*
kande   *crushed maize meal*
kando ya   *beside, alongside*
kandokando ya   *by the side of*
kanga /kaanga (v)   *fry*
kanisa (makanisa)   *church*
kanzu (kanzu)   *a man's gown*
kaputula (kaputula)   *short trousers*
karanga (karanga)   *peanuts/groundnuts*
karibisha (v)   *welcome, invite*
karibu na   *near*

karibu   *near, almost*

karibuni   *welcome you all*

-karimu   *generous, hospitable*

karoti (karoti)   *carrot/s*

kaskazini   *north*

kaskazini-mashariki   *north east*

kasoro   *less*

kasorobo   *quarter to*

katakata (v)   *cut into little pieces*

kati ya   *in between, between, amongst*

katikati   *in the middle, at the center*

kaundasuti (kaundasuti)   *type of a safari suit*

kaya (kaya)   *homestead*

kazi (kazi)   *work*

keki (keki)   *cake*

kelele (kelele or makelele)   *noise*

kemia   *chemistry*

Kenya   *Kenya*

kesho   *tomorrow*

keshokutwa   *the day after tomorrow*

khanga (khanga)   *a wrap around with a saying or proverb on it*

kiasi   *some amount, slightly, a bit*

kiatu (viatu)   *shoe*

kiazi (viazi   *potatoes*

Kifaransa   *French*

kifo (vifo)   *death*

Kifulani   *Fulani language*

kifutio (vifutio)   *board duster*

kigae (vigae)   *roof or floor tile*

Kihausa   *Hausa language*

Kihindi   *Hindi*

Kiingereza   *English language*

kijani kibichi   *green*

Kijapani   *Japanese language*

Kijerumani   *German language*

kijiko (vijiko)   *spoon*

kikombe (vikombe)   *cup*

kila la heri!   *many happy returns, good luck*

kila   *every*

kilo (kilo)   *kilogram*

kimbia (v)   *run*

kinywaji (vinywaji)   *drink*

kipaimara   *christian confirmation (lit. "brave goalkeeper")*

Kipare   *Pare language (from North-eastern Tanzania)*

kipepeo (vipepeo)   *butterfly*

Kireno   *Portuguese language*

Kirusi   *Russian*

kisiwa (visiwa)   *an island*

Kispaniola/Kispanish   *Spanish language*

kisu (visu)   *knife*

Kiswahili   *Swahili language*

kitabu (vitabu)   *book*

kitanda (vitanda)   *bed/beds*

kitenge (vitenge)   *a wrap-around with no saying or proverb on it*

kiti (viti)   *chair*

kitivo (vitivo)   *faculty*

kitu (vitu)   *thing, item, article*

kitunguu (vitunguu)   *onion*

kituo (vituo)   *center/station*

kituo cha afya   *health centre*

kituo cha mabasi   *bus stand/stop*

kiu   *thirst*

kiwanda (viwanda)   *industry*

kiwanja (viwanja)   *ground, field*

Kiyoruba   *Yoruba language*

Kizulu   *Zulu language*

kochi (makochi)   *sofa*

kofia (kofia)   *a hat*

kompyuta (kompyuta)   *computer*

kondoo (kondoo)   *sheep*

koti (makoti)   *coat*

kozi (kozi)   ***course/s***

krismasi/noeli njema   *merry christmas!*

krismasi/noeli   *christmas*

kua (v)   *grow up*

-kubwa   *big*

kuhusu   *about*

kuku (kuku)   *chicken*

kule   *over there*

kuli (makuli)   *coolie*

kulia   *right hand side*

kulia   *the right hand side (also mkono wa kulia)*

kuliko   *more than*

kuliko wote   *more than all = most*

kumbukumbu (kumbukumbu)   *memories*

kumi   *ten*

kuna   *there is/are*

kuni (kuni)   *firewood*

kushoto   *left hand side*

kushoto   *the left hand side (also **mkono wa kushoto**)*

kusini   *south*

kutana na (v)   *meet with*

kutoka   *from*

-kuu   *big, main, major*

kuwa   *that (also "to be" or "to become")*

kuwako   *to be at a general location, far from the speaker*

kuwamo   *to be at a location inside or on a surface of a location*

kuwapo   *to be at a specific location*

kwa hiyo   *therefore, thus*

kwa jumla   *generally*

kwa kawaida   *normally*

kwa   *because*

kwa sasa   *for now, currently*

kwa   *to, for, by, with*

kwaheri   *goodbye*

kwamba   *that (e.g. I know **that** you will come)*

kwani   *for the reason that (because, since)*

kweli (kweli)   *truth, truly*

kwenye   *at, where there is/are*

kwetu   *our place*

L

la (v)   *eat*

la (v)   *eat*

la   *of (e.g. possessive for **jina**)*

laki   *one hundred thousand*

lakini   *however, but, even then*

lala (v)   *sleep*

leo   *today*

limau (malimau)   *lemon/s*

lipa   *pay*

lugha (lugha)   *language*

lugha ya taifa   *national language*

lugha za kigeni   *foreign languages*

M

maabara (maabara)   *laboratory*

andazi (maandazi)   *bun*

Machi/Mwezi wa tatu   *March*

dafu (madafu)   *green coconut*

maelezo   *explanation, presentation*

mafanikio (mafanikio)   *success*

mafuta ya kupikia   *cooking oil*

magharibi   *west*

mahafali (mahafali)   *graduation*

mahakama (mahakama)   *court of law*

maharage (maharage)   *beans*

maisha ya chuo kikuu   *university life*

maji ya madafu   *coconut water*

maji ya matunda   *fruit juice*

maji   *water*

majina ya kike   *female names*

majina ya kiume *male names*

makiwani!   *we are bereaved!*

maktaba (maktaba)   *library*

maliza (v)   *finish, complete*

mapema   *early*

mapenzi   *love, love affair*

mapumziko   *a rest*

mara kwa mara   *often*

mara mojamoja   *once in a while*
mara   *suddenly, then*
maradhi   *illnesses*
mashariki   *east*
masikini   *poor (people)*
masomo ya televisheni   *television studies*
matembezi   *a walk*
mavuno   *harvests*
mazishi   *funeral*
maziwa mgando   *sour milk*
maziwa   *milk*
mbali   *far*
mbalimbali   *various*
mbatata   *Irish potatoes*
mbele ya   *in front of, ahead*
mboga (mboga)   *vegetable(s, relish)*
mbogamboga   *variety of vegetables*
mbona   *why on earth? (a strong **why**)*
mbu (mbu)   *mosquito*
mbuga za wanyama   *game parks/reserves*
mbuzi (mbuzi)   *goat*
mbwa (mbwa)   *dog*
mchana   *afternoon/day time*
mchele (mchele)   *rice (uncooked)*
mchicha (michicha)   *spinach*
mchoraji (wachoraji)   *painter, artist*
mchungaji (wachoungaji)   *pastor, priest*
mchuzi (michuzi)   *sauce/gravy/soup*
mdogo (wadogo)   *younger sibling*
mdudu (wadudu)   *insect*
Mei/Mwezi wa tano   *May*
meli (meli)   *ship*
meremeta (v)   *glitter*
meza (meza)   *table/s*
mfugaji (wafugaji)   *herder*
mfugo (mifugo)   *livestock*
mganga wa jadi   *traditional medicineman*
mgeni (wageni)   *visitor / guest*
Mgiriki   *a Greek person*
Mhandisi (wahandisi)   *engineer*
Mhindi   *an Indian*

mhogo (mihogo)   *cassava*
mhudumu (wahudumu)   *waiter/waitress*
mia   *one hundred*
milima   *mountains*
mimi   *me / I*
Misri   *Egypt*
Mita (mita)   *meter/ metre*
Mjapani   *a Japanese*
mji (miji)   *town, homestead*
mji mkuu   *capital city*
mjomba (wajomba)   *uncle*
mkanda (mikanda)   *belt*
mkate (mikate)   *bread/loaves of bread*
mke (wake)   *wife*
Mkenya   *a Kenyan*
mkono wa kushoto   *left hand side*
mkulima (wakulima)   *farmer, peasant*
mkurugenzi (wakurugenzi)   *director*
mkutano (mikutano)   *a meeting*
mkutubi (wakutubi)
mle   *in there*
mlima (milima)   *mountain*
Mmarekani   *an American*
mno   *a lot*
Mnorwei   *a Norwegian*
mnyama (wanyama)   *animal*
moja kwa moja   *straight forward*
mpaka   *until, up to*
mpango (mipango)   *plans*
mpendwa (wapendwa)   *dear*
mpepelezi (wapelelezi)   *spy, investigator*
mpishi (wapishi)   *a cook*
mpishi (wapishi)   *a cook*
mpunga   *rice on the field*
Mrusi   *a Russian*
Msanii (wasanii)   *artist*
msichana (wasichana)   *a girl*
msikiti (misikiti)   *mosque*
mtaa (mitaa)   *street, neighborhood*
mtandio (mitandio)   *type of a veil*
Mtanzania   *a Tanzanian*

mtihani (mitihani) *examination*

mto (mito) *pillow, river*

Mto (mito) *river*

mtondo *the day after the day after tomorrow*

mtondogoo *the day after the day after the day after tomorrow*

mtoto (watoto) *child*

mtu (watu) *person*

mtumwa (watumwa) *slave*

muda *time*

muhadhara (mihadhara) *lecture*

muigizaji (waigizaji) *actor/actress*

Mungu (Miungu) *God*

muuguzi (wauguzi) *nurse*

muziki (miziki) *music*

mvinyo (mivinyo) *wine*

mvua (mvua) *rain*

mvuvi (wavuvi) *fisherman*

Mwafrika *an African*

mwaka (miaka) *year*

mwaka (miaka) *years*

mwaka jana *last year*

mwaka juzi *the year before last*

mwaka kogwa *traditional new year in Zanzibar*

mwaka mpya *new year*

mwaka *next year*

mwaliko (mialiko) *an invitation*

Mwamerika *an American*

mwanaanga (wanaanga) *an astronaut*

mwanafunzi (wanafunzi) *student*

mwanahisabati *mathematician*

mwanamichezo *sportsman/woman*

mwanamitindo *fashion designer*

mwanamke (wanawake) *woman*

mwanamke (wanawake) *woman*

mwanamume (wanaume) *man*

mwanamuziki *musician*

mwanangu (wanangu) *my child*

mwanasanaa *an artist*

mwanasayansi *scientist*

mwendo (mwendo) *speed*

mwenyeji (wenyeji) *host, native of a certain place, inhabitant*

mwenyewe (wenyewe) *him/herself*

mwezi jana *last month*

mwezi jana/mwezi uliopita *last month*

mwezi ujao (miezi ijayo) *next month*

mwindaji (wawindaji) *hunter*

mwisho *end*

mwoga (waoga) *coward*

mzee (wazee) *old person*

mzungu (wazungu) *a European/white person*

N

na *and; same as plus*

nahodha (manahodha) *ship captain*

nami *with me*

nanasi (mananasi) *pineapple*

nani? *who?*

nanyi *with you all*

nao *with them*

nasi *with us*

nawe *with you (singular)*

naye *him/her*

nchi (nchi) *country*

ndani ya *inside of, within, in*

ndege (ndege) *airplane, bird*

ndimu (ndimu) *lime*

ndiyo / ndio *yes*

ndizi (ndizi) *banana*

ndugu (ndugu) *relative, sibling*

-nene *fat, plump, thick*

nesi (manesi) *nurse*

ngalawa (ngalawa) *boat*

-ngapi *many*

ngoma (ngoma) *drum, traditional dance*

ng'ombe (ng'ombe) *cow, cattle*

nguo (nguo) *dress*

nguo za harusi   *wedding clothes*
nguruwe (nguruwe)   *pig*
ni   *is/are/am*
niko   *I am (at a place)*
nina   *I have*
nini   *what?*
ninyi   *you (all)*
njaa   *hunger*
nje   *outside*
njia (njia)   *the way/route/path*
Novemba/Mwezi wa 11   *November*
nunua (v)   *buy*
nusu (nusu)   *half*
nya (v) (vulgar)   *defecate, shit*
nyama (nyama)   *meat*
nyama ya kondoo   *mutton*
nyama ya kuchoma   *roast meat*
nyama ya kuku   *chicken meat*
nyama ya mbuzi   *goat meat*
nyama ya mbuzi   *goat meat*
nyama ya ng'ombe   *beef*
nyama ya nguruwe   *pork*
nyama   *meat*
nyanya (nyanya)   *tomato (also means grandmother)*
nyoka (nyoka)   *snake*
nyuki (nyuki)   *a bee*
nyumba (nyumba)   *house*
nyunyiza (v)   *sprinkle*
nywa (v)   *drink*
nzi (nzi   *housefly*

O

ofisa (maofisa)   *officer*
ofisi (ofisi)   *office*
oga (v)   *bathe, take a shower*
ogelea (v)   *swim*
Oktoba/Mwezi wa kumi   *October*
ongeza (v)   *add*
orofa (orofa)   *storey, floor (like 4th floor)*

ota (v)   *dream, grow, sprout*

P

pacha (pacha/mapacha)   *twin*
padre (mapadre)   *padre/priest*
paka (paka)   *cat*
pale   *over there*
-pana   *wide*
panda (v)   *climb, get on board, plant, ascend, embark*
panzi (panzi)   *grasshopper*
papai (mapapai)   *pawpaw /papaya*
parachichi (maparachichi)   *avocado*
Pasaka   *Easter*
pati (pati)   *party*
penda (v)   *love, like*
penseli (penseli)   *pencil*
pia   *also, too*
piga mswaki   *brush teeth*
pigwa picha (v)   *be photographed*
pika (v)   *cook*
pilau   *pilaf/spiced rice*
pilipili (pilipili)   *pepper*
pinda (v)   *make a turn*
pipi (pipi)   *sweets*
pita   *pass, surpass*
pokea (v)   *receive*
pokelewa (v)   *be received*
-pole   *kind, gentle*
pole!   *have courage/I am / we are so sorry!*
polepole   *slowly*
polisi (polisi)   *police*
pona (v)   *get well (after being sick)*
pongeza (v)   *congratulate*
poteza (v)   *loose, waste*
Profesa   *Professor*
pumzika (v)   *rest*
punguza (v)   *reduce, lower*
pwani (pwani)   *coast, coastal area*

R

rahisi *cheap*
raisi (maraisi) *president*
Ramadhani *Ramadan*
ramani (ramani) *map*
rangi (rangi) *color*
ratiba (ratiba) *timetable, programme*
redio (redio) *radio*
-refu *tall, long*
robo *quarter*
ruka (v) *jump*

S

S.L.P. *post office box (P.O.B)*
saa (saa) *hour, time, watch*
sabini *seventy*
sabuni (sabuni) *soap*
-safi *clean*
safiri (v) *travel, go on journey*
sahani (sahani) *a plate*
sahau (v) *forget*
sahihisha (v) *make corrections*
saidia (v) *help*
saikolojia *psychology*
salama *safe/well*
salamu (salamu) *greetings*
sali/swali (v) *pray*
samahani *excuse me/us*
samaki (samaki) *fish*
sambusa (sambusa) *samosa*
sana sana *a lot / very much*
sanaa (sanaa) *art*
sare (sare) *uniform*
sasa hivi *right now*
sawa na... *like, as, similar to...*
sawa *equal to, fine*
sayansi (sayansi) *science*
sayansi ya siasa *political science*
sayansi za jamii *social sciences*

sehemu (sehemu) *part, area*
sema (v) *say, speak*
semina (semina) *seminar*
senema (senema) *cinema, film*
Septemba/Mwezi wa tisa *September*
shahada (shahada) *university degree*
shamrashamra *celebratory atmosphere,*
    hustle and bustle
shangazi (shangazi) *aunt*
shati (mashati) *shirt*
shehe (mashehe) *sheikh*
shela (shela) *type of veil*
sherehe (sherehe) *celebration*
sherehe ya kupewa jina *naming ceremony*
sherehekea (v) *celebrate*
sheria (sheria) *law*
shida nyingi *lots of problems*
shilingi ngapi? *how much?*
shinda *win, succeed*
Shiriki (v) *participate*
shua (mashua) *boat*
shughuli *matters or business to attend to*
shuka (mashuka) *bed sheet/s*
shuka (v) *disembark, get down*
shule ya msingi *primary school*
shule ya sekondari *secondary school*
si *is/are/am not*
siafu (siafu) *biting ant/s*
siagi *butter/margarine*
sidiria (sidiria) *bra*
sikia (v) *hear*
sikiliza (v) *listen*
sikitika (v) *feel sad*
siku (siku) *day*
siku ya kuzaliwa *birthday*
siku ya mama *mother's day*
siku ya wapendanao *valentine day*
sikukuu (sikukuu) *holiday*
simama (v) *stop, stand up*
simba (simba) *lion*
simu (simu) *phone*

sisi   *we /us*

sisimizi (sisimizi)   *ant/s*

sitini   *sixty*

soda (soda)   *soda, soft drink*

soma (v)   *read, study, go to school*

Somalia / Usomali   *Somalia*

sosholojia/elimu jamii   *sociology*

stendi   *bus stand/stop*

subiri (v)   *wait*

sukari   *sugar*

-sumbufu   *trouble maker*

sura (sura)   *facial look*

suruali (suruali)   *long trousers/pants*

suti (suti)

swali (maswali)   *questions*

sweta (masweta)   *sweater, jersey*

swichi (swichi)   *switch*

swichi ya taa   *switch (for the lights)*

swichi ya feni   *switch for the (ceiling) fan*

T

taabani   *in bad need/distress,*

tabasamu (tabasamu)   *smile (both as a verb and a noun)*

tafadhali   *please*

tafuta (v)   *search for, look for*

taifa (mataifa)   *nation/state*

tajiri (matajiri)   *rich (person)*

taka (v)   *want, need*

takwimu   *statistics*

talii (v)   *make a tour*

Tanzania   *Tanzania*

tarehe (tarehe)   *date (on a calendar)*

tasnifu (tasnifu)   *dissertation/thesis*

tayari   *ready/already*

tazama (v)   *look, watch*

teksi (teksi)   *taxi*

televisheni (televisheni)   *television*

tembelea (v)   *visit someone*

tembo (tembo)   *elephant*

tengeneza (v)   *prepare, make, construct*

thelathini   *thirty*

themanini   *eighty*

tisheti (tisheti)   *t-shirt/s*

tisini   *ninety*

toa (v)   *minus, subtract, offer, give, take out*

tofautitofauti   *different, various kinds*

togwa   *thinned fermented maize porridge*

toka (v)   *come from, go out*

tu   *only / just*

tumaini (matumaini)   *hope*

tumia (v)   *use, utilize*

tunda (matunda)   *fruit*

-tundu   *naughty*

tunukiwa (v)   *be conferred*

tunza   *take care of someone/something*

U

ua (maua)   *flowers*

ualimu   *the teaching profession*

uandishi wa habari   *journalism*

ubao (mbao)   *black/white board*

ubatizo   *baptism*

uchumi   *economics*

ugali (ugali)   *stiff maize/ millet/ cassava meal porridge*

Uganda   *Uganda*

Ugiriki   *Greece*

ugonjwa (magonjwa)   *an illness*

ugua pole   *get well soon!*

uhandisi   *engineering*

uji   *porridge*

ukuta (kuta)   *wall*

Ulaya   *Europe*

ulizia (v)   *ask about/inquire*

uma (nyuma)   *a fork*

umwa (v)   *be sick, fall sick*

unesi   *nursing*

unyago   *girls' initiation rites*

uongozi   *leadership/administration*

upande (pande)   *direction*
Ureno   *Portugal*
Urusi   *Russia*
usiku wa manane   *dead of the night*
usiku   *night (time)*
utaifa   *nationality*
utamaduni (tamaduni)   *culture*
uwanja wa ndege   *airport*
uza (v)   *sell*
vaa (v)   *wear/put on clothes*
vazi (mavazi)   *outfit, dress*

V

vipi   *which ones?*
vizuri   *well, nicely*
vua (v)   *do some fishing, take off clothes*
vuka (v)   *cross, go across*
vyumba vya kulala   *bedrooms*

W

wa (v)   *be, become*
wahi (v)   *be on time, be punctual*
wala   *nor*
wale   *those (people or living creatures)*
wali   *rice (cooked)*
wangu   *mine, my*
wao   *they/them*
wapi?   *where?*
wasalaam   *sincerely, best regards*
wasili (v)   *arrive*
waziri (mawaziri)   *minister (political)*
wengine   *others*
wenzake   *his/her colleagues*
wenzangu   *my colleagues*
wewe   *you (singular)*
weza (v)   *be able/can*
wiki ijayo   *next week*
wiki jana/wiki iliyopita   *last week*
wikiendi (wikiendi)   *weekend*

wimbo (nyimbo)   *song*
wizara (wizara)   *government ministry*
wongo (also uongo)   *lie, false*
wote   *all people/animals/insects*

Y

yai (mayai)   *egg*
yangu   *my/mine*
yeye   *he/she/him/her*
yule   *that (person or living creature)*
yunifomu (yunifomu)   *uniform*

Z

zaidi   *more*
zaidi ya   *more than...*
zaliwa (v)   *born*
zawadi (zawadi)   *a present*
zipi   *which ones?*
ziwa (maziwa)   *lake*
zulia (mazulia)   *carp*

MSAMIATI WA KIINGEREZA-KISWAHILI
ENGLISH - SWAHILI GLOSSARY

A

a bit   *kiasi*

a lot   *mno*

a lot/very much   *sana sana , mno*

about   *kuhusu, juu ya*

above   *juu, juu ya*

actor/actress   *muigizaji (waigizaji)*

add   *ongeza, jumlisha*

administration   *uongozi*

African (type)   *_a Kiafrika*

African, an   *Mwafrika (Waafrika)*

after   *baada ya...*

afternoon   *adhuhuri, mchana*

ahead   *mbele ya*

air   *hewa (hewa)*

airplane   *ndege   (ndege)*

airport   *uwanja wa ndege*

alive   *hai*

almost   *karibu*

alone   *-enyewe*

alongside   *kando, kando ya*

also, too   *pia*

am   *ni*

America   *Amerika, Marekani*

amongst   *kati ya, baina ya*

amount   *kiasi*

and   *na*

animal   *mnyama (wanyama)*

answer (n)   *jibu (majibu)*

answer (v)   *jibu*

ant   *sisimizi (sisimizi)*

anthropology   *anthropolojia*

ants (biting)   *siafu (siafu)*

April   *Aprili*

are   *ni*

arrive, reach   *fika , wasili*

art   *(sanaa)*

article   *kitu (vitu)/makala (makala)*

artist   *(wasanii), mwanasanaa (wanasanaa)*

arts   *fani, sanaa*

as   *kama, sawa na...*

ascend   *panda*

ask about/inquire   *ulizia*

ask   *uliza*

assume   *dhani*

astronaut   *mwanaanga (wanaanga)*

at   *kwenye , penye*

attach   *ambatisha*

attend   *hudhuria*

August   *Agosti*

aunt   *shangazi (shangazi)*

avocado   *parachichi (maparachichi)*

B

banana   *ndizi (ndizi)*

bathe   *oga*

bathroom   *bafu (bafu), choo (vyoo)*

be able/can   *weza*

be born   *zaliwa*

be conferred   *tunukiwa*

be happy   *furahi*

be on time, be punctual   *wahi*

be photographed   *pigwa picha*

be received   *pokelewa*

be, become   *wa*

beans   *maharage (maharage)*

because   *kwa sababu*

bed   *kitanda (vitanda)*

bedroom   *chumba cha kulala*

bedsheet   *shuka   (mashuka)*

bee   *nyuki (nyuki)*

beef   *nyama ya ng'ombe*

beer   bia (bia)
before   kabla, kabla ya
begin from...   anzia
begin   anza
below   chini, chini ya
belt   (mikanda)
beneath   chini, chini ya
beside   kando, kando ya
best   bora
better than...   afadhali, _zuri kuliko...
between   kati ya
big   -kubwa, kuu
bird   ndege (ndege)
birthday   siku ya kuzaliwa
biryan (spiced, curry rice)   biriyani
black   -eusi
bless   bariki
blouse   blauzi (blauzi)
blue   bluu
board (black or white)   ubao (mbao)
board (v)   panda
board duster   kifutio (vifutio)
boat   shua (mashua) , ngalawa (ngalawa)
boil   chemsha
book   kitabu (vitabu)
bookshop/bookstore   duka la vitabu
borrow   azima
botany   elimu mimea
bottle   chupa (chupa)
bowl   bakuli (bakuli)
boys' initiation rites   jando
bra   sidiria (sidiria)
bread/loaves of bread   mkate (mikate)
breakfast   chamshakinywa
bridge   daraja (madaraja)
bright /intelligent   -erevu
brother   kaka (kaka)
brown   kahawia
brush teeth   piga mswaki
bun   andazi (maandazi)
bus stand/stop   kituo cha mabasi, stendi ya

basi
but   lakini
butter/margarine   siagi
butterfly   kipepeo (vipepeo)
buy   nunua
by   kwa, na
by the side   kandokando ya

C

cabbage   kabichi (makabichi)
cafeteria   kafeteria (kafeteria)
cake   keki (keki)
call   ital
capital city   mji mkuu (miji mikuu)
captain (for a ship)   nahodha (manahodha)
car   gari (magari)
care for someone/something   tunza, jali
carpenter   fundi seremala
carpet   zulia (mazulia)
carrot   karoti (karoti)
carry   chukua, beba
cassava   mhogo (mihogo)
cat   paka (paka)
celebrate   sherehekea
celebration   sherehe (sherehe)
center   kituo (vituo), katikati
central   katikati
chair   kiti (viti)
change   badili
chapatee   chapati (chapati/machapati)
charming   -changamfu
cheap   rahisi
chemistry   kemia
chicken   kuku (kuku)
child   mtoto (watoto)
Christian Confirmation
        kipaimara/ubarikio
Christmas   Krismasi/Noeli
church   kanisa (makanisa)
cinema   senema (senema)

427

city   *jiji (majiji)*
class   *darasa (madarasa)*
clean (adj.)   *safi*
clever   *-erevu*
climb   *panda*
close, fast   *funga*
coast, coastal area   *pwani (pwani)*
coat   *koti (makoti)*
coconut water   *maji ya madafu*
coffee   *kahawa*
cold   *baridi*
college   *chuo (vyuo)*
color   *rangi (rangi)*
come from   *toka*
come of age   *balehe (for boys), vunja ungo (for girls)*
come   *ja*
commerce   *biashara (biashara)*
complete   *maliza*
completely   *kabisa*
complex   *-gumu*
computer   *kompyuta (kompyuta)*
condition   *hali*
congratulate   *pongeza*
congratulations   *hongera!*
construct   *tengeneza*
continent   *bara (mabara)*
continue   *endelea*
cook (v)   *pika*
cook, a   *mpishi (wapishi)*
cooking oil   *mafuta ya kupikia*
coolie   *kuli (makuli)*
corn   *hindi (mahindi)*
correct (v)   *sahihisha*
country   *nchi (nchi)*
course   ***kozi (kozi)***
court of law   *mahakama (mahakama)*
cow, cattle   *ng'ombe (ng'ombe)*
coward   *mwoga(waoga)*
craftsman   *fundi (mafundi)*
cross, go across   *vuka*

maize meal   *kande*
culture   *utamaduni (tamaduni)*
cup   *kikombe (vikombe)*
cupboard   *kabati (kabati)*
currently   *kwa sasa*
cut into little pieces   *katakata*
cut   *kata*

D

dance (v)   *cheza*
dance   *dansi (dansi)*
date (on a calendar)   *tarehe (tarehe)*
day before yesterday   *juzi*
day   *(siku)*
dear   *mpendwa (wapendwa)*
death   *kifo (vifo)*
December   *Desemba/Mwezi wa 12*
defecate   *nya* (vulgar)
definitely   *kabisa*
degree (university)   *shahada (shahada)*
department   *idara (idara)*
develop   *endelea*
die   *fa*
different   *tofauti, tofautitofauti*
difficult   *-gumu*
dining room   *chumba cha kulia*
dinner   *chakula cha jioni*
direction   *upande (pande)*
director   *mkurigenzi (wakurugenzi)*
disco   *disko*
discover   *gundua*
disembark, get down   *shuka*
dissertation/thesis   *tasnifu (tasnifu)*
divide (by)   *gawanya (kwa)*
do   *fanya*
doctor   *daktari (madaktari)*
dog   *mbwa (mbwa)*
dormitory   *bweni (mabweni)*
draw   *chora*
dream   *ota*

dress, a *gauni (magauni)*
dress, cloth *nguo (nguo)*
dress, outfit *vazi (mavazi)*
drink (n) *kinywaji (vinywaji)*
drink *nywa*
drive *endesha*
driver *dereva (madereva)*
drum, traditional dance *ngoma (ngoma)*

E

early in the morning *alfajiri*
early *mapema*
earth *dunia*
East Africa *Afrika (ya) Mashariki*
east *mashariki*
Easter *Pasaka*
eat *la*
economics *uchumi*
education *elimu*
egg *yai (mayai)*
Egypt *Misri*
Eid/Idd *Iddi*
eighty *themanini*
elephant *tembo (tembo)*
e-mail *barua-pepe, barua-e, i-meli*
embark *panda*
enclose *ambatisha*
end *mwisho (miisho)*
endeavor *jitahidi*
engineer *mhandisi (wahandisi)*
engineering *uhandisi*
English language *Kiingereza*
ensure *hakikisha*
enter *ingia*
equal to *sawa na*
essay *insha (insha)*
Europe *Ulaya*
European/white person *mzungu (wazungu)*
evening *jioni (jioni)*

every *kila*
examination *mtihani (mitihani)*
exchange *badilisha*
excuse me/us *samahani*
expensive *ghali*
explain *eleza*
explanation *maelezo*

F

facial look *sura (sura)*
faculty *kitivo (vitivo)*
family *familia (familia)*
fan (such as ceiling fan) *feni (feni)*
far *mbali*
farmer *mkulima (wakulima)*
fashion designer *mwanamitindo*
fast *haraka*
fat *-nene*
February *Februari/Mwezi wa pili*
feel sad *sikitika*
fever *homa (homa)*
field *kiwanja (viwanja)*
fifty *hamsini*
film *senema (senema)*
fine *haya, sawa*
finish *maliza*
firewood *kuni (kuni)*
first *kwanza, _a kwanza*
fish (v), take off clothes *vua*
fish *samaki (samaki)*
fisherman *mvuvi (wavuvi)*
floor (e.g 4th floor) *orofa (orofa)*
flower vase *chupa ya maua*
flower *ua (maua)*
follow *fuata*
food *chakula (vyakula)*
foolish *-jinga*
for now *kwa sasa*
for *kwa*
foreign language *lugha za kigeni*

forget   *sahau*
fork   *uma (nyuma)*
formal education   *elimu rasmi*
forty   *arobaini*
French Language   *Kifaransa*
from   *kutoka*
fruit juice   *maji ya matunda*
fruit   *tunda (matunda)*
fry   *kaanga*
Fulani language   *Kifulani*
funeral   *mazishi*

G

garden   *bustani (bustani)*
gate   *geti (geti or mageti)*
generally   *kwa jumla*
generous   *-karimu*
geography   *jiografia*
German language   *Kijerumani*
get well (after being sick)   *pona*
girl   *msichana (wasichana)*
give   *toa*
glass   *glasi (glasi), bilauri (bilauri)*
glitter   *meremeta*
glove   *glovu   (glovu)*
go out   *toka*
go   *enda*
goat   *mbuzi (mbuzi)*
God   *Mungu (miungu)*
Good Friday   *Ijumaa Kuu*
good luck   *bahati njema, kila la heri*
goodbye   *kwaheri*
graduation   *mahafali (mahafali)*
grandmother   *nyanya (nyanya)/bibi (bibi)*
grandpa   *babu (mababu)*
grasshopper   *panzi (panzi)*
gravy   *mchuzi (michuzi)*
gray   *kijivu*
Greece   *Ugiriki*
Greek (person)   *Mgiriki*

green coconut   *dafu (madafu)*
green   *kijani*
greetings   *salamu (salamu)*
ground   *kiwanja (viwanja)*
groundnuts   *karanga (karanga)*
grow up   *kua*
grow   *ota*
guest   *mgeni (wageni)*

H

half   *nusu (nusu)*
hall of residence   *bweni (mabweni)*
happy new year   *heri ya mwaka mpya*
happy returns   *kila la heri*
hard   *-gumu*
harvests   *mavuno*
haste   *haraka*
hat   *kofia (kofia)*
Hausa language   *Kihausa*
he/she/him/her   *yeye*
health centre   *kituo cha afya*
hear   *sikia*
help (v)   *saidia*
herder   *mfugaji (wafugaji)*
here   *hapa*
Hindi language   *Kihindi*
history   *historia*
holiday   *sikukuu (sikukuu)*
homestead   *kaya (kaya)*
hope   *tumaini (matumaini)*
hospitable   *-karimu*
host   *mwenyeji (wenyeji)*
hotel   *hoteli (hoteli)*
hour   *saa (saa)*
house   *nyumba (nyumba)*
housefly   *nzi (nzi)*
how many   *-ngapi?*
how much?   *shilingi ngapi?*
however   *lakini*
humor   *ucheshi*

humorous -cheshi
hundred mia
hunger hunger
hunter mwindaji (wawindaji)
hurry haraka
hut banda (mabanda)

I

ignorant -jinga
illness ugonjwa (magonjwa)
illnesses maradhi
immediately sasa hivi, mara moja
impossible haiwezekani
in bad need/distress taabani
in front of mbele ya
in here humu
in there humo
in ndani
India India (also Uhindi)
Indian (person) Mhindi
industry kiwanda (viwanda)
inhabitant mwenyeji (wenyeji)
initiation rites for girls unyago
insect mdudu (wadudu)
inside ndani
instead of badala ya
invitation mwaliko (mialiko)
invite karibisha, alika
Irish potatoes mbatata
Is/are/am ni
is/are/am not si
island kisiwa (visiwa)
issue jambo (mambo)
item kitu (vitu)

J

January Januari/Mwezi wa kwanza
Japanese person Mjapani
Japanese language Kijapani
journey safari
juice juisi (juisi)
July Julai/Mwezi wa saba
jump ruka
June Juni/Mwezi wa sita

K

Kenya Kenya
Kenyan Mkenya
khaki kaki
kilogram kilo(kilo)
kind -pole
kitchen jiko (majiko)
knife kisu (visu)
Knock! Knock! Hodi!
know/know how jua, fahamu

L

laboratory maabara (maabara)
lake ziwa (maziwa)
land ardhi (ardhi)
language lugha (lugha)
last mwisho, _a mwisho
later baadaye
laugh cheka
law sheria (sheria)
leadership uongozi
learn jifunza
leather ngozi
lecture muhadhara (mihadhara)
left (hand side) kushoto/mkono wa kushoto
lemon limau (malimau)
less kasoro
librarian mkutubi (wakutubi)

library   *maktaba (maktaba)*
lie, false   *wongo (also uongo)*
life   *maisha*
like/such as   *kama*
like (v)   *penda*
like/similar to   *sawa na...*
lime   *ndimu (ndimu)*
linguistics   *isimu*
lion   *simba (simba)*
listen   *sikiliza*
literature   *fasihi   (fasihi)*
live   *kaa*
livestock   *mfugo (mifugo)*
long   *-refu*
look alike   *fanana*
look for   *tafuta*
look, watch   *tazama*
loose, waste   *poteza*
love (v)   *penda*
love affair   *mapenzi, mahaba*
love   *mapenzi*

M

main   *-kuu*
maize   *hindi (mahindi)*
major   *-kuu*
make   *fanya*
make efforts   *jitahidi*
make   *tengeneza*
man   *mwanamume (wanaume)*
mango   *embe (maembe)*
map   *ramani (ramani)*
March   *Machi/Mwezi wa tatu*
mathematician   *mwanahisabati*
mathematics   *hisabati*
matters/business to attend to   *shughuli*
mattress   *godoro (magodoro)*
May   *Mei/Mwezi wa tano*
me / I   *mimi*
meat   *nyama (nyama)*

meet (with)   *kutana na*
meeting   *mkutano (mikutano)*
memories   *kumbukumbu (kumbukumbu)*
Merry Christmas   *Krismasi/Noeli njema*
meter/ metre   *mita (mita)*
middle   *katikati*
milk   *maziwa*
minister (political)   *waziri (mawaziri)*
ministry (political)   *wizara (wizara)*
minus   *toa*
minute   *dakika (dakika)*
mix   *changanya*
month   *mwezi (miezi)*
more than   *zaidi ya, kuliko*
more   *zaidi*
morning   *asubuhi (asubuhi)*
mosque   *msikiti (misikiti)*
mosquito   *mbu (mbu)*
most   *wote*
mother's day   *siku ya mama*
mountain   *mlima (milima)*
museum   *jumba la makumbusho*
music   *muziki (miziki)*
musician   *mwanamuziki (wanasanaa)*

N

name   *jina (majina)*
nation/state   *taifa (mataifa)*
national language   *lugha ya taifa*
nationality   *utaifa*
native of a certain place   *mwenyeji (wenyeji)*
naughty   *-tundu*
near   *karibu, karibu na*
nearby   *hapa karibu*
neighborhood   *mtaa (mitaa)*
new year   *mwaka mpya*
news   *habari   (habari)*
next year   *mwaka ujao, mwaka kesho*
night   *usiku*
ninety   *tisini*

no   *hapana*
noise   *kelele(kelele or makelele)*
noon   *adhuhuri, mchana*
nor   *wala*
normally   *kwa kawaida*
north   *kaskazini*
north-east   *kaskazini-mashariki*
Norwegian   *Mnorwei*
not yet   *bado*
November   *Novemba/Mwezi wa 11*
nurse   *muuguzi (wauguzi) / nesi (manesi)*
nursing   *unesi, uuguzi*

O

o.k.   *haya, sawa*
observe   *angalia*
October   *Oktoba/Mwezi wa kumi*
offer   *toa*
office   *ofisi (ofisi)*
officer   *ofisa (maofisa)*
often   *mara kwa mara*
old person   *mzee (wazee)*
once in a while   *mara mojamoja*
one hundred thousand   *laki*
onion   *kitunguu (vitunguu)*
only / just   *tu, pekee*
or   *au*
orange   *chungwa (machungwa)*
others   *wengine*
our place   *kwetu*
out   *nje*
outside   *nje*
over here   *huku*
over there   *huko, kule*
over/on   *juu, juu ya*

P

padre   *padre*   *(mapadre)*
paint   *chora*
painter, artist   *mchoraji (wachoraji)*
panties   *chupi (chupi)*
Pare language   *Kipare*
part, area   *sehemu (sehemu)*
participate   *shiriki*
party   *pati (pati)*
pass, succeed, surpass   *faulu , pita*
pastor, priest   *mchungaji (wachungaji)*
path   *njia (njia)*
pawpaw, papaya   *papai (mapapai)*
pay   *lipa*
peanuts   *karanga (karanga)*
peasant   *mkulima (wakulima)*
pen   *kalamu (kalamu)*
pencil   *penseli (penseli)*
pepper   *pilipili (pilipili)*
person   *mtu (watu)*
philosophy   *falsafa/filosofia*
phone   *simu (simu)*
physics   *fizikia*
pig   *nguruwe (nguruwe)*
pilaf/spiced rice   *pilau*
pillow   *mto (mito)*
pineapple   *nanasi (mananasi)*
plans   *mpango (mipango)*
plant (v)   *panda*
plate   *sahani (sahani)*
play (v)   *cheza*
please   *tafadhali*
plump   *-nene*
plus   *jumlisha, na, ongeza*
police   *polisi*   *(polisi)*
political science   *sayansi ya siasa*
pool   *bwawa (mabwawa)*
poor (people)   *masikini*
pork   *nyama ya nguruwe*
porridge   *uji*

port *bandari (bandari)*
Portugal *Ureno*
Portuguese language *Kireno*
post office box (P.O.B) *S.L.P.*
potato *kiazi (viazi)*
pray *sali/swali*
prepare *andaa, tengeneza*
present (n) *zawadi (zawadi)*
presentation *maelezo*
president *raisi (maraisi)*
price *bei*
primary school *shule ya msingi*
problems *shida nyingi*
Professor *Profesa*
programme *ratiba (ratiba)*
progress (v) *endelea*
psychology *saikolojia*

Q

quarter to *kasorobo*
quarter *robo*
question *swali (maswali)*

R

radio *redio (redio)*
rain *mvua (mvua)*
raise/keep domestic animals *fuga*
Ramadan *Ramadhani*
read *soma*
ready/already *tayari*
receive *pokea*
recently *juzijuzi also majuzi*
red *-ekundu*
reduce *punguza*
relative *ndugu (ndugu)*
resemble *fanana na*
rest *pumzika*
rest, a *mapumziko*
restaurant *hoteli (hoteli), mgahawa (miga-*
hawa)
rice (cooked) *wali*
rice (on the field) *mpunga*
rice (uncooked) *mchele (mchele)*
rich (person) *tajiri (matajiri)*
right hand side *kulia/mkono wa kulia*
right now *sasa hivi*
room *chumba (vyumba)*
route *njia (njia)*
run *kimbia*
Russia *Urusi*
Russian (language) *Kirusi*
Russian (person) *Mrusi*

S

safari suit *kaundasuti (kaundasuti)*
safe/well *salama*
salad *kachumbari*
samosa *sambusa (sambusa)*
sauce *sosi (sosi)*
say *sema*
science *sayansi (sayansi)*
scientist *mwanasayansi (wanasayansi)*
sea *bahari (bahari)*
search for *tafuta*
second *pili, _a pili*
secondary school *shule ya sekondari*
self *-enyewe*
sell *uza*
seminar *semina (semina)*
September *Septemba/Mwezi wa tisa*
serve *hudumia*
seventy *sabini*
several *kadhaa*
shed *banda (mabanda)*
sheep *kondoo (kondoo)*
sheikh *shehe (mashehe)*
ship *meli (meli)*
shirt *shati (mashati)*
shit (v) *nya (vulgar)*

shoe   *kiatu (viatu)*
shop   *duka (maduka)*
short   *-fupi*
shorts   *kaputula (kaputula)*
shower (v)   *oga*
sibling (younger)   *mdogo (wadogo)*
sibling   *ndugu (ndugu)*
sick   *-gonjwa*
similar to...   *sawa na...*
similar   *kama*
since (for the reason that...) *kwa sababu*
sincerely, best regards   *wasalaam*
sing   *imba*
sister   *dada (dada)*
sit   *kaa*
sitting/living room   *baraza (baraza)*
sixty   *sitini*
slave   *mtumwa (watumwa)*
sleep   *lala*
slight   *kiasi*
slim   *-embamba*
slowly   *polepole*
small   *-dogo*
smile (verb & noun)   *tabasamu (tabasamu)*
snake   *nyoka (nyoka)*
soap   *sabuni (sabuni)*
social sciences   *za jamii*
sociology   *sosholojia/elimu jamii*
soda, soft drink   *(soda)*
sofa   *kochi (makochi)*
soil   *ardhi (ardhi)*
soldier   *askari (askari/maaskari)*
Somalia   *Usomali/Somalia*
song   *wimbo (nyimbo)*
soup   *supu (supu), mchuzi (michuzi)*
sour milk   *maziwa mgando*
south   *kusini*
Spanish language   *Kispanish/Kispaniola*
speak   *sema, zungumza*
speech   *hotuba (hotuba)*
speed   *mwendo (mwendo)*

spinach   *mchicha (michicha)*
spoon   *kijiko (vijiko)*
sportsman/woman   *mwanamichezo*
sprinkle   *nyunyiza*
sprout   *ota*
spy, investigator   *mpelelezi (wapelelezi)*
stand up   *simama*
station   *kituo(vituo)/stesheni (stesheni)*
statistics   *takwimu*
stay   *kaa (v)*
stop it!   *acha!*
stop   *simama*
store   *duka (maduka)*
storey/story (of a building)   *ghorofa (ghorofa) / orofa (orofa)*
straightforward   *moja kwa moja*
street   *mtaa (mitaa)*
student   *mwanafunzi (wanafunzi)*
study   *jifunza, soma*
subtract   *toa*
succeed   *shinda*
success   *mafanikio (mafanikio)*
such as   *kama*
suddenly, then   *mara, ghafla*
sugar   *sukari*
suit   *suti (suti)*
sun   *jua*
Swahili language   *Kiswahili*
sweater, jersey   *sweta (masweta)*
sweep   *fagia*
sweets   *pipi (pipi)*
swim   *ogelea*
switch   *swichi (swichi)*

T

table   *meza (meza)*
take out   *toa*
take   *chukua*
tall   *-refu*
Tanzanian (person)   *Mtanzania*

taxi   *teksi (teksi)*
tea   *chai   (chai)*
teach   *fundisha*
teaching profession   *ualimu*
teapot/coffeepot   *birika (birika)*
television studies   *masomo ya televisheni*
television   *televisheni (televisheni)*
ten   *kumi*
thank you   *asante*
that   *kuwa, kwamba*
there (where you the listener is)   *hapo*
there is/are   *kuna*
there, over there   *pale*
therefore   *kwa hiyo*
these (people or animals)   *hawa*
thick   *-nene*
thin   *-embamba*
thing   *kitu (vitu) / jambo (mambo)*
thirst   *kiu*
thirty   *thelathini*
this (person/animal/insect)   *huyu*
those (people/living creatures)   *wale*
thousand   *elfu*
thus   *kwa hiyo*
tile   *kigae (vigae)*
time   *muda, wakati (nyakati), saa (saa)*
timetable   *ratiba (ratiba)*
to   *kwa*
today   *leo*
toilet   *(vyoo)*
tomato   *nyanya (nyanya)*
tomorrow   *kesho*
total   *jumla*
tough   *-gumu*
tour (v)   *talii*
town, homestead   *mji (miji)*
tradition   *jadi (jadi)*
travel   *safiri*
tribe   *kabila (makabila)*
troublemaker   *-sumbufu*
trousers/long pants   *suruali (suruali)*

truly   *kwa kweli*
trustworthy   *-aminifu*
truth   *kweli (kweli) / ukweli*
t-shirt   *tisheti (tisheti)*
tumbler   *bilauri (bilauri)*
turn, make a turn   *pinda, geuka*
twenty   *ishirini*
twin   *pacha (pacha/mapacha)*

U

ubatizo   *baptism*
Uganda   *Uganda*
uncle   *mjomba (wajomba)*
under   *chini, chini ya*
underpants   *chupi (chupi)*
understand   *fahamu*
uniform   *sare (sare) / yunifomu (yunifomu)*
university   *chuo Kikuu (vyuo vikuu)*
until   *hadi , mpaka*
until, up to   *mpaka*
us   *sisi*
use   *tumia*
utilize   *tumia*

V

valentine day   *siku ya wapendanao*
various   *mbalimbali*
vegetables, relish   *mboga (mboga)*
veil   *mtandio (mitandio), baibui (baibui), shela (shela)*
visit someone   *tembelea*
visitor   *mgeni (wageni)*

W

wait   *subiri*
waiter/waitress   *mhudumu (wahudumu)*
wake up   *amka*
walk, a   *matembezi*

wall   *ukuta (kuta)*

want, need   *taka*

warmth   *joto*

wash clothes   *fua*

wash   *safisha*

washroom   *bafu (bafu), choo (vyoo*

watch (v)   *angalia, tazama*

watch   *saa (saa)*

water   *maji*

way   *njia (njia)*

we/us   *sisi*

wear/put on clothes   *vaa*

weather   *hali ya hewa*

wedding   *harusi (harusi)* **also** *arusi (arusi)*

weekend   *wikiendi (wikiendi)*

welcome (v)   *karibisha*

well, nicely   *vizuri*

west   *magharibi*

what?   *nini?*

where   *wapi?*

which   *ambaye/ambalo/ambacho…*

white   *-eupe*

who?   *nani?*

wide   *-pana*

wife   *(wake)*

win   *shinda*

wine   *mvinyo (mivinyo)*

with   *kwa, na*

within   *ndani*

woman   *mwanamke (wanawake)*

work   *kazi (kazi)*

world   *dunia*

wrap-around, a   *khanga*

wrap-around, a   *kitenge (vitenge)*

write   *andika*

Y

year   *mwaka (miaka)*

yellow   *njano, _a njano, _a kinjano*

yes   *ndiyo / ndio*

yesterday   *jana*

Yoruba language   *Kiyoruba*

you (all)   *ninyi*

you (singular)   *wewe*

Z

zoology   *zuolojia, elimu wanyama*

Zulu language   *Kizulu*

-a of association	77, 236, 268
Adjectives	42, 51, 56-57, 73, 78, 107, 130
	143, 149-150, 152-153, 158,
	237, 268, 353- 355
Colors	205, 214-216, 298, 365
Comparisons	347, 354
Demonstratives	51, 60, 77, 106, 227, 236, 268, 372
Directions	241, 285, 365, 372, 379-382
Consonants	3, 10
Imperatives	227, 237, 242, 272, 365, 383-384
Infinitive KU	89, 173, 197, 210, 237, 286,
	337
Interrogative Adjectives	205, 211
Locative Suffixes	185, 321, 365, 371
Locatives KO/PO/MO	97, 104, 365, 371
Nationalities	48, 81, 125, 127, 129
Nouns	42, 57, 60, 76-78, 97, 106-107,
	149, 192, 211, 215, 236-237, 251,
	267-269, 297, 302-304,
	331, 337, 353
Numbers	18, 42, 60, 130-132, 150, 391
Object pronouns	77, 237, 268
Passive forms of the verb	311
Possessives	73, 77, 107, 143, 236, 268
Professions	143, 297, 300-301, 391, 398, 404
Pronouns	29, 38, 41, 65, 77, 125, 127, 192,
	209-210, 301
Pronunciations	2
Relative Markers	209-210
Short Verbs	165, 172-174, 286
Subject Prefixes	77, 107, 237, 241, 268, 286
Subjunctives	227, 241, 272, 291, 359, 365, 383-384
Syllables	1-3, 5-7

438

Tenses   51, 63, 65, 73, 87, 156, 165, 174, 185, 279, 286, 291

Conditional Tenses 185
Future Tense 165, 174
Habitual Tense HU 279, 286, 291
Negation of Tenses 73
Past Tense 64, 68, 165, 172, 174, 185
Present Perfect 64, 185
Present Tense 63, 85-87, 172, 174, 286, 291
Vowels 3, 5-6, 385